개정 누리과정에 기초한

유아교육과정

개정 누리과정에 기초한

유아교육과정

김정희 · 송영 · 윤미승 · 이순복 · 탁정화 · 홍지명 공저

동문사

머리말

본 저서인 「개정 누리과정에 기초한 유아교육과정」은 유아교육을 학습하는 예비유아교사와 현직교사에게 유아교육과정의 기초적인 내용을 학습하여 기틀을 다지고, 유아교육과정의 방향을 설정하여 교육현장에서 전문적 교사 역량을 강화하는 데 도움을 주기 위해 만들어졌습니다.

이 책은 유아교육과정의 개념 및 이론적 배경을 기초로 유아교육과정의 운영과 평가까지 기본적이면서도 핵심적인 부분이 담겨져 있어 유아를 이해하고 교육과정을 구성·운영할 때 필수적으로 활용될 수 있는 내용을 확인할 수 있게 구성되어 있습니다. 그렇기 때문에 대학에서 유아교육을 공부하는 학생들에게 전공서로 사용될 뿐만 아니라 유아교육현장에서 유아를 교육하는 교사에게도 유용한 지침서로 사용될 수 있습니다.

이 책은 크게 3부로 구분되며, 총 12장으로 구성되어 있습니다. 제1부는 유아교육과정의 이해(1~4장)로 교육과정 및 유아교육과정의 개념과 유아교육기관의 유형을 정리하였고, 유아교육과정의 철학적 기초, 심리학적 기초, 사회적 기초를 제시하였습니다. 제2부에는 유아교육과정의 성격(5~7장)으로 유아교육과정의 유형을 설명하였습니다. 또한 우리나라의 국가 수준의 유아교육과정인 2019 개정 누리과정과 4차 표준보육과정을 살펴보았으며, 다양한 유아교육 프로그램을 소개하여 현장에 적용할 수 있도록 하였습니다. 마지막 제3부는 유아교육과정 운영 및 평가(8~12장)로 유아·놀이중심 유아교육과정을 현장에서 운영하는 방법을 소개하였고, 유아교육과정을 위한 인적·물리적 환경구성의 원리와 실제를 담았습니다. 더불어 유아교육과정의 계획·구성과 유치원·어린이집의 평가 방법에 관한 내용을 제시하였으며, 시대적 흐름을 반영한 유아교육과정의 최근 동향을 담아 일상생활 속에서 통합적으로 연계할 수 있는 유아중심의 활동 방법을 모색하였습니다.

유아는 가족과 교사, 사회구성원들의 지지와 사랑을 기반으로 성장하게 됩니다. 본 책이 유아와 교사 모두가 행복한 유아교육을 경험하는 데 도움이 되기를 희망합니다. 또한 이 책을 통하여 유아교육과정을 학습하는 예비유아교사와 현직교사가 학문적 성숙 및 실질적이며 유익한 정보를 얻기를 기대합니다.

본 책을 집필하고 출간하는 과정에서 발견된 부족한 부분은 지속적으로 보완작업을 거쳐 완성도를 높여나갈 것을 약속드리며, 많은 충고와 격려 부탁드립니다. 끝으로 바쁜 가운데 각자의 맡은 부분을 잘 감당해 주신 저자들에게 고마움을 전하며, 이 책을 집필하는 데 물심양면으로 도움 주시고, 편집과 출판에 수고해 주신 동문사 대표님과 직원분들께 깊이 감사드립니다.

2023년 2월 저자 올림

차례

PART 01

유아교육과정의 이해

Chapter 01

교육과정과 유아교육과정

학습목표

1. 교육과정의 개념을 이해하고 교육과정의 의미를 4가지 차원에서 설명할 수 있다.
2. 교육과정을 교과중심, 경험중심, 학문중심, 인간중심 등의 유형에서 해당 특징과 장단점을 분석할 수 있다.
3. 유아교육과정의 특성을 이해하고, 슈바르츠와 로빈슨이 제시한 5가지 차원의 유아교육과정의 개념을 설명할 수 있다.
4. 유아교육기관의 유형을 유치원과 어린이집으로 구분하여 각각의 설립 주체별, 운영시간별 등의 특징을 나열할 수 있다.

1. 교육과정의 개념

1) 교육과정의 어원

교육이라는 용어는 '가르칠 교(敎)'와 '기를 육(育)'으로 구성되어 있는데, 특정 대상에게 목적하는 바를 위해 가르치고, 가르친 것을 잘 이해하여 행위로 나타날 수 있도록 꾸준히 기르는 것을 의미하며, '인간 행동의 계획적인 변화'라고 정의할 수 있다. 교육과정은 '계획적인' 측면과 관련되어 있는데, 사전에 특정한 의도와 계획을 가지고 출발한다. 의도나 계획은 교육목표로 구체화되기 때문에 교육과정을 만드는 일은 달성할 목적이나 목표를 염두에 두는 의도적이고 목적적인 활동으로 볼 수 있다(김성열 외, 2021).

교육과정은 curriculum이라는 영어단어로 라틴어 '쿠레레(currere)'로부터 유래한 것이다. 이는 경마장의 '달려가야 할 코스'를 의미하는데, 어원은 교육과정이 유형물로서의 '코스'를 의미할 수도 있고 개인적 경험으로서의 '코스 달리기'를 의미할 수도 있음을 보여준다(소경희, 2020). '코스'라는 의미에서는 학생이 입학해서 졸업할 때까지 달려가는 정해진 코스가 곧 커리큘럼이 되는 것이다. 즉, 어떤 자격이나 조건을 충족시키기 위해 반드시 이수해야 하는 내용들의 체계적인 묶음으로 대변된다. '코스 달리기'라는 의미에서는 학생들이 내용을 경험하는 행위에 초점이 모아진다. 이 상반된 의미를 확장해 보면 첫째는 교과내용에, 둘째는 학습경험이나 과정에 연관된다(김성열 외, 2021).

2) 교육과정의 의미

특정한 관점에서 이해되고 계획된 교육과정은 최종적으로는 교육실제에서 구체화되어 실행되는 과정을 거친다. 교육과정이 교육실제에서 어떤 방식으로 실행되어 가는지를 그 의미에 따라 4가지 차원에서 살펴보면 다음과 같다(정미경 외, 2021).

(1) 공식적 교육과정(explicit curriculum)

공식적 교육과정이란 형식적인 공적 문서 속에 기술되어 있는 교육계획으로서의 교육과정을 의미한다. 구체적인 계획을 표현하는 공적 문서에는 국가 교육과정 기준을 담은 국가 수준의 문서(교육부 고시 등), 시·도 교육청의 교육과정 편성·운영 지침, 지역 교육청의 장학자료, 학교 교육과정 혹은 학교 교육계획서 등이 있다. 미시적으로는 교과서를 비롯한 수업용 교재, 교사의 수업계획, 실시된 수업, 창의적 체험활동 등이 포함된다.

(2) 잠재적 교육과정(hidden/latent curriculum)

잠재적 교육과정은 의도적이고 계획적이지 않은 교육내용을 포함하는 교육과정으로, 학교의 물리적 조건, 제도와 행정조직, 사회·심리적 상황을 통하여 학교에서는 의도한 바 없으나 학교생활을 하는 동안에 학생들이 은연중에 가지게 되는 경험이다(김종서, 1987). 즉, 잠재적 교육과정은 숨어 있고 비구조적·비공식적·비조직적이고 기대되지 않은 비형식적인 교육과정이다. 우리가 고정적으로 가지고 있는 사회적 역할이나 성 역할에 대한 인식과 같이 우리 삶의 많은 측면들에 대한 태도는 바로 이러한 방식으로 학습되는 경우가 많다(소경희, 2020).

(3) 표면적 교육과정(formal curriculum)

표면적 교육과정은 학교나 교사가 의도적이며 계획적으로 교육내용을 수립하여 학습의 결과를 얻고자 하는 교육과정이다. 표면적 교육과정은 가르치고자 하는 교육내용이 분명하고, 국어, 영어, 수학 등과 같이 가시적으로 문서화되어 있고, 주로 인지적 영역의 내용이 해당한다. 즉, 표면적 교육과정은 계획적이고 구조화되었으며 공식적이고 외현적이며 가시적이고 외면적이며 조직화된 것이고 기대된 형식적 교육과정이라 할 수 있다.

(4) 영 교육과정(null curriculum)

영 교육과정은 가르치지 않는 교육과정으로서 공적 문서 속에는 포함되어 있지 않지만 학습자가 도달해야 할 교육목표나 배워야 할 가치를 지니는 교육내용을 의미한다. 교육과정이 선택과 배제, 포함과 제외의 산물이기 때문에 영 교육과정은 공식적 교육과정의 필연적 산물이며, 교육과정이라는 동전의 앞뒤 면이라고 볼 수 있다. 즉, 학교에서 공식적으로 가르치지 않는 지식, 사고양식, 가치관, 태도, 행동양식, 성향 등이 교육내용에 해당한다.

3) 교육과정의 유형

(1) 교과중심 교육과정(subject centered curriculum)

교과중심 교육과정은 전문적 교육과정 연구가 시작된 20세기 초 이전의 모든 교육과정으로, 지식중심의 교육과정 이론이다(김병희 외, 2019). 교육은 교과서에 제시된 정해진 학습을 거쳐야 자격을 수여하므로 교수요목(course of study) 또는 교과과정을 거쳐야 함에 중점을 두는데, 교육과정은 학교에서 배우게 될 교과들의 목록을 가리킨다. 교과중심 교육과정의 특징과 장·단점은 표 1-1과 같다(유광찬, 2009).

표 1-1 교과중심 교육과정의 특징과 장·단점

특징	장점	단점
• 각 학문분야에서 중요한 지식을 선택하고 그 각각을 다시 세부적인 단위로 쪼개어 각각의 조각을 순서에 맞게 전체적으로 조직해 놓음 • 설명적 수업방법으로 교육하며 대부분의 수업은	• 교과가 명료하여 준비와 개정이 쉬움 • 교사에 의하여 논리적으로 체계화하는 데 유리함 • 학습효과를 평가하고 교과내용을 중앙에서 통제하는 것이 용이함	• 학습자의 요구와는 상관없는 학습내용을 가르치기 쉬움 • 학습자에게 흥미가 없어 자발적이지 못하고 수동적일 수 있음 • 학습지도가 주입식이 되기 쉬워서 비민주적인 학

특징	장점	단점
교사가 중심이 되어 설명을 해주는 소위 '주입식' 교육임 • 교육과정을 조직화된 지식을 모아 놓은 교과서, 교과개요, 교과지침서의 내용과 같은 것으로 생각한 것임 • 학습활동은 한정된 교과 영역 안에서만 이루어짐 (예, 국어는 국어 교과서에 한정되고, 미술은 미술만 가르쳐야 함) • 문화유산의 전달이 주된 교육내용으로 문화유산을 체계적으로 정리하여 교과서로 만든 교육과정임		습이 이루어지기도 하며, 교과 전체를 통합하고 체계화하기 어려움

(2) 경험중심 교육과정(experience centered curriculum)

교육과정을 학습경험으로 보는 입장은 학교교육이 갖는 사회화의 기능에 주목하면서 교육과정에 대한 고전적 개념규정을 깨고자 하는 듀이(J. Dewey), 킬팩트릭(W. H. Kilpatrick)과 같은 진보주의 교육철학자들로부터 비롯하였다. 이러한 변화를 주도한 것은 1920년대에 등장한 경험중심 교육과정이다. 경험중심 교육과정에서는 교육과정을 '학교의 지도 아래 학생들이 겪게 되는 모든 경험'이라고 정의하였다. 학생들의 바람직한 행동변화가 교육목적이라면, 교육과정은 학교 시간표에 나타나는 것이 아니라 학생들이 갖는 경험 속에 있는 것이다. 진보주의 철학을 배경으로 하는 경험중심 교육과정의 특징과 장·단점은 표 1-2와 같다(구병두 외, 2017).

표 1-2 경험중심 교육과정의 특징과 장·단점

특징	장점	단점
• 아동의 흥미나 요구, 능력을 고려하여 아동의 수준과 특성에 맞추어 아동을 가르침 • 학습자가 실제로 겪는 경험과 문제해결능력이 중요함 • 개인의 자아실현과 공동과제를 협동적 활동으로 해결할 수 있는 민주시민 육성에 중점을 둠 • 학교가 경험을 계획한다는 것은 학생의 능동적 경향을 파악하고 그들에게 작용하는 환경조건을 계획·조직하여 가치 있는 경험을 적시에 할 수 있도록 도와주는 것을 의미함	• 학습자의 흥미나 요구, 발달 수준을 존중하고 학습자의 자발적 학습활동을 지원하며 학습자의 특수성을 고려함 • 문제해결 능력의 향상으로 새로운 사회에 대한 적응력이 빠르그 문제를 효과적으로 해결할 수 있음	• 기초학력의 저하를 초래함 • 아동의 흥미와 자발적 활동에 맡기게 되므로 시간이 많이 소요됨 • 때로는 교실 분위기가 무질서하여 학습활동에 지장을 줄 수 있음

(3) 학문중심 교육과정(discipline centered curriculum)

1960년대를 전후하여 학문중심 교육과정이라는 새로운 유형의 교육과정이 등장하게 되었다. 스푸트니크 쇼크(Sputnik Shock)의 발생으로 경험중심 교육과정에 체계적인 지식 교육을 소홀히 하여 결과적으로 우수한 과학자를 양성하는 데 실패했다는 비판을 받았다. 학문중심 교육과정은 지식의 본질에 관한 탐구, 학문에 대한 교육적 가치를 찾는 일을 중요하게 여겼으며, 브루너(J. S. Bruner)는 학문중심 교육과정의 대표적인 학자이다. 교육과정은 학교교육을 통해서 도달해야 할 교육목표들의 체계와 배워야 할 교육내용들의 범위와 위계로 구성되며, 학생들이 이와 관련된 학습경험을 가질 수 있도록 하기 위한 교육방법, 교육평가, 기관운영의 일반적 지침들로 구성된다. 학문중심 교육과정의 특징과 장·단점은 표 1-3과 같다(권낙원 외, 2011).

표 1-3 학문중심 교육과정의 특징과 장 · 단점

특징	장점	단점
• 교과내용을 가르칠 때 교과에 들어 있는 지식의 구조, 기본원리, 핵심 개념을 교사가 학생들에게 주입하는 것이 아닌 스스로 지식의 구조와 원리를 찾아내는 탐구과정을 중시함 • 지식의 구조를 전제로, 기본원리, 핵심 개념을 추출하여 초등학교에서부터 고등학교 학생에 이르기까지 같은 내용을 가르칠 수 있는 나선형 교육과정을 강조함 • 교육내용은 전이가 높은 지식을 구조화하여 제공해야 함 • 발견학습이라는 방식으로 가르칠 것을 제안, 교육과정을 '학문 또는 지식의 탐구과정의 조직', '일련의 구조화된 의도하는 학습결과'라고 정의함	• 체계화된 지식으로 학문의 탐구방법을 배우므로 교육이 능률적임 • 학습자 수준에 맞는 표현방법과 설명자료 등을 활용하여 가르치는 방법을 달리하는 교수방법에 대한 제안 • 지식의 원리는 다른 상황에 전이되고, 새로운 지식을 생산함 • 학습에 기쁨을 느끼게 되면 내적 동기유발 효과가 확대됨	• 지식 위주의 교육으로 정의적 특성을 가진 인간을 육성하기 어려움 • 전인교육에 소홀함 • 학문에 내재해 있는 지식의 구조를 학생이 탐구 수업을 통하여 알아내기가 어려움

(4) 인간중심 교육과정(human centered curriculum)

1970년대에 들어서 미국에서는 '교육의 인간화', 즉 전인적 측면을 가지며, 학습자를 중심으로 하는 인간중심 교육이 강조되며 새로운 교육과정이 등장하였다. 맥도날드(J. B. Macdonald, 1942), 매슬로우(A. H. Maslow, 1908~1970), 로저스(C. R. Rogers) 등이 대표적인 학자로 인간중심 교육과정은 인간의 존엄성을 기반으로 하여 최대한 자아실현을 이루는 교육으로, 지적 측면과 정의적 측면을 모두 고르게 발달시키는 전인교육을 목적으로 한다. 이들에게 교육과정이란 교육자나 학습자가 살아오면서 갖게 된 체험들을 자신의 존재 의미와 연관 지어 해석하고 이를 통하여 자기반성적인 삶을 살아가도록 하는 과정이다. 인간중심 교육과정의 특징과 장·단점은 표 1-4와 같다(권낙원 외, 2011).

표 1-4 인간중심 교육과정의 특징과 장·단점

특징	장점	단점
• 교육과정은 학생이 학교생활을 하는 동안에 가지는 모든 경험인데, 모든 경험이란 학교 안에서 교육과정에 의하여 갖게 되는 경험과 학교 밖에서 이루어지는 모든 경험까지를 의미함 • 학교생활을 하는 동안에 얻을 수 있는 지적·정의적·기능적·신체적으로 영향을 주는 모든 경험을 중요하게 생각함 • 자아실현과 전인교육을 지향하며 인간의 존엄성을 중요한 이념과 교과의 목표로 둠 • 학생들의 학습권이 강조되며, 학교와 교사의 교육과정에 관련된 자율성은 높아지고 교육청의 통제력은 약화됨	• 전인교육을 통한 조화로운 자기 성장으로 긍정적인 자아개념 형성에 유익함 • 교수·학습 과정에서는 자율적이고 개방적이며 자유로운 분위기를 조성하므로 교육내용의 내면화에 유익함 • 개인의 자아실현과 사회발전에 기여하는 삶을 지향함	• 교수·학습 과정에서 자유로운 수업 분위기가 만들어지지 않으면 성공적인 수업이 되기 어려움 • 전통적인 교사들의 권위주의적 태도, 과밀학급, 수업에서의 경쟁적 분위기, 교과서 난이도 조정, 융통성 없는 운영 등으로 인해 운영이 어려움

2. 유아교육과정의 개념

1) 유아교육과정의 특성

유아교육과정에 대한 정의는 유아교육의 대상이 지니는 특수성으로 인하여 초·중등 일반교육과정과의 의미와는 차이가 있다. 유아교육에서의 교육과정이란 전인아동을 의미한다고 보는데, 전인아동이란 유아의 지적, 정서적, 사회적, 신체적 능력의 통합을 의미하는 것이라고 본다. 따라서 각각이 분리된 것이 아닌 한 영역에 있어서의 학습은 반드시 다른 영역들을 포함해야 하며 효과적인 교수방법도 그들 각 영역 간의 내적 통합 속에서 이루어진다고 본다(이상욱 외, 2009).

스포덱(Spodek, 1991)은 교육과정이란 용어가 유아교육에서부터 고등교육까지 포괄적으로 쓰이는 용어이지만, 특히 유아교육에서는 다음과 같이 여러 가지 관점에서 다르게 쓰인다고 정의하고 있다(이기숙, 2005).

첫째, 가장 분명한 차이점은 대상아동에게 있다는 점이다. 즉, 모든 단계의 교육이 대상자의 발달을 고려해야 한다는 것은 당연한 일이지만 유아를 위한 교육과정의 결정은 좀 더 유아 개인의 발달단계를 고려해야 한다는 것이다. NAEYC에서 제안한 『발달에 적합한 실제』의 관점이 바로 그것이다. '발달에 적합한 실제'란 일정하게 합의된 지식을 모든 유아에게 일관되게 제시하기보다는 유아의 발달수준과 흥미에 따라 다양하게 교육할 것을 강조하고 있기 때문이다.

둘째, 유아교육자들은 교육목적에서도 다양한 개념을 갖고 있다는 점이다. 어떤 유아교육자는 특별한 학습결과에 초점을 맞추는 반면, 또 어떤 학자는 유아의 발달을 도와주는 것과 같은 포괄적인 면에 관심을 갖는다.

세 번째의 차이점은 교구와 교재에 있다. 유아교육의 교수방법과 교재·교구 또한 초·중등 영역의 교육과는 큰 차이가 있다는 것이다. 즉, 다른 단계의 교육에 있어서 가장 중요한 교재는 교과서인 반면, 유아교육에 있어서는 다양한 교재·교구와의 상호작용과 교사-유아의 상호작용, 유아-유아 상호작용과 같이 환경과의 상호작용이 중요한 교육내용이 된다.

유아교육과정의 특성을 구체적으로 살펴보면 다음과 같다(윤희경 외, 2007).

① 교육과정 프로그램의 질적 수준과 관련이 있다.
② 교육과정은 영유아의 전인적 발달과 통합적 접근에 중점을 둔다.
③ 교육과정은 교사가 학습의 과정과 유아와의 상호작용에서 직면하는 문제를 해결하는 지침과 방향을 제공한다.
④ 교육과정은 놀이가 중심이 된다.
⑤ 교사는 교육과정에 대한 철학과 교육과정 실제와 내용에 대해 이해해야 한다.
⑥ 교사는 영유아 발달 및 학습 이론을 이해해야 한다.
⑦ 영유아는 능동적 학습자임을 인식한다.
⑧ 교육과정은 영유아 발달의 적합성을 중시한다.
⑨ 교육과정은 명료하고 설명적이고 안내하고 융통적이어야 한다.
⑩ 교육과정은 사회문화적 맥락을 영유아의 발달과 학습에 반영한다.
⑪ 교사는 수업 실제에 적합한 프로그램을 위해 교육과정을 계속적으로 연구·개발해야 한다.

2) 유아교육과정의 개념

슈바르츠와 로빈슨(Schwartz & Robinson, 1982)은 『유아를 위한 교육과정 설계(Designing curriculum for early childhood)』라는 저서에서 다양한 유아교육과정의 개념을 다음과 같은 다섯 가지로 분류하여 정리하고 있다.

① 우연히 일어난 것으로서의 교육과정 : 교사가 미리 교육내용을 선별하거나 계획하기보다는 영유아들에게 많은 선택을 주어서 개별유아의 요구와 흥미를 중심으로 하는 유아교육과정으로 부르는 경우다. 교육과정을 우연히 일어난 사건으로 여길 때는 학습의 구체적인 내용보다

는 학습하는 과정에 그 가치를 둔다. 왜냐하면 학습활동과 경험 속에 포함된 유아의 흥미 그 자체를 가치 있는 것으로 보기 때문이다. 따라서 교육활동은 유아의 선택과 행동으로부터 나오게 되며 미리 계획될 수 없다. 이 입장에서 중요한 것은 유아 자신이다. 따라서 교사는 유아의 요구와 흥미를 기초로 하여 자연스럽게 활동할 수 있는 분위기를 마련해 주고 끊임없는 관찰과 배려로서 그들을 안내하도록 힘써야 한다.

② 영유아가 교육기관에서 갖는 모든 경험으로서의 교육과정 : 교사의 의도적인 경험뿐만 아니라 의도하지 않았지만 영유아에게 영향을 줄 수 있는 잠재적 교육과정까지를 포함하는 교육과정을 말한다. 교실의 분위기, 교사와 유아, 유아와 유아, 유아와 교구와의 상호작용, 언어적인 의사소통 등과 같은 모든 물적·인적 환경이 중요시된다. 교사는 학습이 일어나는 상황에 좀 더 세심하게 주의를 기울일 필요가 있으며 사회적 변화에 민감해야 하고 학습결과에 영향을 끼칠 수 있는 많은 예측할 수 없는 요인들에 대해 좀 더 세심한 배려를 해야 한다.

③ 교수를 위한 계획으로서의 교육과정 : 교사가 영유아들에게 의도적으로 가르칠 내용과 목표와 방법 등의 교육계획을 기록한 다양한 형태를 교육과정이라고 말한다. 교사의 의도는 매우 구체적일 수도 있고 포괄적일 수도 있으며 장기적일 수도 있고 단기적일 수도 있다. 유아들을 위한 교육목표, 내용, 방법 등의 계획을 중심으로 하여 그 형태는 매일 매일의 교육내용을 진술하고 있는 것에서부터 주제나 내용 영역에 따라 일련의 활동들을 진술하는 것까지 다양하다.

④ 교수요목으로서의 교육과정 : 영유아들에게 가르칠 교육목표와 내용, 순서를 일련의 문서로 작성한 교수요목을 교육과정으로 규정한 매우 좁은 의미의 교육과정이다. 중앙집권적으로 획일화된 공식적 문서로 이루어진 국가 수준의 교육과정이 이에 해당된다. 교사들이 실제로 교수계획안을 짜는 데 참여한다면 유아들의 학습욕구에 대한 생각을 재검토하고 교실 내의 적용을 평가해 보는 데 도움을 주는 자료가 될 수 있으며 교사들로 하여금 자신의 생각을 명료하게 하도록 도와줄 수 있

을 것이다. 그러나 이와 같은 교수요목으로서의 교육과정이 국가 수준에서 중앙집권적으로 획일화된 문서로서 제시된다면 유아교육의 특징을 살리기는 힘들 것이다. 왜냐하면 유아교육기관과 지역사회의 특성, 유아들의 흥미와 요구, 현장에서의 실제적인 경험들이 반영되기 힘들기 때문이다.

⑤ 프로그램으로서의 교육과정 : 특정한 유아관, 교육철학, 교사 역할과 교육방법과 교재 사용법 등이 조직적으로 체계화된 영유아를 위한 프로그램을 영유아 교육과정이라고 부르는 경우다. 이 입장은 유아교육에서 찾아볼 수 있는 독특한 관점으로서 몬테소리 프로그램, 레지오에밀리아 접근법, 프로젝트 접근법, 생태교육 프로그램, 발도르프 프로그램 등과 같이 특별한 이름을 가진 유아교육의 모델 유형을 말한다.

3. 유아교육기관의 유형

유아교육기관은 설립주체, 목적, 교육관, 유아의 연령 등과 같은 다양한 유형으로 설립된다. 우리나라 유아교육기관은 관할부처 이원화로 인해 교육부 산하인 유치원, 보건복지부 산하인 어린이집으로 나뉜다. 유치원과 어린이집은 유아교육의 목적과 기능의 유사성을 가지지만 운영과 체제 면에서 다른 점을 가진다. 유아교육기관의 세부 사항은 다양한 분류 기준에 따라 나눌 수 있다.

1) 유치원

유치원은 만3세부터 초등학교 취학 전까지 어린이를 대상으로 하며, 유아의 교육을 위하여 「유아교육법」에 다라 설립·운영되는 학교를 말한다. 「유아교육법 시행령」 제11조에 의하면 학기는 매학년도를 두 학기로 나누되, 제1학기는 3월 1일부터 유치원의 수업일수·휴업일 및 교육과정 운영을 고려하여 유치원의 장이 정한 날까지, 제2학기는 제1학기 종료일 다음 날부터 다음해 2월 말일까지로 한다.

유치원은 교육과정인 개정 누리과정에 기초한 운영을 하며 「유아교육법」 제18조에 의해 국립유치원은 교육부장관의 지도·감독을 받으며, 공립·사립 유치원은 교육감의 지도·감독을 받는다.

(1) 설립유형에 따른 분류

유치원은 「유아교육법」 제7조에 따라 국립유치원, 공립유치원, 사립유치원으로 구분한다.

표 1-5 설립유형에 따른 유치원 분류

유형	내용
국립유치원	국가가 설립·경영하는 유치원
공립유치원	지방자치단체가 설립·경영하는 유치원 (설립주체에 따라 시립유치원과 도립유치원으로 구분할 수 있다)
사립유치원	법인 또는 사인(私人)이 설립·경영하는 유치원

국공립유치원은 초등학교 내 병설유치원 또는 단독 건물의 단설유치원으로 운영되기도 한다. 사립유치원은 법인이 설립하고 운영하는 유치원과 개인이 설립하고 운영하는 유치원 등이 있다.

표 1-6 설립유형에 따른 유치원 분류

유형	내용
국공립유치원	국립유치원
	공립유치원: 단설유치원, 병설유치원
사립유치원	개인
	종교단체: 기독교, 천주교, 불교, 기타 종교단체
	법인: 학교법인, 사회복지법인, 사단법인, 재단법인
	군부대 및 기타

그림 1-1 국립유치원(한국교원대학교 부설유치원)

출처: 한국교원대학교부설유치원 홈페이지(https://school.cbe.go.kr/knue-k/).

그림 1-2 사립유치원(원암유치원)

출처: 원암유치원 홈페이지(http://www.wonam.kg.kr/).

(2) 운영과정에 따른 분류

유치원은 유아교육법 제13조 제1항에 의해 교육과정을 운영하여야 하며, 교육과정 운영 이후에는 방과후 과정을 운영할 수 있다. 방과후 과정은 「유아교육법」 제2조 제6항에서와 같이 교육과정 이후에 이루어지는 그 밖의 교육활동과 돌봄활동을 말한다.

국가교육위원회는 「유아교육법」 제13조 제1항에 따라 교육과정의 기준과 내용에 관한 기본적인 사항을 정하며, 교육감은 국가교육위원회가 정한 교육과정의 범위에서 지역 실정에 적합한 기준과 내용을 정할 수 있다. 「유아교육법」 제13조 제1항에 의하면 교육부장관은 방과후 과정의 기준과 내용에 관한 기본적인 사항을 정하며, 교육감은 교육부장관이 정한 방과후 과정의 범위에서 지역 실정에 적합한 기준과 내용을 정할 수 있다. 또한 「유아교육법」 제13조 제4항에 따라 교육부장관은 유치원의 교육과정 및 방과후 과정 운영을 위한 프로그램 및 교재를 개발하여 보급할 수 있다.

2) 어린이집

어린이집은 6세 미만의 취학 전 아동을 대상으로 하며, 영유아를 건강하고 안전하게 보호·양육하고 영유아의 발달 특성에 맞는 교육을 제공하기 위하여 「영유아보육법」에 의해 보호자의 위탁을 받아 영유아를 보육하는 기관을 말한다.

어린이집은 교육과정인 제4차 표준보육과정(0-2세)과 개정 누리과정(3-5세)에 기초한 운영을 하며 「영유아보육법」 제41조에서 보건복지부장관, 시·도지사 및 시장·군수·구청장은 보육사업의 원활한 수행을 위하여 어린이집 설치·운영자 및 보육교직원에 대하여 필요한 지도와 명령을 할 수 있다.

(1) 설립 주체에 따른 분류

어린이집은 「영유아보육법」 제10조에 따라 국공립어린이집, 사회복지법인어린이집, 법인·단체 등 어린이집, 직장어린이집, 가정어린이집, 협동어린이집, 민간어린이집으로 구분한다.

표 1-7 설립유형 주체에 따른 어린이집 분류

유형	정의
국공립어린이집	국가나 지방자치단체가 설치·운영하는 어린이집
사회복지법인 어린이집	「사회복지사업법」에 따른 사회복지법인(이하 "사회복지법인"이라 한다)이 설치·운영하는 어린이집

유형	정의
법인·단체어린이집	각종 법인(사회복지법인을 제외한 비영리법인)이나 단체 등이 설치·운영하는 어린이집으로서 대통령령으로 정하는 어린이집
직장어린이집	사업주가 사업장의 근로자를 위하여 설치·운영하는 어린이집(국가나 지방자치단체의 장이 소속 공무원 및 국가나 지방자치단체의 장과 근로계약을 체결한 자로서 공무원이 아닌 자를 위하여 설치·운영하는 어린이집을 포함한다)
가정어린이집	개인이 가정이나 그에 준하는 곳에 설치·운영하는 어린이집
협동어린이집	보호자 또는 보호자와 보육교직원이 조합(영리를 목적으로 하지 아니하는 조합에 한정한다)을 결성하여 설치·운영하는 어린이집
민간어린이집	제1호부터 제6호까지의 규정에 해당하지 아니하는 어린이집

「영유아보육법 시행규칙」제9조 관련 [별표 1]의 어린이집 설치기준에 따른 어린이집 규모는 다음과 같다.

표 1-8 어린이집 규모에 따른 분류

유형	규모
국공립어린이집	상시 영유아 11명 이상
사회복지법인어린이집	상시 영유아 21명 이상
법인·단체어린이집	상시 영유아 21명 이상
직장어린이집	상시 영유아 5명 이상
가정어린이집	상시 영유아 5명 이상 20명 이하
협동어린이집	상시 영유아 11명 이상
민간어린이집	상시 영유아 21명 이상

그림 1-3 국공립어린이집(위례새솔어린이집)

출처: 위례새솔어린이집 홈페이지
(https://iseoul.seoul.go.kr/homepage/main.do?stCode=11710000708).

그림 1-4 직장어린이집(서울도봉경찰서어린이집)

출처: 서울도봉경찰서어린이집 홈페이지(https://hansol-sdbpolice.kidsnote.ac/).

그림 1-5 협동어린이집(개구리어린이집)

출처: 개구리어린이집 홈페이지(http://gaeguri.gongdong.or.kr/).

(2) 운영시간에 따른 분류

어린이집은 「영유아보육법」 제24조의2에 의해 보육시간을 구분하여 운영할 수 있다. 기본보육은 어린이집을 이용하는 모든 영유아에게 필수적으로 제공되는 과정으로, 보건복지부령으로 정하는 시간 이하의 보육이며, 연장보육은 기본보육을 초과하여 보호자의 욕구 등에 따라 제공되는 보육이다.

어린이집의 운영일, 운영시간 및 보육시간은 「영유아보육법 시행규칙」 제23조, 제34조 및 제34조의2 관련 [별표 8]에 의해 어린이집은 주 6일 이상, 하루에 12시간 이상 운영하여야 한다. 다만, 보호자의 근로시간 등을 고려하여 보호자 및 그 영유아에게 불편을 주지 않는 범위에서 어린이집의 운영일 및 운영시간을 조정하여 운영하는 경우로서 어린이집의 원장이 미리 영유아의 보호자에게 동의를 받은 경우에는 그러하지 아니하다. 어린이집은 기본보육시간을 하루 7시간으로 운영해야 하고, 연장보육시간은 보건복지부장관이 정하는 바에 따라 기본보육시간이 종료된 후부터 운영해야 한다.

표 1-9 어린이집 운영시간에 따른 분류

<table>
<tr><th colspan="2">유형</th><th>내용</th></tr>
<tr><td colspan="2">기본보육</td><td>오전 9시에서 오후 4시까지 7시간 동안 이루어지는 보육
* 지역별·어린이집별 사정에 따라 보호자와 협의하여 오전 9시에서 오후 4시까지 전후 30분 범위 내에서 보육시간 탄력조정 가능
* 등원지도 시간(07:30~09:00 ±30분)과 하원지도 시간(16:00~17:00 ±30분)은 기본보육으로 간주</td></tr>
<tr><td colspan="2">연장보육</td><td>오후 4시부터 오후 7시 30분까지 이루어지는 보육</td></tr>
<tr><td colspan="2">시간제보육</td><td>가정양육 시에도 지정된 제공기관에 시간단위로 보육 서비스를 이용하고 이용한 시간만큼 보육료를 지불하는 보육 서비스</td></tr>
<tr><td rowspan="2">그 외 운영시간</td><td>야간연장보육</td><td>오후 7시 30분부터 밤 12시까지 이루어지는 보육
*오전 7시 30분 이전에 이용하는 경우도 야간연장보육으로 간주</td></tr>
<tr><td>야간 12시간보육</td><td>오후 7시 30분에서 익일 오전 7시 30분까지 이루어지는 보육</td></tr>
</table>

유형		내용
	24시간보육	오전 7시 30분에서 익일 오전 7시 30분까지 이루어지는 보육
	휴일 보육	일요일, 공휴일에 오전 7시 30분에서 오후 4시까지 이루어지는 보육

출처: 육아종합지원센터(2022).

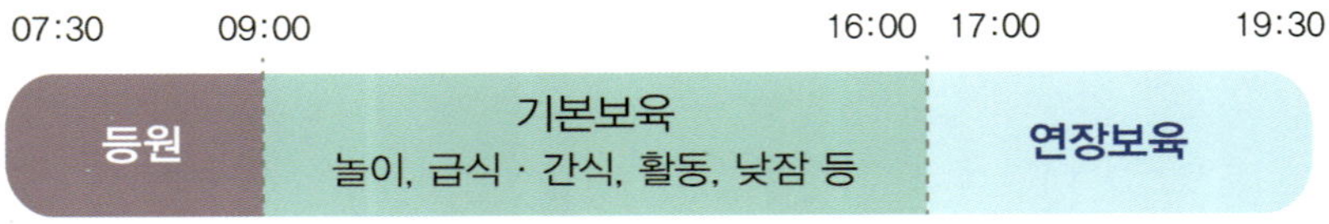

그림 1-6 어린이집 운영시간

출처: 인천광역시육아종합지원센터(2021).

3) 유치원과 어린이집의 특징 비교

표 1-10 유치원과 어린이집 비교

구분	유치원	어린이집
관련 법령	유아교육법	영유아보육법
관할부처	교육부	보건복지부
운영 주체	국공립, 법인, 단체, 개인 등	국공립, 법인, 단체, 직장, 가정, 민간 등
대상	만3~5세	만0~12세(방과후 보육 포함)
교육과정	개정 누리과정	제4차 표준보육과정(만0~2세) 개정 누리과정(만3~5세)
자격증	유치원 정교사 자격증	보육교사 자격증

생각해보기

1. 현재 우리나라의 유아교육기관에서 운영되는 교육과정은 교과중심, 경험중심, 학문중심, 인간중심 등 4가지 유형 가운데 어느 유형과 밀접하게 연관되어 있다고 생각하는지 토의해 보아요.

2. 유아교육법과 영유아보육법을 찾아 비교해 보고 목적, 역할, 기능 등의 유사점과 차이점을 분석해 보아요.

Chapter 02

유아교육과정의 철학적 기초

학습목표

1. 고대, 중세, 근세, 계몽주의, 신인문주의, 현대사회 등 시대별로 구분하여 유아교육과정에 영향을 미친 철학가들의 특징과 주요개념을 설명할 수 있다.
2. 기존 교육사상가들의 철학을 기초로 예비유아교사로서 본인의 교육관을 세워나갈 수 있다.

유아교육과정에 직접적인 영향을 디친 사상가들을 떠올리기는 쉽지가 않다. 왜냐하면 유아교육은 교육의 범주에 속해 있고, 교육은 사회의 일부로 존재하기 때문이다. 수많은 철학자 가운데 교육에 대해 업적을 남긴 철학가들의 사상은 유아교육에도 영향을 미쳐왔다고 볼 수 있기 때문에 본 장에서는 현재의 유아교육에 대한 신념, 교수방법, 교육과정에 영향을 준 교육사상가를 중심으로 시대 순으로 살펴보고자 한다.

1. 고대, 중세의 유아교육사상

고대에는 국가와 공동체의 중요성이 강조된 가운데 신분제 사회 속에서 교육이 수행되었는데, 대표적인 철학가로 소크라테스와 플라톤을 들 수 있다.

1) 소크라테스(Socrates, B.C. 470~399)

소크라테스는 자연에 관한 생각에 머물렀던 당시 철학의 초점을 인간생활의 성격과 행위를 분석하는 데로, 즉 '이성을 실천적으로 사용하는 것'으로 옮겼고, "너 자신을 알라"는 질문으로 유명한, 인간의 본질에 대한 탐구에 집중하였다. 교육의 목적을 도덕적 인간을 양성하는 것에 있다고 보고, 인간은 선천적으로 보편적인 진리를 인식할 수 있는 영혼을 소유하고 있다고 주장하였다. 누구나 진리인 선을 알게 되면 선을 행할 수 있는 지행합일설을 정리하였으며, 교육은 지식의 주입이 아닌 사고력의 계발임을 강조하였다. 소크라테스의 문답법은 특히 교사가 학습자에게 계속해서 질문을 던짐으로 학습자 스스로 모순과 논리를 터득하게 하였다는 점에서 자기반성적 교수법의 원리를 강조하고 있는데, 이는 오늘날 '토론법'이나 '대화법'을 활용하는 민주적 교수·학습법의 시초가 되었다(임부연, 오정희, 2013).

2) 플라톤(Platon, B.C. 427~347)

플라톤 철학사상의 근원은 이데아론이다. 모든 사물에는 본체가 있고, 이것을 이데아라 한다. 플라톤의 가장 큰 교육의 목적은 인간을 계몽하여, 진선미의 절대적인 가치를 추구하는 이데아세계를 발견하도록 하는 것이다. 가장 현명하고 가장 선한 사람의 통치, 즉 철학자에 의한 통치(철인정치)를 통한 이상국가를 꿈꾸었다. 즉, 이상국가를 위한 유능한 시민을 육성하는 것이 그의 교육목적이다. 그리고 유능한 시민의 개인의 잠재능력과 소질을 파악하고 그에 맞는 교육을 할 때 이루어진다. 플라톤은 '발달'과 '심리'에 대한 개념이 전무하던 고대 그리스 시기에 최초로 학습자의 연령적(발달적) 단계를 구분하였으며, 개인차를 인정하고, 출생 이전부터의 교육(태교교육)을 강조하고, 더 나아가 오늘날 심리학의 주된 축인 환경/유전에 대한 이론적 토대를 최초로 제시하였다(이상욱 외, 2009).

중세는 서로마 제국이 멸망하던 때(476년)부터 르네상스 운동이 전개되기 전까지로 볼 수 있다. 로마가 몰락하는 가운데 많은 로마인들은 중세의 기독교 사상에서 정신적 위안을 받고자 했고, 이러한 사회적 배경은 모든 지식은 신으로부터 온다는 믿음에 기반을 두고 유아교육 역시 신을 중심으로 전개되었다(지옥정 외, 2021). 중세에는 유아기 인간 형성의 시기에 성직자에 의한 신앙 교육을 바탕으로 한 교육이 주로 행해졌다. 당시의 아이들은 빈부의 차이에 구애받지 않고 당시 최고의 교양인이었던 성직자들로부터 가장 이상적인 신앙 교육과 일반 교육을 받을 수 있었다(팽영일, 2003). 성가와 라틴어를 읽고 쓰는 교육이 이루어졌는데 이에 대해서는 순수한 인간 형성을 위한다는 긍정적인 평가가 있는 반면, 아동에 대한 이해가 없고 아동을 성인의 축소판으로 여기고 있다는 부정적 평가의 관점도 있다.

표 2-1 플라톤(Platon)의 발달단계와 교육

단계	특징
1단계	출생~15세 : 도야기 음악과 체육을 통한 신체단련 올바른 습관형성(이야기, 설화)
2단계	15~20세 : 군인훈련시기 집중적인 체육과 신체단련 *20세에 선발시험
3단계	20~30세 : 과학적 도야기 예비적인 철학교육 및 사고훈련 산수, 기하, 천문학, 음악(사물의 본질과 원리를 이해하기 위한 과목) *30세에 선발시험
4단계	30~35세 : 철학적 도야기 본격적인 철학교육 변증법, 수사학, 문법
5단계	35~50세 : 철인왕 실습기 앞서 배운 이데아의 원리를 적용, 실습 *50세에 철인과의 자격 부여

2. 근세 실학주의의 유아교육사상

근세 실학주의는 실생활에 필요한 구체적이고 실제적인 학습을 중시 여기는 사상으로, 인간의 삶에 필요한 지식을 가르쳐 실생활에 유능한 인물을 양성하고자 하였다. 자연과학의 발달로 그 연구 성과를 응용한 동력기계 및 화학 기구들이 발명되어 공업 및 교통의 발달에 기여하게 되었고, 학교교육에서도 과학적이고 실증적인 연구방법이 도입되었다. 대표적인 학자는 코메니우스와 로크가 있다.

1) 코메니우스(Comenius, 1592~1670)

17세기 최대의 교육자이며 신학자인 코메니우스는 자연세계를 하나님의 가장 위대한 책으로 생각하였다. 따라서 자연은 하나님의 속성과 지혜를 알게 하는 교과서이며, 인간은 자연 속에서 선과 악, 지혜와 무지, 진실과 거짓의 관계를 구분하며, 하나님의 참된 진리와 지식을 얻을 수 있다. 그리고 이러한 합자연의 교육은 오늘날 관심의 대상이 되고 있는 생태교육과도 일맥상통한다. 코메니우스 교육학의 가장 큰 특징은 "모든 사람들에게 모든 것을 가르친다."는 범지학이다. 이는 인간의 지적인 이성을 도야함으로써 도덕적·종교적 삶의 기초를 형성한다는 합리주의적 사고에서 출발하고 있다. 범지학이라는 말은 모든 과학과 학문을 통합하는 범과학, 범우주적 지혜, 모든 지식체계와 앎을 총칭하는 용어다. 코메니우스는 인간을 하나의 총체적 인격체로 보았다. 따라서 이러한 인간관에 대한 교육은 단편적 기능을 훈련시키는 교육이 아니라, 올바른 인식의 기초가 되는 지식, 윤리적 삶을 위한 도덕성, 종교적 신앙심에 의해 나타나는 경건심을 포함하는 통합교육이어야 한다(이상욱 외, 2009).

코메니우스는 근대교육의 기틀을 마련하였는데, 연령뿐 아니라 발달단계를 토대로 교육의 체계를 유아교육기관, 초등학교, 중고등학교, 대학교 순으로 제시하였다. 코메니우스는 어머니에 의한 교육의 중요성을 강조하였는데 유아기의 모친학교는 오늘날의 유아교육기관이 아니라 어머니가 교사인 가정학교다. 관찰을 통해 유아기의 발달단계를 ① 영아기 ② 유아기 ③ 보행기 ④ 감각능력기 ⑤ 행동습득기 ⑥ 집단교육기 등 6단계로 세분화하였다. 유아교육에 대한 최초의 체계적인 교육서 『모친학교지침』과 자신의 대표적인 교육학 저서인 『대교수학』(1657), 암기와 문자 위주의 교육에서 아이들이 그림을 통해 배울 수 있도록 고안한 『세계도회』(1658)는 대표적 저서다. 코메니우스의 교수학습 원리는 직관교수, 실물교수, 감각교수, 시청각교수 등으로 집약할 수 있으며(김정희 외, 2021), 궁극적인 교육의 목적은 종교적, 도덕적 교육뿐 아니라 육체적, 사회적 환경에 대한 포괄적인 지식을 습득하는 전인교육에 있다.

2) 로크(Locke, 1632~1704)

로크는 17세기 영국의 경험론 철학자이자, 명예혁명을 이끈 정치가이다. 그의 저서 『인간오성론』에서 선천적인 생득관념을 부정하고, 백지설(tabula rasa)을 제기하였다. 즉, 생득적인 관념이 전혀 없다는 것이다. 따라서 인간의 차이는 거의 교육(환경)에 따른 차이라고 생각하여, 자신의 저서인 『교육에 관한 고찰』에서는 인간의 90%가 교육에 의해 결정된다고 주장하였다. 선천적인 능력과 소질보다는 후천적인 교육과 환경을 강조한 그는 유아기가 환경적 자극을 가장 잘 흡수한다고 생각하여 올바른 습관과 엄격한 훈육을 강조하였다. 단, 체벌은 반대하여 체벌보다는 칭찬이나 아동의 명예심에 호소하여 바람직한 미덕을 스스로 익혀 가도록 한다. 이러한 그의 사상은 후에 행동주의 심리학의 이론적 토대가 된다(이승욱 외, 2009). 로크의 교육목표는 신사의 양성이다. 신사는 덕과 지혜, 예의, 그리고 학문 등 4가지를 갖추어야 하는데, 그 어떤 것보다 신체의 건강이 우선시 되어야 함을 강조하였다(황현주, 신현정, 2019).

효과적인 교수방법으로 동기유발을 중시하였는데 교육내용은 이론보다는 실제를, 암기보다는 실천을 통해 익히는 것이 바람직하다고 보았으며, 유아의 호기심을 중시하며, 유아가 좋아하는 것과 원하는 시기에 따른 교육을 강조한다. 유아기에는 모방교육 또한 효과적이라고 보았는데, 유아와 교사의 관계는 절대적인 신뢰와 존경을 바탕으로 하고, 교사는 항상 시범을 통해 교육해야 함을 주장하였다. 그리고 유아 개개인의 개성이 강조되어야 하는데, 모든 유아는 각기 다른 기질을 타고나므로 획일적인 교육방법은 없다. 따라서 교육은 개인의 본성에 기초하여 필요한 지식과 습관을 배워 나가게 함을 제시하였다(김정희 외, 2021).

3. 계몽주의의 유아교육사상

계몽주의 시대는 영국의 명예혁명(1688년)으로부터 프랑스혁명(1789년)에 이르기까지의 약 100여 년간의 시기로 봉건사회가 해체되고 근대시민사회로 옮겨 가기 전의 과도기적 시기에 해당된다. 정치, 경제, 사회 등의 모든 불합리한 권위에 대한 비판적, 합리적 태도를 보급시켜 사회를 무지한 상태에서 벗어나게 하려는 문화운동이자 교육적 의도를 가진 시대정신을 특징으로 볼 수 있다. 계몽주의 사상은 자연법사상에 따라 인간은 본래 자유롭고 평등한 존재로 보고, 개인이 타인에 의해 부당한 처우를 받거나 인권을 침해당하는 일은 없어야 한다고 주장한다. 자연주의로 대표되는 루소의 사상을 살펴보면 다음과 같다.

1) 루소(Rousseau, 1712~1778)

루소가 살던 18세기 프랑스는 왕과 귀족 그리고 시민과 농민의 대립이 격화되었던 시대다. 루소는 인간의 자유가 기존의 사회제도 하에 쇠사슬로 묶

여 있다고 생각하였다. 그는 인간의 본연의 자유를 되찾기 위해서는 사회제도를 벗어나야 한다고 주장하였다. 교육목적은 사회개조로 모든 인간이 평등한 권리로 행복하게 살기 위해 개인의 완성이 우선되어야 함을 강조한다. 루소가 생각한 자연인은 사회 속에 살면서도 사회에 속박되지 않고, 사회로부터 영향을 받지 않는 인간이다. 이러한 루소에게 인간은 매우 선하게 태어난 순수한 존재로 소극적 교육을 지향하였다(지옥정 외, 2021). 이는 인위적인 개입을 최소화한다는 의미로, 미덕이나 진리를 가르치는 것이 아니라 악덕으로부터 마음을, 오류로부터 정신을 보호해 주는 일을 해야 하는 것과 학습자 내부의 요구나 관심, 흥미가 우선시 되어야 한다는 것, 교사나 부모의 의지나 요구가 아니라 자발적으로 사고하고 행동하는 것이 중요하다는 것을 의미한다.

루소는 자연의 발달단계를 크게 3가지로 구분하여 제시하였다. 첫째는 태어나자마자 쾌/불쾌에 의한 감성적 판단(감성적 존재)이다. 둘째는 적합/부적합에 의한 오성적 판단(오성적 존재)이다. 셋째는 이데아에 의한 이성적 판단(이성적 존재)이다. 루소는 교육이 이러한 자연의 발달단계에 따라 이루어져야 한다고 생각하였다. 루소는 또한 건강의 중요성을 강조하였고, 직접 경험할 수 있는 많은 기회를 주는 것과 놀이를 중요한 교육활동으로 삼아야 한다고 보았다. 충분한 감각훈련은 결과적으로 이성의 힘을 강화하기 때문에 육체적 훈련 또는 노동의 필요성도 강조하였다.

루소의 교육사상을 대표하는 저서 『에밀』(1762)은 총 5부로 구성되어 있다.

발달단계	연령	교육내용
제1부 유아기	0-5세	• 감각의 성장을 위한 교육. 욕구를 충족시켜 주고, 자연스럽게 욕망을 표출할 수 있도록 훈련 → 신체의 자유를 구속하지 않는 양육
제2부 아동기	6-12세	• 신체와 감각기관 훈련. 신체적 성장과 자아가 길러지는 시기 • 체벌, 칭찬 등을 통한 인위적인 교육에 반대
제3부 소년기	13-15세	• 이성에 눈 뜨는 시기. 사물의 유용성과 상호관련성을 익히고, 지식의 유용성을 인식하기 시작 • 스스로 사물을 접해서 발견하고 판단력을 배양하도록 함
제4부 청소년기	16-20세	• 제2의 탄생기. 자애심, 이기심, 질투, 동정, 연민 등 자신의 감정과 정념을 다루는 방법을 배우는 시기. 인간관계와 도덕적 질서 이해 • 종교교육: 자연종교. 신은 모든 자연만물에 존재하므로 자연이 곧 신. 신에 의해 생명이 부여된 인간은 그 행동에 있어서 자유이며, 자유로운 자다. 양심이 선과 악의 판단자
제5부 성인기	21세 이후	• 추상적, 이론적 진리에 관한 공부가 아니라 실용적인 것을 배워야 함 • 여성교육: 순종, 온유함, 겸손, 정숙의 미덕. 사치스러운 몸치장을 피하고 종교감각과 쾌활함, 가정관리능력을 배양함

4. 신인문주의의 유아교육사상

신인문주의는 19세기 철학과 문학의 낭만주의적 사조가 교육에 반영된 사상체계이다. 신인문주의자들은 인간발달에 적합하도록 교육과정을 개혁하려는 노력을 하였는데, 유아교육에 영향을 준 대표적인 교육사상가는 페스탈로치와 프뢰벨이 해당된다.

1) 페스탈로치(Pestalozzi, 1746~1827)

페스탈로치는 오늘날 '교육의 아버지'로 알려질 만큼 아동교육을 위해 헌신하였으며, 코메니우스와 루소의 '자연'과 '감각' 교육의 사상을 이어받아 도덕과 인성교육을 강조하였다. 페스탈로치가 주장한 교육의 목적은 인간개

혁과 사회개혁에 두고 있다. 도야된 인간을 통해 사회가 개혁된다고 보았다. 가난한 아이들과 고아에 관심이 있었는데 이는 이상사회 건설의 꿈과 연결된다. 교육을 인간성의 계발, 즉 인간의 지덕체(지적 : Head, 도덕적 : Heart, 신체적 : Hand) 능력을 이끌어 주는 것이라고 보았다. 즉, 지덕체의 조화로운 발전을 기하는 인격도야의 과정이 바로 교육인 것이다. 이러한 그의 생각은 후에 교육내용에서 수형어(數形語)의 3위 일체와 교육방법에서 직관, 언어, 사고의 3위 일체 방법으로 발전하였다(이상욱 외, 2009). 페스탈로치는 어머니와 자녀 사이의 사랑의 대화를 통한 가정교육을 교육 중에서도 가장 중요한 단계의 교육으로 보았다. 어머니가 아기를 돌보는 교실로서의 '아동의 집(Kinderhaus)'을 제안하였는데, 어머니야말로 천성적인 교사이고 어머니를 통한 교육이 인격형성의 터전이 되어야 한다고 보아 '거실의 교육학'으로 일컬어졌다.

페스탈로치의 교육방법은 합자연의 교육이다. 욕구충족에서 사랑의 발현으로, 수동성에서 자발성으로, 이기적 본능에서 사회성으로 이루어져야 한다. 특히, 인간 본성은 인간 내부에서 스스로 발전하며, 아동은 자기활동의 원리에 따라 자발적으로 이루어진다. 따라서 페스탈로치는 가르침의 기초는 직관이며, 생의 초기인 유아기에는 사물을 실제로 보고 체험하는 것이 가장 중요함을 강조하였다.

2) 프뢰벨(Fröbel, 1782~1852)

유아를 위하여 계획된 교육과정의 개념을 처음으로 전개한 사람은 프뢰벨이라고 할 수 있다. 인간은 신에 의해 창조되어 신성이 내재되어 있으며, 교육은 인간이 자신의 본질인 신성을 깨닫고 창조적 자기활동을 하도록 돕는 것이라 믿었다. 프뢰벨에 의해서 만들어진 교육과정은 유아의 본성과 세계

관에 기초한 그의 사상을 전개한 것으로 세상의 모든 만물은 신의 조화이며 교육의 궁극적 목적은 신과 인간, 자연의 통합을 이해하는 것으로 보았다. 그가 세운 '유치원(Kindergarten)' 교육과정과 철학의 기본 개념은 '통합의 개념'이라고 할 수 있다. 유아에게 지나치게 인공적인 것을 주거나 수정하기보다는 자연 그대로 자랄 수 있도록 도와주어야 함을 강조하였다.

프뢰벨 유치원 교육과정의 가장 큰 혁신은 놀이(play)라고 할 수 있다. 유아의 놀이가 단순한 시간 소비라고 생각해 온 전통적인 통념을 벗어나 놀이에 특별한 의미를 부여한 것이다. 이러한 놀이를 통하여 가장 자연스럽게 유아는 내면적인 충동을 나타내며 동료와의 협동이 이루어진다고 생각하였다. 유치원 교육과정의 기본 요소는 은물, 작업(occupation), 게임과 노래, 자연학과 언어, 수교육 등이었다. 은물은 10가지의 종류로 되어 있으며 제 6은물까지는 공과 나무로 만든 여러 가지 육면체들이었고, 제 7은물부터는 평면을 주로 다루어 선(線)·각(角)들의 조합을 이루었다. 작업은 주로 점토·나무·두꺼운 종이를 가지고 무엇을 만들거나, 종이뜨기·종이접기·종이오리기 등의 평면과 선·각을 경험하게 했다. 게임과 노래는 '엄마놀이와 노래(mother play and song)'를 중심으로 하여 율동, 손유희도 함께 다루었다. 게임의 형태에서도 주로 원으로 손을 잡고 하게 함으로 통합의 개념을 나타내려고 하였다. 유치원에서의 자연학은 과학적인 탐구나 개념을 길러 주기보다는 동식물의 관찰과 자연의 경이에 대한 관찰로 종교적인 개념을 기르기 위하여 구성되었다(이기숙, 2005).

프뢰벨은 인간발달의 가장 중요한 시기를 유아기로 보았으며, 유아와 어머니와의 관계를 중시함과 더불어 유아와 교사와의 관계를 강조하였고, 교사교육 프로그램을 제시하였다. 또한 유아교육과정은 미래를 위한 준비측면보다는 오늘의 자기발달에 충실해야 함을 강조하였다. 오늘날 적기교육의 개념과 같은 차원으로 볼 수 있다.

5. 현대의 유아교육사상

20세기 이후 교육의 민주화와 교육의 기회균등이 확산되면서 아동중심의 사상이 새로운 물결을 보여주기 시작하였다. 양질의 교육혁신이 대두되는 가운데 대표적인 교육철학가로 듀이와 슈타이너, 몬테소리 등이 있다.

1) 듀이(Dewey, 1859~1952)

미국의 진보주의 교육사상가인 듀이는 교사와 교과서 중심의 전통적인 교육을 비판하였는데, 기존의 전통적인 교육은 교사에게서 학생으로, 즉 위에서 아래로 전달되는 외부 주입식 교육으로 보고, 성인이 되었을 때를 준비하기 위한 교육이라고 해석하였다. 대신 아동이 중심이고 목적이며 아동의 성장과 발달이 가장 중요한 아동중심적 교육관을 주장하여 교육이란 이상이나 관념의 추구가 아닌 생활이며, 성장이고, 계속적인 경험의 재구성인 동시에 사회적 과정으로 보았다(이상욱 외, 2009).

듀이의 인간관은 선하거나 악한 존재가 아니다. 아직 선악의 감각이 발달하지 못한 미성숙한 존재이기에 동시에 어떠한 형태로 발달할 수 있는 풍부한 가능성을 나타낸다. 1896년 듀이는 초등학교 내 부속학교를 설립하였는데 유아교육에 있어 놀이의 중요성을 강조하면서 발달수준에 맞는 구성놀이를 통해 유아 스스로 계획하고 수행하며 협동적으로 경험을 구성하는 것을 강조하였다. 듀이에 의하면 교육의 과정은 보다 완전한 성장을 지향한 경험의 계속적인 개조이며 미래를 위한 준비가 아닌 생활 그 자체임을 강조하면서 유아의 발달과 흥미에 맞게 교육과정을 재구성해야 한다고 주장하였다(김명희 외, 2011).

2) 슈타이너(Steiner, 1861~1925)

슈타이너는 오스트리아에서 태어나 독일에서 철학 박사 학위를 받고 자연과 우주와 연관된 인간 정신세계의 본질과 기능을 깊이 연구하였다. 철학과 문학, 건축과 의학, 예술과 자연과학 등 다양한 학문에 대한 관심과 연구 성과로 인간과 우주에 대한 새로운 철학으로 알려진 인지학(人智學; Anthroposophy)을 창시하였다. 독일의 문학가인 괴테로부터 깊은 영향을 받아 '살아 있는 것에 대한 현상'에 대한 독특한 관찰법, 색과 빛의 본질 탐구, 인간의 순수의식과 원초형상 등에 대한 탁월한 학습능력과 천재적 우주정신으로 교육에서 '예술'이라 불리는 '발도르프 학교(Waldorf School)'를 설립 운영하였다(임부연, 오정희, 2013). 발도르프 학교는 교육내용을 교과서 위주로 가르치는 전통적 학교 교육과정과 차별화되는 것으로, 교과서를 가르치지 않은 채 교사가 예술적으로 형상화해 주는 시각적·청각적 이미지에 근거하여 학습자가 스스로 그림과 글자가 통합된 교재를 만들어 가는 교수방법을 기초로 하여 이루어진다.

발도르프 유아교육과정은 전인적 유아를 가르치기 위해 설계되었는데(문연심, 2012), 유아를 개별성, 자존감, 전인성의 맥락에서 양육하는 것을 교육의 목적으로 삼고 있다. 유아의 정신과 영혼, 신체를 조화롭게 해주는 전인교육을 위해 조각과 회화, 음악과 시, 오이리트미, 라이겐, 스토리텔링 등의 다양한 예술교육을 교육내용으로 구성하고 있다. 교수학습원리를 아름다운 교육환경 제공, 상상력과 창조성 자극, 리듬과 규칙적인 일과구성, 행하면서 배우기, 책임감과 자기조절력 증진 등으로 제시하였다(김정희 외, 2021).

3) 몬테소리(Montessori, 1870~1952)

이탈리아 최초의 여의사로 알려진 몬테소리는 로마대학교 의학부를 여성으로서는 처음으로 졸업하고 로마대학병원에서 정신지체아의 교육문제에 관심을 가지기 시작했다. 1899~1901년 로마 공립재활학교의 교장으로 근무했고, 그곳에서 아이들의 창조적인 잠재력, 학습에 대한 욕구, 한 개인으로서 대우받을 권리에 대한 믿음에 바탕을 둔 교육을 실현하였다. 1907년에 로마의 슬럼가 산로렌츠에서 어린 아이들을 위한 학교인 '어린이의 집(Casa dei Bambini)'을 처음으로 열었다. 몬테소리의 철학은 개인의 자발성과 자기통제에 기반을 두는 것을 특징으로 한다. 몬테소리는 유아를 무한한 잠재성을 가진 능동적인 존재로 보았으며 유아의 자발성을 강조하였다. 유아는 독특한 인격을 갖고 있으며 교육은 각각의 학습자에게 개별화되어야 한다고 제안하였는데, 유아가 자기 스스로 발달해 갈 수 있는 능력을 소유하고 있으며 자신의 활동을 통해 내면이 표현될 수 있다고 보았다.

유아는 감각교육을 통해 지적 발달을 이룰 수 있고, 사물과의 상호작용을 통해 시행착오를 거쳐 학습한다. 몬테소리 교육사상은 아동존중, 민감기, 흡수정신, 준비된 환경, 자율교육 등으로 대표되며 교육이론의 기본은 '아동에 대한 존경'이다. 민감기는 0~6세에 해당되는 시기로 아동 주변의 사물, 사람 등의 환경으로부터 기본원리나 습관, 사고양식 등을 흡수하여 자신의 것으로 만드는 능력이 뛰어난 시기이다. 흡수하는 정신능력을 통해 아동은 환경을 받아들이고 지식을 구체화시켜 나간다(김정희 외, 2021). 여기서 교사는 유아를 세밀하게 관찰한 결과를 기초로 이들에게 필요한 환경을 조성해 주어야 한다(박은혜 외, 2021). 교사가 특수한 '교수자료'를 마련해서 설명하기도 하지만, 교사는 기본적으로 뒤에 남아 있고 아이들이 스스로 그것을 조작하게 한다.

생각해보기

1. 본 장에서 사상가들이 강조한 유아기의 놀이와 감각교육을 정리해 보고, 현재 유아들이 생활 속에서 활용하는 컴퓨터기기, 태블릿PC, 유튜브 등의 소프트웨어 등은 놀이와 감각교육에 포함이 되는지에 대해 토의해 보아요.

2. 여러 사상가들이 바라본 아동발달에 대한 관점을 고려하여, 본인이 가장 의미 있게 생각하는 아동관과 해당학자에 대해 이야기 나누어 보아요.

Chapter 03

유아교육과정의 심리학적 기초

학습목표

1. 유아교육과정의 심리학적 이론의 기초를 성숙주의 이론, 정신분석 이론, 행동주의 이론, 구성주의 이론, 인본주의 이론, 다중지능이론, 생태학적 체계이론 등의 차원에서 설명할 수 있다.
2. 심리학적 관점에서 유아의 발달 특성을 이해하고 이를 유아교육의 내용과 방법에 활용하는 방안을 찾아 적용할 수 있다.

유아기에 관한 탐구와 아동관에 대한 연구는 예전부터 교육학자와 사회학자, 철학자 등 다양한 학자들을 통해 이루어져 왔다. 과학 문명이 급격히 발달했다고 볼 수 있는 1900년~1920년대에는 과학적 연구와 검증을 통한 아동 발달의 특성을 이해하려고 하는 아동연구운동(child study movement)이 일어났다. 이후 유아의 발달에 대한 다양한 심리학적 이론의 발전은 유아교육과정을 구성하고 운영하는 것에 있어 기초적인 역할을 하게 되었다.

본 장에서는 유아교육과정의 심리학적 기초를 성숙주의 이론, 정신분석이론, 행동주의 이론, 구성주의 이론, 인본주의 이론, 다중지능이론, 생태학적 체계이론의 주요 내용을 중심으로 살펴보고자 한다.

1. 성숙주의 이론

성숙주의 이론에서는 인간의 발달과정이 환경에 영향을 받기보다 유전적으로 이미 결정되어 있음을 강조한다. 이는 유아가 생물학적, 유전적 또는 내재적 요인에 의해 발달한다는 것이다. 또한 성숙주의 이론가들은 인간이 태어나면서 발달의 가능성과 잠재력을 지니기 때문에 적절한 시기가 되면 자연스럽게 스스로 성숙할 수 있다고 여긴다. 즉, 유아의 성장과 발달은 성숙 기제에 의해 이루어지며 환경의 영향은 부가적인 것으로 본다.

성숙주의 이론은 루소의 자연주의 사상에서 출발하였으며 프뢰벨의 유치원 교육과정으로 이어졌고, 다윈의 진화론에 영향을 받아 홀과 게젤 등의 심리학으로 발전하였다(이기숙, 2013).

1) 루소(Rousseau, 1712~1778)의 자연주의

루소는 프랑스의 철학자로 인간을 매우 순수한 존재로 보았으며, 선하게 태어났다고 하였다. 또한 자연주의 견해를 제시하였는데 자연은 '인간의 힘으로는 좌우할 수 없는 교육 원리'라고 하였다. 즉, 자연은 인간의 내적 발달과정인 동시에 사회와 교육으로부터 왜곡되기 이전의 경향을 의미한다.

루소의 저서인 『에밀』은 "자연으로 돌아가라"라는 자연주의 철학에 근거하여 교육이 무엇인지 서술한 교육철학서이다. 17~18세기 계몽사상에 중심에 있던 루소는 아동에게는 성인과 다른 아동만의 세계가 있음을 주장하였다. 또한 루소는 아동에게 지식을 주입하는 조기조육을 비판하였으며 아동의 발달단계에 맞는 교육이 중요함을 설명하며 유아기는 감각적으로 느낄 수 있는 것만 주의를 기울인다고 말하였다. 그렇기 때문에 이 시기는 감각경험을 최대한 많이 할 수 있는 교육이 필요하다고 보았다. 그러므로 발달 초기의 교육은 강제적인 주입식 교육이 아닌 아동의 잠재력을 발휘할 수 있는 환경을 마련해 주는 것이라고 하였다.

2) 홀(Hall, 1846~1924)의 발달론

홀은 아동연구운동의 제창자이며 아동발달에 대한 과학적 연구의 토대를 마련하였다. 홀은 '아동의 마음(The contents of Children's Mind)'에 관한 연구에 관심을 가졌으며 유아 자신의 흥미, 친구, 꿈, 공포, 우정 등과 같은 일상적 지식을 묻는 정교한 질문지를 고안하였다(오정희 외, 2020).

홀은 인간의 발달과 관련된 연구에서 다윈의 진화론의 개념을 적용하여 인간의 모든 발달은 유전적 요인으로 결정된다고 보았다. 홀의 발달론에서 아동 발달은 예정된 단계를 거쳐 인류의 역사적 단계를 반복한다는 문화기원론(culture epoch theory)을 토대로 설명한다. 인류가 미개사회에서 문명사회로 발전하듯이 유아기에서 청년기를 거쳐 성인으로 발달한다고 보았으며 유아기, 아동기, 전청년기, 청년기로 나눠 인간발달의 단계를 설명하였다.

표 3-1 홀(Hall)의 인간발달단계

단계	연령	특징
유아기	출생 후 4년	신체발달과 감각발달이 우세하고 감각운동 자기보존을 위한 감각운동 기술을 습득함
아동기	4~8세	고기잡이, 사냥과 관련된 활동의 시대를 반영하여 숨바꼭질, 총 쏘기 등의 놀이를 함
전청년기	8~12세	수천 년 전 미개사회의 삶을 반영하여 읽기, 쓰기, 셈하기 등 단조로운 일상적 훈련과 연습을 함
청년기	사춘기~25세	혼란스러운 상태로 인간의 진화 과정에서 '질풍노도의 시기'와 같은 과도기적 단계를 반영함

출처: 김정희, 김정열, 송영, 이경아(2021).

3) 게젤(Gesell, 1880~1961)의 성숙론

게젤은 홀의 발달이론을 계승하였드며 태아기부터 결정된 유전 요소에 따라 발달 순서와 단계가 예정되어 있다고 하였다. 즉, 유아가 식물처럼 유전자에 새겨져 있는 시간표에 의해 단순하게 피어남을 믿었다.

성숙의 과정은 예정된 발달 순서에 따라 진행한다는 발달 예정론을 주장하였으며 과학적으로 입증하며 객관적이고 체계적인 성숙이론을 발전시켰다. 또한 아동에게 무엇을 교육하기 위해서는 아동이 충분히 성숙하여 준비될 때까지 기다려야 한다는 학습준비도(learning readiness)의 개념을 제시하였다.

게젤은 오랜 시간 아동을 대상으로 한 행동 관찰과 부모면담을 실시하면서 얻어진 정보를 활용하여 출생에서 청년기까지 각 연령 단계에 맞는 행동목록인 표준행동목록(behavior norms)을 제시하였다. 이 표준행동목록은 성장과 발달을 신체적·언어적·지적·사회적으로 상세히 모은 자료로 연령별 수준에 맞는 특성과 능력이 서술되어 있고 그대로 행동하도록 기대되었으며 현재에도 소아과 의사와 심리학자들에게 활용되고 있다. 즉, 인간의 발달은 규칙성과 보편성을 가지고 있으므로 유아의 발달 수준보다 높은 성취를 강요하지 않아야 함을 강조한다.

성숙주의 이론에 기초한 교사의 역할

- 정서적으로 풍부한 환경을 제공한다.
- 유아가 자기표현을 충분히 하도록 안정된 분위기를 조성한다.
- 유아가 학습 활동을 자유롭게 선택할 수 있도록 안내하며 불필요한 성인의 개입은 최소화한다.
- 유아의 학습적 선택을 존중하며 안내해 주고 발달 수준에 맞춰 안배되어야 한다.

2. 정신분석 이론

정신분석 이론은 프로이트에 의해 창안되었으며 인간의 성격, 정서, 인성, 욕구, 동기 등 정신적 과정을 탐구하여 인간의 행동을 설명하고자 하였다. 정신분석 이론은 인간의 성격발달에서 무의식과 성적 본능을 강조하는 프로이트의 이론과 사회적 영향력의 중요성을 강조한 에릭슨의 이론이 대표적이다.

특히 정신분석 이론에서는 인간의 발달에서 생애 초기 단계인 영·유아와 양육자의 정서적 상호작용이 중요함을 강조하였으며, 연령에 따라 발달과업과 욕구가 변함을 설명하였다.

1) 프로이트(Freud, 1856~1939)의 심리성적 이론

프로이트는 오스트리아 비엔나의 정신과 의사였다. 그는 인간을 합리적이며 이성적인 존재가 아닌 무의식에 영향을 받는 충동적이며 비이성적인 존재로 보았다.

프로이트는 인간의 정신 구조를 의식(conscious), 전의식(preconscious), 무의식(unconscious)으로 구분하였다. 의식은 인간이 쉽게 인식할 수 있는 것으로 사고, 지각, 감정으로 구성된다. 전의식은 주의를 집중하면 의식화할 수 있는 것으로 기억, 사고, 꿈 등으로 이루어졌으며 의식과 무의식을 연결해 주는 교량 역할을 한다. 무의식은 정신의 가장 큰 부분으로 의식하지 못하는 정신세계이며 인간의 행동과 사고를 통제하는 보이지 않는 힘으로 작용하여 인간의 행동을 결정하는 데 강력한 영향력을 행사한다. 특히 생애 초기의 성적 본능과 충동이 무의식에 잠재되어 있다가 성격 형성과 행동 특성으로 드러난다고 하였다.

프로이트는 인간의 성격을 원초아(id), 자아(ego), 초자아(superego)의 세 가지 구성요소로 개념화하였다. 원초아는 쾌락원리로 본능적 욕구와 충동에 지배되는 성격의 가장 큰 부분이며 출생 때부터 가지고 태어나는 성격의 가장 원초적인 부분이다. 자아는 현실원리로 자신의 욕구와 쾌락을 현실의 조화를 고려해 실현할 수 있는가를 판단하여 이상과 쾌락을 조절하는 이성적인 부분이며 대개 2~4세경에 발달하기 시작한다. 초자아는 도덕적이며 초월적인 가치로 자아이상과 양심으로 구성되어 있으며 유아가 부모 및 타인과의 상호작용과 동일시를 통해 사회적 가치와 규범을 내면화하는 과정에서 발달한다. 초자아는 가장 나중에 완성되는 성격의 영역으로 4~5세경에 발달하기 시작한다.

프로이트는 리비도(Libido)라고 부르는 성적 에너지가 존재하며 일생 동안 신체 여러 부위에 집중된다고 보았다. 성격발달을 리비도가 이동하며 집중되는 부위에 따라 구강기, 항문기, 남근기, 잠복기, 생식기 등의 다섯 단계로 구분하였다. 프로이트는 각 발달단계에서 충족되어야 하는 욕구가 있다고 보았으며 각각의 욕구가 결핍되거나 과잉충족되었을 때에는 발달이 진행되지 못하는 고착(fixation)과 같은 문제가 나타난다고 본다. 특히 영유아기에 욕구가 적절히 충족되지 못하면 건강한 인성을 가진 성인으로 성장하는 것에 장애가 되므로 발달단계별 욕구가 적절하게 충족되어야 한다고 보았다.

표 3-2 프로이트(Freud)의 성격발달단계

단계	연령	특징	고착
구강기	0~1세	리비도가 구강에 집중되어 있고 입을 통해 만족감을 얻고자 한다. 생리적 욕구인 빨기, 삼키기, 깨물기와 같은 행동으로 만족을 추구한다.	손가락 깨물기, 손가락 빨기, 흡연, 과식 등
항문기	1~3세	리비도가 항문에 집중되면서 소변, 대변을 보유하고 배설하는 행위에서 만족감을 얻고자 한다. 배변훈련 과정에서 부모의 부드러운 태도는 창조력과 생산력의 기초가 된다.	강박적이며 결벽증 있는 성격, 더럽고 난폭한 성격
남근기	3~5세	리비도가 성기에 집중되면서 생식기 자극으로 만족감을 얻고자 한다. 동성 부모에 대한 근친상간의 욕망과 동성 부모에 대한 거세 불안과 남근 선망을 느끼게 된다. 이때 남아에게는 오이디푸스 콤플렉스 여아에게는 엘렉트라 콤플렉스가 나타난다. 유아는 동성 부모에게 동일시하여 콤플렉스를 해결하면서 초자아가 발달된다.	공격성, 과시적, 자기주장이 강함
잠복기	6~12세	리비도가 무의식 속에 잠복하면서 성적인 욕구는 최소화된다. 이 시기 아동은 사회적 기술인 학습, 운동, 또래관계 형성을 위해 노력하며 자아와 초자아가 확고하게 형성된다.	이성과의 원만한 성관계를 맺는 것에 어려움이 있음
생식기	13~18세	잠복된 리비도가 왕성한 활동을 다시 시작하는 시기로 성기기라고도 한다. 이성과의 관계에서 성적인 만족감을 얻으려고 하는 시기이며 순조로운 발달을 보이면 성숙하고 이타적인 성격을 보이게 된다.	권위에 대한 반항, 비행 행동, 정신이상, 이성에 대한 적응 곤란, 자살

2) 에릭슨(Erikson, 1902~1994)의 심리사회적 이론

에릭슨은 신프로이트학파의 한 사람으로 프로이트의 기본 이론을 수용하면서 단계별 발달과업을 확장하여 해석하였다. 에릭슨은 인간의 성격발달 기제를 성적 에너지가 아닌 사회적 관계에서 찾았다. 그는 각 개인이 접하고 있는 가족, 친구, 사회, 문화 등과 같은 심리사회적 환경의 중요성을 강조하였다. 즉, 개인과 사회적 환경이 상호작용하면서 성격이 발달한다고 보았다.

에릭슨은 인간의 발달단계를 8단계로 구분하였으며 출생에서 노년기까지 전 생애에 걸쳐 다양한 발달단계를 거친다고 하였다. 발달의 각 단계는 성취해야 하는 발달과업과 위기를 포함하고 있고 위기를 해결하고 과업을 달성하는 주체는 자아라고 하였다. 즉, 이 위기는 생의 전환점과 개인의 건강한 자아 발달과 성격형성에 중요한 긍정적인 개념이라고 볼 수 있다. 에릭슨은 자아의 역할을 원초아와 초자아를 중재하는 역할에서 나아가 바람직한 사회 구성원으로 만드는 태도와 기술을 익히는 역할로 확대하였다(유주연 외, 2021).

에릭슨은 인간의 발달과정에서 부딪히는 위기와 문제를 극복하거나 좌절하면서 성장한다고 보았으며 초기 발달단계에서 실패를 경험하는 것이 이후의 발달단계를 진행하는 것에 필연적인 영향을 주는 것이 아니라는 낙관주의적 인간관을 제시하였다. 즉, 인간을 합리적이고 창조적이며 성공할 수 있는 능력을 지닌 가변성을 지닌 존재로 보았다.

표 3-3 에릭슨(Erikson)의 발달단계

단계		연령	발달 과제	덕목
1단계	신뢰감 대 불신감	0~1세	영아가 양육자의 따뜻한 보살핌을 받으면 신뢰감을 형성한다. 그렇지 않으면 불신감이 생긴다.	희망
2단계	자율성 대 수치심	1~3세	스스로 결정하고 행동하고 싶어 한다. 양육자가 선택권을 주면 자율성을 형성하지만, 강요와 억압을 하면 수치심을 느낀다. 배변 실수와 같은 기대에 못 미친 행동을 하게 되면 회의감을 경험한다.	의지력
3단계	주도성 대 죄책감	3~6세	유아의 새로운 목표를 양육자가 지지해 주면 도덕성이 발달한다. 지나친 통제를 할 때는 죄책감이 생긴다.	목적
4단계	근면성 대 열등감	6~12세	학교와 가정에서 여러 기능을 배우며 근면성이 형성된다. 실수나 실패를 할 경우 열등감이 생긴다.	능력

단계		연령	발달 과제	덕목
5단계	정체감 대 역할 혼미	12~18세	자신의 위치, 능력, 역할 등에 대한 자아정체감을 형성하고자 한다. 동일시 대상을 찾거나 역할 혼미가 생기기도 한다.	충성심
6단계	친밀감 대 고립감	성인기	직업과 배우자를 찾게 된다. 타인 특히 이성과의 친밀한 관계를 맺고 싶어 하며 잘 이루어지지 않을 때는 고립감을 느낀다.	사랑
7단계	생산성 대 침체성	중년기	자녀 양육 또는 직업을 통해 다음 세대에 공헌하고자 한다. 생산성을 경험하지 못한 사람은 성취감을 느끼지 못하며 삶의 침체에 빠진다.	배려
8단계	통합감 대 절망감	노년기	지금까지의 삶을 가치 있는 삶으로 여기며 만족스러워한다. 삶에 만족감을 느끼지 못하는 사람은 절망을 느끼고 죽음을 두려워한다.	지혜

출처: 김정희, 이용주, 조숙영(2019).

정신분석 이론에 기초한 교사의 역할

- 영유아의 정서적 요구와 발달과업을 충족시키도록 적절한 기회를 제공해 준다.
- 아동중심의 환경을 제공하여 자유와 허용을 제공한다.
- 유아의 감정표현을 방해하지 않고 이를 적극적으로 표현할 수 있도록 격려한다.
- 무의식적으로 나오는 유아의 행동들을 주의 깊게 관찰하고 기록해야 한다.

3. 행동주의 이론

행동주의 이론은 유아의 발달과 학습이 유전적 요인보다 환경적 요인에 의해 많은 영향을 받는다고 본다. 행등주의 이론에서는 보이지 않는 정신의 세계보다 관찰할 수 있는 행동을 탐구하는 것을 중시한다. 아동이 아무것도 가지고 태어나지 않는다는 로크의 백지설(tabula rasa)에 근거를 두었으며 인간을 외부 자극에 반응하는 수동적인 존재로 보는 견해이다. 유아에게 학습은 모방과 계속적인 연습을 통해 이루어지며 강화와 보상을 줄 때 더욱 잘 학습한다고 하였다.

1) 파블로프(Pavlov, 1849~1936)의 고전적 조건형성 이론

러시아의 생리학자인 파블로프는 개의 타액 분비 실험으로 고전적 조건형성 과정을 제시하였다. 고전적 조건형성 이론은 특정 자극에 대해 반응을 수반하게 만들면서 조건화시키는 것을 의미한다. 파블로프는 개의 타액 분비 실험을 통해 고전적 조건형성을 설명하였다.

우리는 개에게 음식을 주면 개의 침샘에서 본능적으로 타액이 분비되는 것을 볼 수 있다. 음식은 무조건 자극이며 타액 분비는 무조건 반응이 된다. 이때 개가 아무런 반응을 하지 않는 종소리를 들려주는데 종소리는 중립 자극이 된다. 이처럼 개에게 무조건 자극인 음식을 줄 때마다 중립 자극인 종소리를 들려주어 반복훈련하면 종소리만 들어도 타액이 분비되는 것을 볼 수 있다. 이 과정에서 종소리는 조건 자극이 되고 타액 분비가 조건반응이 되는 조건화가 이루어진다. 이를 통해 파블로프는 인간 행동의 여러 측면을 자극과 반응으로 설명하려고 하였다.

2) 왓슨(Watson, 1878~1958)의 고전적 조건형성 이론

왓슨은 자극과 반응이 바라는 형태로 배열된다면 어떠한 행동이라도 설명될 수 있다고 봤다. 그는 인간발달을 다음과 같이 자극과 반응의 관계로 설명하였다.

> "나에게 12명의 건강한 유아와 그들을 양육할 수 있도록 나에 의해 잘 계획된 특별한 세계를 달라. 그러면 나는 무작위로 어느 한 유아를 골라 그들의 재능, 취미, 기호, 능력, 종족에 관계없이 그들을 내가 선택하는 의사, 변호사, 화가, 상인, 거지, 도둑 등으로 만들 수 있다(Watson, 1930)."

왓슨은 고전적 조건형성 이론의 원리가 아동 행동에 적용될 수 있는지 확인하기 위해 11개월인 엘버트(Albert)를 대상으로 흰쥐 실험을 진행하였다. 왓슨이 엘버트에게 처음 흰쥐를 보여줬을 때 흰쥐를 무서워하지 않고 잡으려고 가까이 다가갔지만, 큰소리를 내며 흰쥐를 보여주었더니 깜짝 놀라며 우는 반응을 보였다. 이와 같은 자극을 반복한 결과 엘버트는 흰쥐를 보면 고개를 돌리고 피하며 울었다.

이는 중립자극으로 제시한 흰쥐가 큰 소리와 함께 조건화된 놀란 반응으로 나타나는 조건형성이 된 것이다. 나중에 엘버트는 개, 솜, 토끼 털 코트와 같은 흰 털이 달린 물건을 모두 두려워하는 반응을 보였는데 이러한 현상을 자극일반화(stimulus generalization)라고 한다. 이처럼 고전적 조건형성 이론에서는 공포와 사랑 등 영유아의 정서 반응이 고전적 조건 형성을 통해 학습될 수 있다고 본다. 한편 이 실험은 엘버트에게 공포를 조건화한 것으로 연구의 윤리성과 관련된 논쟁을 불러일으키는 계기가 되었다.

3) 스키너(Skinner, 1905~1990)의 조작적 조건형성 이론

스키너는 고전적 조건형성 이론이 간단한 반사적인 행동에만 제한적으로 설명되는 한계를 지적한 학자이다. 그는 유기체가 스스로 조작하게 함으로써 학습이 일어난다는 조작적 조건형성 이론을 제시하였다.

스키너는 조작적 조건형성을 설명하기 위해 스키너 상자(skinner box)라고 부르는 지렛대를 누르면 먹이통에서 덕이가 나오도록 특별히 고안된 상자를 만들었다. 스키너 상자에 흰쥐를 넣었을 때 흰쥐가 상자 속을 돌아다니다가 우연히 지렛대를 누르면 먹이가 나오는 보상을 얻게 된다. 이와 같은 상황이 여러 번 반복되자 흰쥐는 지렛대를 누르면 먹이가 나온다는 것을 알게 되어 의도적으로 지렛대를 누르는 행동을 하게 된다. 이때 먹이는 생쥐의 행동에 중요한 역할을 하는 강화물이 된다. 반면 흰쥐는 먹이가 아닌 전기 충격과 같은 벌을 받으면 더 이상 지렛대를 누르지 않았다. 즉, 스키너는 유기체의 행동 뒤에 오는 결과에 따라 특정 행동이 증가하거나 감소하는 학습과정을 조작적 조건형성이라고 하였다.

강화(reinforcement)는 조작적 조건형성의 핵심적인 부분으로 행동의 발생 빈도를 높이는 역할을 한다. 스키너는 유아의 행동이 외적인 지도로 수정되고 강화될 수 있으며 환경을 조절해 줌으로써 행동을 특정한 방향으로 수정할 수 있다고 주장하였다. 조작적 조건형성의 강화는 정적 강화와 부적 강화가 있다.

(1) 정적 강화

정적 강화는 특정 행동을 뒤따르는 자극 사건이 다시 그 행동을 하게 할 확률을 증가시키는 것을 의미한다. 바람직한 행동을 증가시키기 위해 사용하는 방법으로 음식, 관심, 선물, 칭찬 등의 좋은 대상물을 제공하는 방법이다.

(2) 부적 강화

부적 강화는 혐오스러운 자극을 철회하여 행동을 강화시키는 것을 의미한다. 자극을 철회하여 행동을 다시 일으킬 확률을 증가시키는 것을 의미한다. 유아가 싫어하는 것을 제거하여 바람직한 행동을 증가시키는 것으로 동생에게 장난감을 양보해 준 유아에게 방청소를 면제해 주는 것과 같은 방법이다.

벌(punishment)은 부적 강화와는 다르게 바람직하지 않은 행동의 빈도를 감소시키는 것이다. 벌은 행동을 통제하는 기능을 하나 또 다른 부정적 정서를 동반할 가능성이 있다. 그러므로 유아에게는 벌보다는 정적 강화를 철회하여 행동을 소거하는 방법이 더 적절하다고 볼 수 있다.

4) 반두라(Bandura, 1925~2021)의 사회학습 이론

반두라는 기존 행동주의 이론에서 강조한 행동의 반복 외에도 관찰하고 모방하는 과정에서 학습이 이루어진다는 사회학습 이론을 주장하였다. 그에 의하면 발달은 특별한 보상과 강화를 지속적으로 받지 않더라도 모델링에 의해서 새로운 행동이 형성된다고 하였다. 즉, 타인의 행동을 관찰하고 기억해 두었다가 유사한 상황에서 재생하는 과정을 거치며 특정 행동을 학습할 수 있다고 본다.

사회학습 이론은 관찰학습과 모방학습으로 부르기도 한다. 관찰학습은 주의집중, 파지, 재생, 동기화로 구체화된다.

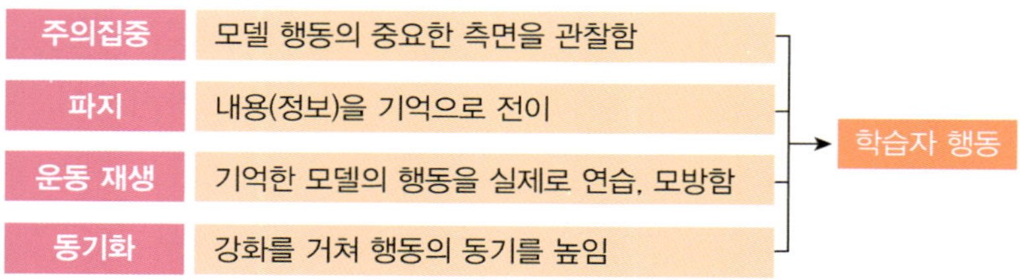

그림 3-1 반두라(Bandura)의 사회학습 과정

관찰학습을 효과적으로 활용하기 위한 원칙은 다음과 같다(오정수, 정익중, 2017).

첫째, 바람직한 활동을 반복적으로 시험 보인다.

둘째, 단순한 행동에서부터 복잡한 행동으로 체계화하여 반복적으로 보인다.

셋째, 각 단계별 내용을 말로 설명하며 직접적으로 지도한다.

넷째, 각 단계의 내용에 적합한 구체적 자료를 활용하여 가르친다.

다섯째, 잘할 때마다 칭찬한다.

관찰학습은 다섯 가지의 원칙에 기초하여 이루어질 때 효과적 학습이 가능하다.

행동주의 이론에 기초한 교사의 역할

- 유아가 학습할 내용을 위계화한 뒤 교사가 반복적이고 누적적으로 교육한다.
- 조직적이고 반복적인 학습의 논리적 순서를 강조한다.
- 교사는 유아에게 바람직한 행동 모범을 보인다.
- 유아의 행동을 지도할 때는 칭찬과 같은 정적 강화를 사용한다.
- 유아 특성에 따라 안아주기, 미소 짓기 등의 비언어적 보상을 강화물로 제공한다.

4. 구성주의 이론

구성주의 이론은 유아의 발달과 학습을 유아가 타고난 유전적 요인과 환경적 요인이 상호작용한 과정에서 나타난 결과로 본다. 구성주의 관점에 기초할 때 학습자는 학습의 주체로서 자신의 흥미나 경험, 이전의 지식을 바탕으로 새로운 지식을 구성해 가는 존재이다(김정희 외, 2021).

구성주의 이론은 아동이 경험을 재구성하여 성장한다는 듀이의 철학적 기초에 근원을 두고 있으며 피아제와 비고츠키의 이론이 대표적이다.

1) 피아제(Piaget, 1896~1980)의 인지발달이론

피아제는 프랑스 파리의 비네(Binet) 연구소에서 아동용 지능검사 도구를 제작하던 과정에서 유아의 인지과정이 성인과는 질적으로 다른 사고 특성을 가진다는 것을 발견한다. 또한 그는 자신의 세 자녀의 발달을 주의 깊게 관찰하면서 인지가 발달하기 위해서는 능동적 인지 활동이 중요하다는 인지발달이론을 구축하였다.

피아제는 인지구조의 기본 단위를 도식(scheme/schema)으로 명명하였으며 이를 정교화하기 위해서는 유기체가 환경 속에서 적극적으로 상호작용하는 과정이 요구된다고 보았다. 또한 피아제는 유아가 동화(assimilation)와 조절(accommodation), 평형(equilibration)의 단계를 반복하면서 도식이 양적으로 발달한다고 하였다. 기존의 도식이 새로운 정보를 이해할 수 없을 때 인지적 불평등 상태가 되며 동화와 조절을 통해 적응하면서 평형화 상태에 이르게 되면서 인지발달이 이루어진다고 보았다. 따라서 유아의 인지발달은 동화와 조절을 통해 적응 과정을 거치며 평형화를 이루는 연속적인 과정이라고 할 수 있다.

피아제는 인지발달단계를 4단계로 구분하였다. 인지구조의 질적 변화에 따라 감각운동기, 전조작기, 구체적 조작기, 형식적 조작기 순서로 구분하여 제시하였다. 발달의 속도에는 개인차가 존재하지만 정해진 순서대로 진행된다.

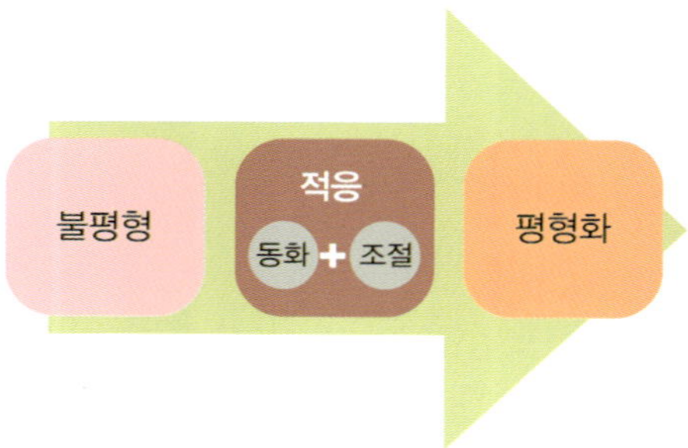

그림 3-2 피아제(Piaget)의 평형화 과정

표 3-4 피아제(Piaget)의 인지발달단계

단계	특징
감각운동기 (0~2세)	영아가 감각과 운동 간의 관계를 발견하고 조절하는 것을 학습한다. 초기 감각운동기에는 생득적 반사 활동을 보이나 후기에는 상징적 표상을 통한 사고를 시작한다.
전조작기 (2~7세)	유아는 언어가 발달함에 따라 상징적 기호를 사용하는 사고 능력의 진보를 보인다. 그러나 직관적이며 자아중심성을 보이고 물활론적 사고를 한다.
구체적 조작기 (7~12세)	아동은 외형적으로 변화하여도 물질은 그대로 남아 있다는 것을 이해하는 보존개념을 획득한다. 논리적 조작을 통해 사물 간의 관계를 이해하게 된다. 자기중심성을 탈피하며 탈중심화가 이루어지고 서열화와 유목화를 할 수 있으며 분류 개념이 형성된다.
형식적 조작기 (12세 이후)	아동은 실제적이고 구체적인 상황을 넘어서 상징적 추론이 가능해진다. 가설을 설정하며 체계적으로 검증할 수 있고 일반화할 수 있다.

출처: 김정희, 김정열, 송영, 이경아(2021).

표 3-5 전조작기 유아의 사고 특징

	특징
상징적 사고	자신의 표상을 그림과 언어 등의 형태로 표현하는 것으로 가상놀이를 들 수 있다.
자기중심적 사고	자신과 타인의 생각, 감정, 지각, 관점 등을 동일한 것으로 생각하는 것을 말한다.
직관적 사고	어떠한 대상을 이해할 때 한 가지 속성에 집중하는 것이며, 피아제는 전조작기 유아가 직관적 사고를 하므로 보존개념을 획득할 수 없음을 설명한다.
물활론적 사고	모든 사물에는 생명이 있다고 생각하는 것을 말한다.
인공론적 사고	세상 모든 사물을 사람이 만들었다고 여기며, 모든 사물이 자신을 위해 만들어졌다고 생각한다.
불가역적 사고	본래의 상태로 돌아갈 수 없다고 인식하는 것을 말하며 취한 조치를 취소할 수 있다는 것을 생각하지 못한다.

2) 비고츠키(Vygotsky, 1896~1934)의 사회문화적 인지 이론

러시아의 심리학자 비고츠키는 피아제와 같이 지식의 근원을 이해하는 것에 관심이 있었으나 유아가 타인과의 관계 안에서 사회의 영향을 받으며 성장하는 사회적 존재임을 강조한 면에서 차이가 있다. 즉, 사고 발달을 사회문화적 경험의 산물로 보았다.

비고츠키의 이론에서는 각 문화마다 유아에게 요구되는 기대와 가치가 다르므로 유아들 모두 같은 발달단계를 거치지 않음을 설명한다. 보다 성숙한 사회구성원과 상호작용하는 과정에서 자신이 속한 사회문화에 적합한 인지과정이 유아에게 전이된다고 강조한다. 그러므로 모든 유아는 동일한 인지발달단계를 거치지 않고 오히려 자신보다 성숙한 구성원과의 상호작용과 의사소통을 통해 사고 발달이 이루어진다고 하였다(오정희 외, 2020).

비고츠키는 유아가 스스로 과제를 해결할 수 있는 실제적 발달 수준과 성인 또는 자신보다 뛰어난 또래의 도움을 받아 과제를 해결할 수 있다고 기대되는 잠재적 발달 수준과의 차이인 근접발달지대(the zone of proximal development)를 설명한다. 그는 근접발달영역에서 교사와 또래의 도움을 비계설정(scaffolding)이라고 명명하였으며 사회적 상호작용인 비계설정과 내면화 과정을 통해 인지발달의 수준이 높아진다고 보았다.

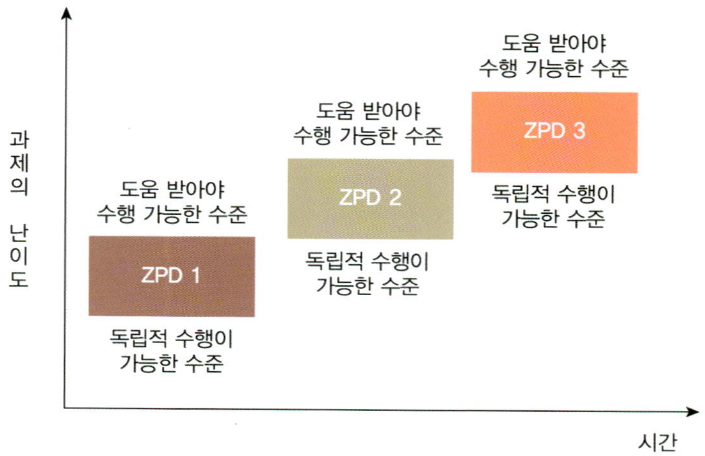

그림 3-3 비고츠키(Vygotsky)의 근접발달영역

비고츠키는 교사가 유아의 발달수준에 맞춰 과제를 해결하기 위한 단서를 제공하거나 모델을 제시하고 질문하며 토론하는 것과 같은 도움을 단계적으로 조절해 주며 학습에 기여해야 한다고 하였다. 그러므로 교사는 유아의 근접발달지대 내에서 독립적으로 활동할 수 있도록 비계를 설정해 주며 스스로 문제를 해결해 나갈 수 있도록 하는 촉진자, 교수자, 중재자의 역할이 요구된다.

구성주의 이론에 기초한 교사의 역할

- 유아가 능동적으로 환경을 탐색하고 참여할 수 있도록 한다.
- 추상적 사고의 기초가 되는 구체적인 자료 및 직접적 활동을 할 수 있는 다양한 경험을 제공한다.
- 유아 스스로 활동할 수 있는 충분한 시간을 제공하며 교사와 또래의 활발한 상호작용을 지원한다.
- 유아에게 실험, 평가, 종합, 회상 등을 계속할 수 있게 한다.

5. 인본주의 이론

인본주의 이론은 인간의 자아실현을 강조하며 인간을 자신의 의지로 삶을 이끌어 가는 자기실현적 존재로 본다. 개인이 세상을 어떻게 지각하며 해석하느냐에 관심을 가지며 대표적인 학자는 로저스와 매슬로우가 있다.

1) 로저스(Rogers, 1902~1987)의 인간중심 이론

로저스는 자신에 대한 자아상인 자아개념의 발달을 강조한다. 자아개념은 자기와 타인의 관계에서 스스로를 어떻게 느끼는지에 기초하여 형성된다.

이때 모든 인간은 타인으로부터 인정받고 수용되며 지원받는 것과 같은 긍정적 관심에 대한 욕구를 누구나 갖고 있으므로 타인으로부터 얻게 되는 긍정적 관심이 내면화되면 자신을 긍정적으로 생각할 수 있다고 본다.

로저스는 인간 성격발달을 구체적으로 제시하지는 않았으나 인간에게 중요한 것은 자기실현경향성이라고 하였다. 그는 자기실현경향성이 인간의 성장과 발달의 모든 영역에 영향을 미친다고 설명하였으며, 유아가 타인으로부터 받는 긍정적 존중은 부모에 의해 조건적으로 얻어지게 된다고 하였다. 자아는 생애 초기 부모나 중요한 타인에 의한 평가와 받는 애정의 정도에 따라 건강하게 또는 그렇지 못하게 발달할 수 있다고 보았다.

2) 매슬로우(Maslow, 1908~1970)의 욕구위계이론

매슬로우는 자아실현을 위한 주체로 개인을 강조했으며 인간을 감정과 사고를 할 수 있는 인격체로 보았다. 인간은 타고난 잠재력이 있고 이를 실현하고자 하는 강한 욕구를 가지며, 욕구가 동기화되며 주체적으로 발달하므로 욕구위계이론을 동기이론으로 부르기도 한다.

매슬로우는 자아실현이 유전적인 토대 위에 있지만 환경에 의해 결정된다고 하였다. 가장 기본적인 욕구가 충족되었을 때 다음의 욕구가 생기는 위계적 순서에 따라 진행된다고 보았으며 생리적 욕구, 안전의 욕구, 애정, 소속의 욕구, 존중의 욕구, 자아실현의 욕구인 5단계로 나눠 제시하였다.

5단계의 욕구이론은 기초욕구와 성장욕구로 나뉜다. 기초욕구는 생리적 욕구, 안전의 욕구로 긴장을 해소시키고 평형을 이루고자 하는 욕구이다. 성장욕구는 애정, 소속의 욕구, 존중의 욕구, 자아실현의 욕구로 긴장과 즐거움이 지속되기를 원하며 충족되더라도 더 많은 욕구를 성취하고자 한다.

표 3-6 매슬로우(Maslow)의 욕구단계와 특징

욕구단계			특징
성장 욕구	5단계	자아실현의 욕구	자기 성취와 잠재력을 포함하여 창조적인 것을 실현한다. 자아실현에 도달하게 되면 온전한 사람이며 다른 사람이 중요시하게 여기지 않는 욕구를 채운 사람이다.
	4단계	존중의 욕구	자아존중감, 우능감, 명예 등을 포함한다. 자아존중감은 자신에 대한 가치감과 자신감이며, 명예는 타인의 눈에 의한 인정, 평가를 의미한다.
	3단계	애정, 소속의 욕구	우정, 가족, 사랑, 동아리, 이웃, 국가 등에 소속되고자 하는 욕구이다. 영유아는 심리적으로 성장하기 위해 사랑이 필요하므로 이 욕구를 채우려고 하는 시도가 뚜렷하고 직접적이다.
기초 욕구	2단계	안전의 욕구	신체적 안전, 의존성, 보호, 안정성, 질병, 공포 등과 같은 위협적인 것에서 자유롭고 싶은 욕구이다.
	1단계	생리적 욕구	인간의 가장 기본적이고 강력한 욕구이다. 음식, 물, 체온유지 등에 관한 욕구이다. 계속해서 생기는 욕구로 완전한 만족 또는 지나친 만족이 될 수 있는 유일한 욕구이다.

출처: 김정희, 김정열, 송영, 이경아(2021).

6. 다중지능이론

다중지능이론은 기존의 지능이론들과는 달리 지능은 서로 독립적인 종류의 능력이 있음을 강조한다. 과거의 지능이론은 일차원적인 개념 아래에서 이루어졌으므로 인간의 지적 능력을 좁게 해석하였고, 인간의 지능을 종합적으로 파악하는 것에는 한계가 있음을 주장하였다. 즉, 다중지능이론에서는 지능을 다차원적으로 평가하여 인간 능력에 대한 사고를 확장하는 것이 필요하다고 본다.

1) 가드너(Gardner, 1943~)의 다중지능이론

미국 하버드 대학 심리학과 교수인 가드너는 『마음의 틀(Farmes of Mind: The Theory of Multiple Intelligence)』을 출간하며 지능의 개념을 재정의하였다. 가드너는 지능을 일상생활에서 직면한 문제를 해결하는 능력, 해결해야 하는 문제를 발견하는 능력, 특정한 문화 상황에서 가치가 있다고 인정되는 것을 만들어 낼 수 있는 능력 등의 다원적인 시각에서 접근하였다(Armstrong, 1994).

인간은 다중지능의 영역 중 특정 영역에서 탁월한 능력을 보일 수 있고 각각의 영역에 대한 어느 정도의 능력을 소유하고 있다. 가드너가 초기에 제시한 일곱 가지 지능은 자기이해 지능, 대인관계 지능, 음악적 지능, 신체-운동적 지능, 논리-수학적 지능, 언어적 지능, 공간적 지능이었으며, 여덟 번째 지능인 자연탐구 지능을 새롭게 첨가하였다(Gardner, 2006). 이후 아홉 번째 지능인 실존적 지능을 제시하였다. 가드너가 제시한 여덟 가지 지능을 유아기에 맞추어 정의한 내용은 표 3-7과 같다.

표 3-7 가드너(Gardner)의 다중지능의 종류와 내용

종류	내용	세부내용
자기이해 지능 (개인 내 지능)	자기 자신 알기	자신의 아이디어, 능력 지각, 개인적 의사결정 기술
	목표 알기	목표의 견지에서 목표, 자기수정, 모니터링하는 능력
	감정관리	자신의 느낌, 기분 그리고 감정적 반응을 조절하는 능력
	행동관리	자신의 정신적 활동과 행동을 조절하는 능력
대인관계 지능 (개인 간 지능)	사람이해	다른 사람의 기분, 느낌, 관점을 민감하게 이해하는 능력
	다른 사람과 지내기	타인 특히 친구, 형제자매와 좋은 관계를 유지하는 능력
	리더십	문제해결과정에서 다른 사람들을 통솔하는 능력

종류	내용	세부내용
음악적 지능	음악적 능력	소리, 리듬, 멜로디에 대한 지식과 민감성
	악기	악기를 다루는 기술과 경험
	가창력	노래를 가창에 맞게 조화롭게 부르는 능력
	감상	적극적으로 음악을 즐기는 능력
신체-운동적 지능	신체기술	스포츠, 균형 등과 같은 신체 활동에 전신을 움직이는 능력
	춤추고 움직이기	표현적이고 리드믹하며 모방적인 방법으로 신체를 사용하는 능력
	손작업	구체적 활동과 세밀한 작업에 손재주를 가지고 손을 사용하는 능력
논리-수학적 지능	문제해결	문제해결, 조직화, 호기심과 조사, 논리적 추론기술
	계산	덧셈, 뺄셈, 곱셈, 나눗셈 등 수학적 작업을 위해 수를 활용해서 작업하는 능력
언어적 지능	언어적 민감성	실용적 목적과 표현을 위해 언어를 사용하는 능력
	읽기	읽는 기술
	쓰기	책, 이야기, 시 등과 편지를 쓰는 과제에 대한 흥미와 능력
	말하기	서술, 설득, 기억에 언어적 의사소통을 활용하는 기술
공간적 지능	심상	관찰 및 창조적, 예술적인 활동에 심상을 사용하는 능력
	예술적 디자인	디자인, 그림, 공예, 채색 등을 창조하는 능력
자연탐구 지능	동물 돌보기	동물의 행동과 특성을 이해하는 기술
	식물 돌보기	식물, 정원, 원예, 농장경영을 할 수 있는 능력
	과학	음식, 계절, 물리 등을 포함한 자연적 삶의 에너지와 힘에 대한 지식

출처: 신화식(2004).

다중지능이론에 기초한 교사의 역할

- 유아 개개인은 나름대로 유능한 지능을 가지고 있으므로 성향과 능력을 확인하는 평가를 수행한다.
- 유아의 강점 지능과 약점 지능을 파악하여 장점은 부각하며 약점을 보완하는 적절한 교수내용 및 방법을 안내한다.
- 유아가 각 지능의 영역을 활용하여 학습 과정에 참여할 수 있도록 자료와 도구를 풍부하게 준비한다.

7. 생태학적 체계이론

생태학은 유기체와 환경의 상호작용을 연구하는 학문으로, 유기체가 환경을 형성하고 결합하며 살아가는 것을 탐구한다. 생태학에 기초한 생태학적 이론은 발달이 개인의 유전적 요인과 생태학적 환경 안에서 밀접한 관련이 있음을 가정하고, 개인과 환경체계의 관계를 체계적으로 구조화하여 규명하고자 한다.

1) 브론펜브레너(Bronfenbrenner, 1917~2005)의 생태학적 체계이론

브론펜브레너는 유아의 발달은 환경 속 얽혀 있는 체계들이 상호작용하는 관계에서 이루어진다고 본다. 그는 유아가 접한 환경을 여러 체계로 구분하였고 유아의 발달은 복잡한 관계 속 다양한 체계들에 의해 직접적 또는 간접적으로 영향을 받을 수 있다고 설명하였다.

브론펜브레너는 환경생태계를 미시체계(microsystem), 중간체계(mesosystem), 외체계(exosystem), 거시체계(macrosystem), 시간체계(chronosystem)의 다섯 가지로 나누어 설명하였으며 환경체계 간의 상호작용을 분석하였다. 이 다섯 가지의 환경체계는 독립적으로 기능하지 않고 서로 영향을 주고받는다. 그는 환경은 항상 변화하고 역동적인 특성을 가지므로 유아의 발달 또한 환경의 변화에 영향을 받는다고 하였으며, 발달에 영향을 주는 사건은 외적일 수도 있고 내부에서 일어날 수 있다고 봤다.

생태학적 체계이론은 환경을 복합적 체계로 이해하고 유아의 발달을 다양한 구조적 체계 안에서 설명하였다는 점에서 의의를 지닌다. 또한 개인과 환경의 상호작용뿐 아니라 환경 간의 상호작용을 강조하였다. 그러므로 생태학적 체계이론 안에서 유아의 발달을 지원하기 위한 교육을 하기 위해서는 유아를 둘러싼 환경에 대한 이해가 우선시 되어야 한다.

표 3-8 브론펜브레너(Bronfenbrenner)의 생태학적 체계의 종류와 정의

종류	내용
미시체계	유아의 환경 중 가장 내부의 치계로 발달과 생활에 직접적인 영향을 미치는 환경이다. 예) 가정, 친구, 유치원, 교회 등
중간체계	두 가지 이상의 미시체계가 상호작용하며 나타나는 체계로서 유아의 미시체계들이 강하게 연결되어 있으면 발달도 효과적으로 이루어진다. 예) 부모와 안정적 애착을 형성한 유아는 유치원에서 또래와 긍정적인 관계를 맺기 쉬움
외체계	유아에게 간접적 영향을 주는 사회적 구조로 유아가 서로 다른 경험을 하게 되는 환경이다. 예) 부모의 직장, 가족과 친밀한 사람, 대중매체, 교통시설, 정부 기관 등
거시체계	유아의 발달에 전반적 영향을 미치는 사회문화적 배경으로 환경의 바깥쪽에 위치하는 체계이다. 법률과 같이 명백한 것도 있지만 대부분은 관습과 문화적 가치 등이 포함된다. 예) 문화, 전통, 신념, 관습, 제도, 법, 가치 등
시간체계	시간 차원의 환경으로 특정 시점의 사건이 전 생애에 걸쳐 영향을 주는 것을 의미한다. 인생의 전이에 초점이 맞춰진 환경적 사건, 변화 등을 포함한다. 예) 출생, 결혼, 이혼, 은퇴, 전쟁, 질병 등

생태학적 이론에 기초한 교사의 역할

- 유아 발달을 위해 가정, 유아교육기관, 지역사회 등 다양한 환경적 요인을 함께 고려해야 한다.
- 유아 각각의 능력과 흥미에 부합하는 환경을 마련해 준다.

생각해보기

1. 유아교육과정의 심리학적 기초를 나열해 보고, 현장에서 활용할 수 있는 학습 방법을 토의해 보아요.

2. 심리학적 관점에서 유아교육과정을 분석하고 시사점을 논의해 보아요.

Chapter 04

유아교육과정의 사회적 기초

학습목표

1. 유아교육과정의 기초가 되는 사회문화적 특성과 요구를 파악하여 분석할 수 있다.
2. 현대 유아교육과정에 영향을 준 사회적 현상을 이해하여 유아교육과정을 효율적으로 운영할 수 있다.

유아를 위한 교육과정을 계획하고 실천하기 위해서 우리 사회의 변화와 요구를 이해하는 것이 필요하다. 또한 사회에 영향을 미치는 문화와 정치적 요소를 파악하여 학문적으로 접근해야 한다.

우리 사회의 변화는 교육의 변화를 촉구했으며, 교육과정에 영향을 주는 요인이 되었다. 사회적 변화를 큰 틀에서 살펴보면 1960년대 이후 우리 사회는 급격한 산업화·도시화를 겪으면서 다양한 사회적 변화를 겪게 되었고, 2000년대에는 첨단 과학화·정보화 시대로 발달하였다. 교육과정은 사회의 변화를 반영하므로 유아교육과정에서도 사회적 변화와 인재상을 반영하여 구성되며 발달한다. 즉, 유아교육과정 속 사회적 기초는 교육과정을 계획할 때 고려해야 할 사회적 가치, 변화, 문화, 상태 등에 대한 정보를 제공해 준다(이기숙, 2000).

미래사회를 이끌어 갈 유아를 대상으로 하는 유아교육과정은 현재 사회의 변화 및 흐름뿐 아니라 미래사회의 변화에 대한 예견이 동시에 이루어져야 한다. 그러므로 현재 사회에 잘 적응하는 것뿐만 아니라 미래사회에 적절히 대처할 수 있는 능력을 기를 수 있도록 해야 한다. 본 장에서는 유아교육과정의 사회적 기초가 되는 가족구조의 변화, 여성의 사회 진출, 초저출산 시대, 아버지 역할의 변화, 복지사회, 정보화·세계화 시대, 환경교육의 필요성 강조, 4차 산업혁명, 포스트 코로나 시대 등과 같은 요인과 미래사회를 위한 유아교육의 방향을 살펴보고자 한다.

1. 가족구조의 변화

가족의 사전적 의미는 주로 부부를 중심으로 한, 친족 관계에 있는 사람들의 집단 또는 그 구성원으로 혼인, 혈연, 입양 등으로 이루어진다고 정의한다(표준국어대사전, 2022). 즉, 가족은 부부 관계에서 혈연으로 맺어진 사람이며 정서적 결합을 바탕으로 의식주를 공동으로 해결하는 집단으로 볼 수 있다.

과거 농경사회에서는 노동력 확보와 가계 계승을 위한 대가족 형태가 일반적이었다. 전통적 가족으로 부르는 대가족은 가족 구성원의 재생산, 사회화 기능을 담당하며 경제 기능, 양육 기능, 부양 기능, 휴식과 오락의 기능 등 다양한 기능을 수행해 왔다. 그러나 많은 인구가 도시로 유입되고 다양한 직업이 발달하게 되면서 부부 중심의 핵가족이 일반화되었다. 현대 사회의 가족의 의미는 세 가지 측면에서 달라지고 있다(박찬옥 외, 2018).

첫째, 핵가족이 보편화되었으며 가족의 해체로 인해 한부모, 조손, 재혼 등의 가족의 구조가 다양해진다.

둘째, 가족의 혈연관계가 약화되고 주말 가족과 기러기 가족 등 가족 간의 시공간적 거리가 멀어지게 되며 가족의 정서적 결합이 축소되고 있다.

셋째, 여성의 사회적 참여 및 자아실현 욕구가 높아지면서 맞벌이 가족이 증가하게 된다.

우리 사회는 급격한 산업화·도시화를 겪으면서 가족구조가 다양하게 변화하였고 가족의 의미도 달라졌다. 이에 부모의 역할에도 변화가 발생하였으며 가족의 본래 기능이라고 할 수 있는 자녀 양육과 사회화의 기능이 약화되었다(Morrison, 1988). 또한 핵가족화 현상은 가정 내에서 대인관계 기회를 감소시켜 소수의 특수한 인간관계만을 체험하게 하므로 인간 상호작용의 결핍을 가져올 수 있다(Bronfenbrenner, 1986). 이에 따라 가족의 기본적인 기능에 대한 유아교육기관의 지원적 부담이 높아지고 있는 상황이다.

유아교육기관은 가정의 기능이 축소됨에 따라 생기는 여러 가지 새로운 문제를 해결하기 위해 노력해야 하는 상황에 처해 있다. 즉, 유아교육과정에서 자조 기술, 예절 및 습관, 대인 관계 형성 능력 등을 보완해 주는 교육이 이루어져야 한다. 이러한 사회적 변화에 기초한 유아교육과정은 유아가 생활하는 공간인 유아교육 환경에서 불안을 느끼지 않도록 안정적인 물리적·사회적 환경을 먼저 마련해 주는 것이 중요하다.

국가 수준 유아교육과정에서는 가족의 소중함을 강조하고 가족과 화목하게 지내는 가족애가 중요함을 교육하고 있다. 또한 약화된 가족의 기능을 충족시켜 주는 교육을 통해 공동체 의식을 높이고 사회적 맥락 안에서 건강한 자아정체성을 형성할 수 있도록 해야 한다. 그러므로 유아가 또래와의 다양한 상호작용을 할 수 있게 하고 성인, 이웃 등과 사회적 관계를 경험할 수 있는 교육을 실행해야 한다.

유아의 가족관계 및 상황에 대해 이해하는 것은 유아를 이해하는 것뿐만 아니라 유아교육기관의 지원 및 정책 입안에도 중요하다. 유아의 가족 및 사회의 변화와 요구를 파악하고 유아교육과정 측면에서 민감하게 대처하는 것이 필요하다.

2. 여성의 사회 진출

1960년대 이후 여성해방운동의 영향을 받아 전 세계 대부분의 여성은 사회로 진출하였으며, 우리나라 또한 경제활동에 참여하는 여성이 매해 증가하고 있다. 1999년대 대학의 4학년 여학생을 대상으로 한 설문조사에서 여대생들의 81.9%는 '취업은 필수, 결혼은 선택이다'라고 답변하였다. 또한 결혼 후 가정과 직장생활을 병행할 수 있다는 응답은 83.3%인 반면 양자택일해야 한다는 답변은 5.7%에 불과했다(연합뉴스, 1999). 이는 여성의 삶의 목표가 자아실현과 능력 개발에 있으며, 취업과 같은 적극적 사회 진출을 희망하고 있는 것을 의미한다. 이러한 사회적 변화는 가족관계 및 가치관의 변화를 가져오게 되었다.

표 4-1 여성경제활동인구 및 참가율

	2012	2013	2014	2015	2016	2017	2018	2019	2020	2021
15세 이상 여성인구	21,356	21,576	21,806	22,018	22,205	22,357	22,484	22,618	22,750	22,882
여성경제 활동인구	10,704	10,862	11,229	11,426	11,583	11,773	11,893	12,097	12,007	12,186
여성경제 활동참가율	50.1	50.3	51.5	51.9	52.2	52.7	52.9	53.5	52.8	53.3

출처: 통계청(2022).

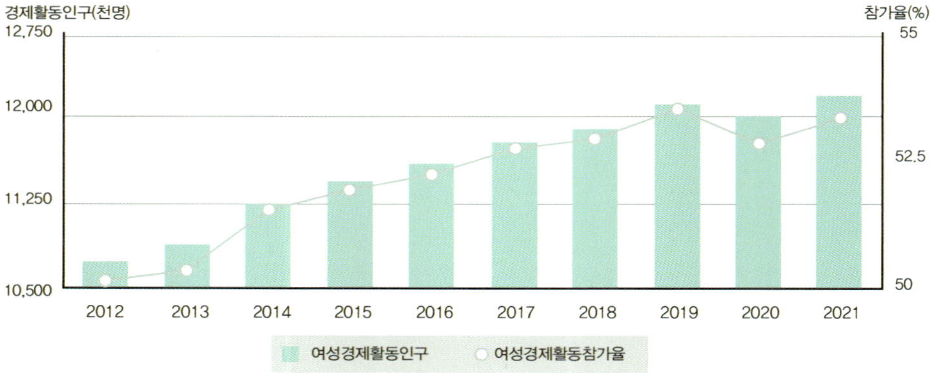

그림 4-1 여성경제활동인구 및 참가율

우리 사회는 산업 구조가 변화하면서 여성 인력을 필요로 하게 되었다. 여성 또한 경제적 자립에 대한 욕구가 증가되어 여성의 경제활동참가율이 꾸준히 증가하고 있다. 만15세 이상의 인구를 대상으로 실시한 경제활동인구 조사에서 여성의 경제활동참가율은 1970년대에는 38.5%였으나, 2021년에는 53.3%로 증가하여 여성 인력이 사회에 미치는 영향력이 향상되고 있음을 알 수 있다.

여성의 사회 진출로 인해 가족 내 자녀의 수가 심각할 정도로 감소하였고 여성이 전통적으로 담당해 오던 가사와 육아와 관련된 문제가 사회적으로 대두되었다. 이러한 상황에서 유치원과 어린이집에서는 유아들이 장시간 교육을 받을 수 있는 서비스의 다양화에 대한 요구가 늘어났다. 즉, 자녀 양육에 대한 책임을 개인뿐 아니라 사회·국가적으로 함께 나눠야 함이 요구된다. 사회적인 정책 요구 사항의 변화에 따라 유아교육과정을 수립하는 것이 중요하며 올바른 방향성을 가지고 통합된 지원을 하는 것이 요구된다.

3. 초저출산 시대

우리나라는 6.25 전쟁 이후 빈곤한 경제 상황에서 경제성장을 이루기 위해 가족계획사업을 펼쳐 인구의 증가를 억제하고자 하였다. 그러나 세월이 흘러 현재 우리나라는 초저출산 시대에 접어들었다. 합계출산율은 여성 1명이 평생 동안 낳을 것으로 예상되는 평균 출생아 수를 나타낸 지표이다. 1970년에는 4.5명이었으나 2021년에는 0.8명으로 떨어졌다. 출산율이 감소하는 요인은 개인적 요인과 사회적 요인 등으로 다양하게 나눠 볼 수 있다.

표 4-2 **출생아 수와 합계출산율**

	2012	2013	2014	2015	2016	2017	2018	2019	2020	2021
출생아 수	484.6	436.5	435.4	438.4	406.2	357.8	326.8	302.7	272.3	260.6
합계출산율	1.297	1.187	1.205	1.239	1.172	1.052	0.977	0.918	0.840	0.810

출처: 통계청(2022).

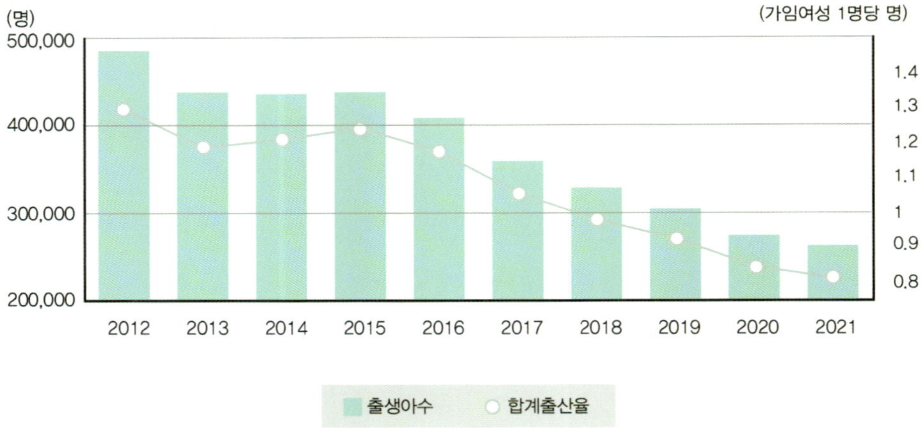

그림 4-2 출생아 수와 합계출산율

개인적 요인은 결혼관·자녀관의 변화로 설명할 수 있다. 최근 우리나라 사람들의 결혼관이 달라지고 있다. 결혼을 해도 반드시 자녀를 가져야 한다는 사람들이 줄어들었다. 맞벌이를 하면서 자녀를 갖는 것을 원하지 않는 결혼관을 가진 세대를 표현하는 딩크(DINK: Double Income No Kid)족 용어가 나타나며 자녀 출산은 필수가 아닌 선택이라고 생각한다. 교육 수준이 높은 여성일수록 상대적인 육아와 가사의 부담이 남성에 비해 높아 결혼을 늦추거나 기피하는 경향이 있다. 또한 결혼은 하더라도 사회적·경제적 안정을 갖출 때까지 출산을 미루거나 자녀를 갖지 않기를 원하는 추세로 인해 출산율이 줄고 있다.

사회적 요인은 출산 및 육아에 대한 여성의 역할부담 증가에 있다. 결혼과 출산에 대한 사회적 가치관이 변화했더라도 여성은 여전히 출산의 역할과 의무를 감당해야 한다. 즉, 여성은 경제활동 참여와 동시에 출산 및 육아를 경험하는데 이러한 상황이 여성에게 상당한 부담으로 작용할 수 있다. 더욱이 출산과 육아가 가계 경제에 부담되거나 경력단절의 요인이라면 출산을 계획하지 않거나 미루게 된다.

이에 정부에서는 2005년부터 저출산·고령사회 대응을 국가적 의제로 설정하였으며 제1~3차 저출산·고령사회 기본계획을 수립하고 추진하였다. 저출산 정책을 살펴보면 2006년~2010년의 1차에서는 출산과 양육에 대한 사회적 책임을 강화하는 저출산 극복을 위한 단초를 마련하였으며 2011년~2015년의 2차에서는 육아휴직급여 정률제, 무상보육 실시 등 출산과 양육에 대한 국가와 사회의 책임을 강화하였다. 2016년~2020년의 3차에서는 임금피크제 확대, 신혼부부 임대주택 공급 확대 등 일자리, 주거 지원 등 구조적 대응을 시도하였고, 저출산으로 이어진 사회구조적인 원인에 집중하여 그 원인을 해소하는 전 생애 삶의 질 제고를 추구하는 종합적 대응으로 확장하였다. 2021년~2025년의 4차에서는 '모든 세대가 함께 행복한 지속 가능 사회'를 비전으로 함께 일하고 함께 돌보는 사회를 조성하는 것을 계획하였다. 제4차(2021~2025) 저출산·고령사회 기본계획 중 '함께 일하고 함께 돌보는 사회 조성과 관련된 추진전략'은 다음과 같다(보건복지부, 2020).

표 4-3 제4차(2021~2025) 저출산·고령사회 기본계획

	추진전략	내용
함께 일하고 함께 돌보는 사회 조성	모두가 누리는 워라밸	• 일-양육 병행 가능한 노동 환경 실천 • 하는 방식 및 문화혁신으로 워라밸 실현
	성평등하게 일할 수 있는 사회	• 성평등한 일터 조성 및 성차별 피해구제·예방 강화 • 여성집중 돌봄노동 분야 일자리 질 개선
	아동돌봄의 사회적 책임 강화	• 촘촘하고 질 높은 돌봄체계 구축 • 균등한 초등돌봄 환경 조성
	아동기본권의 보편적 보장	• 아동가구의 소득보장 및 생활지원 • 아동의 안정적 발달 지원 및 아동 보호안전망 강화
	생애 전반 성·재생산권 보장	• 성·재생산권의 포괄적 보장 • 생애 전반 생식건강 및 건강하고 안전한 임신·출산 보장

출처: 보건복지부(2020).

이처럼 우리 사회는 교육과 고용시장의 경쟁이 심화되면서 일과 생활의 균형을 맞추는 것이 어려운 사회구조가 되었고 청년세대는 결혼·출산에 대한 장애요인과 기회비용에 직면해 있다. 이에 정부에서는 연말정산 시 보육료와 교육비 소득공제 등의 저출산 문제 극복을 위한 다양한 정책을 시행하고 있다. 이 외에도 가족과 사회가 함께 아동중심 사회를 실천하기 위한 제도적 지원과 교육적 차원에서 안전한 성장환경을 조성하는 것이 요구된다.

4. 아버지 역할의 변화

영국 옥스퍼드 대학 연구진은 1만 7천 명의 아이들이 33세가 될 때까지의 삶을 추적하는 연구를 하면서 행복하고 안정적인 삶을 누리고 있는 사람들의 공통점 중 하나가 '아버지와 좋은 관계를 경험했다는 것'이라고 했다(한국일보, 2022). 이는 아버지의 역할과 양육 태도가 아이의 발달에 큰 영향을 미친다는 것으로 여성의 사회 진출 증가와 가족 기능이 변화함에 따라 아버지의 자녀 양육에 적극적으로 참여해야 함을 시사한다.

과거 전통사회에서는 부모의 역할 구분이 뚜렷하여 아버지는 가정의 경제적 책임을 가진 사람으로 사회적 권력을 행사하고 가족의 안정을 책임지는 보호자로서의 역할을 하였다. 그러나 어머니의 사회참여가 많아지면서 아버지의 경제적 책임이 줄어들었고 평등한 관계가 형성되었다.

1970년대 중반부터는 아버지의 역할에 관심이 증대되어 아버지의 양육이 어머니 못지않게 다양한 영역의 발달을 돕는다는 연구 보고들이 잇달았다. 아버지는 양육의 단순한 보조자 또는 자녀의 놀이 친구가 아닌 고유의 역할이 있다고 하였다(Barnett & Baruch, 1987). 아버지는 유아의 발달 초기의 애착관계 형성뿐 아니라 사회성에 긍정적인 영향을 주며, 아버지의 양육 참여가 높을수록 자녀의 정서지능이 높다고 하였다. 또한 아버지의 양육 참여가 높으면 자녀의 도덕성이 높고 친사회적 행동과 성역할 발달에 긍정적 영향을 준다고 하였다.

이러한 이유로 아버지 또한 어머니와 함께 자녀에게 애정과 신뢰를 주는 역할을 해야 한다. 아버지가 양육에 참여했을 때 가족과 함께하는 복잡하고 순환적 상호작용을 하게 된다. 또한 자녀 양육을 함께하고 가족과 소통을 풍부하게 하는 아버지의 양성적인 역할은 자녀의 양성평등 인식에 영향을 준다. 이와 같이 아버지의 양육 참여는 가정의 양성평등 문화를 만들고 자녀의 성장과 발달에 긍정적 영향을 미친다는 파크가 명명한 '아버지 효과(father's effect)'로 이해할 수 있다(Parke, 2000).

최근 TV 등의 미디어 매체에서 자녀와 아버지가 함께 출연하는 육아 프로그램이 큰 인기를 일으킨 것 또한 최근 아버지의 역할이 변화하고 있음을 반영한다. 우리는 미디어에서 보이는 아버지 양육이 더 이상 낯설지 않고 일상생활에서도 자녀와 함께하는 아버지의 모습을 쉽게 볼 수 있다. 그러므로 가족관계에 대한 사회적 변화와 함께 아버지가 자연스럽게 자녀 양육에 참여할 수 있도록 하는 정책적, 교육적 지원이 필요하다.

많은 선진국에서는 아버지를 대상으로 하는 육아휴직제도와 같은 사회적 지원을 통해 부모의 역할을 원활하게 수행할 수 있도록 하고 있다. 우리나라 또한 이와 관련된 정책이 늘어나고 있으나 요건이 복잡하고 잘 알려지지 않았거나 현실적인 이유로 그냥 지나치는 사람들이 많다. 따라서 제도적 지원이 실행될 수 있도록 현실적인 방법을 강구해야 할 것으로 보인다. 근본적으로 가족과 함께 가사와 자녀 양육을 하기 위해서 보육·교육 서비스의 다각화, 육아휴직제도, 유연근무제, 아이돌보미 사업 등의 확대와 지원이 활성화되어야 한다.

유아교육기관에서는 아버지의 자녀교육에 대한 관심을 높이기 위해 아버지 참여 수업을 실시하고 있다. 이는 아버지와 자녀의 상호작용을 통해 친밀감을 형성할 수 있도록 도움을 주고 아버지가 유아의 발달과 교육에 관심을 가지고 적극적으로 참여할 수 있도록 한다.

5. 복지사회

복지사회는 인간으로서의 가치를 유지하고 행복한 삶을 누릴 수 있도록 보장되어 있는 사회로 인도주의, 평등주의, 보상주의를 기본 이념으로 한다(이연승, 조경미, 2021). 인도주의는 인간 존중을 근간으로 보며 평등주의는 가치 평등을 근간으로 한다. 복지사회의 기본 목표는 유아기 교육부터 평생교육까지 교육의 기회가 공평하며 교육 불평등을 해소하고 개인의 적성과 능력에 맞는 교육을 시행하여 교육기관에 대한 적절한 지원과 교육의 결과를 적재적소에 활용하도록 제도적 장치를 만드는 것이다. 즉, 복지사회는 소외된 계층을 위한 평등한 교육의 기회를 제공해야 하며 인류의 미래를 위한 내용이 포함되어야 한다.

우리나라는 심각한 저출산 문제를 가지고 있어 국가의 위기에 처해 있다고 볼 수 있다. 이에 국가 정책과 사회적 대책을 마련하는 것이 요구된다. 유아교육을 공공재로 인식할 때, 유아교육이 국가 아동들의 일반적인 건강 수준, 미래의 교육성취도, 노동시장의 크기와 유연성, 사회적 결속 등에 기여할 수 있다(김미경 외, 2018). 그러므로 복지사회 구현을 위해 보육사업에 대한 국가적 개입이 요구된다. 국가적 책임과 사회적 대책으로 유아교육기관에서는 종일제, 시간연장제 운영 등이 증가하였다. 이처럼 유아교육은 개인과 가정의 영역이 아닌 국가적·정책적 차원의 지원에서 이루어져야 한다.

OECD 국가의 대부분은 영유아를 위한 국가적 서비스를 공적 재원으로 운영한다. 또한 영유아에 대한 서비스를 정부에서 집중적으로 규제하며 일정 연령 이상의 아동에게는 어느 정도의 시간 동안 보편적 무상보육을 제공하기도 한다. 그러나 현재 우리나라의 유아교육은 민간에게 의존하고 있는 실정이므로 공공성 확대를 중심으로 보육 서비스 구조를 변화하는 것이 필요하다.

복지사회를 위한 국가적 노력의 예로는 미국의 헤드스타트(Head Start) 프로그램을 들 수 있다. 헤드스타트 프로그램은 미국의 존슨(Johnson) 대통령의

'빈곤퇴치' 운동의 일환으로 영유아 보육·교육 프로그램 프로젝트로, 1960년대 빈곤의 악순환을 막고자 저소득층 유아를 대상으로 연방 정부 주도 아래 실시된 집중적이며 포괄적인 서비스이다. 헤드스타트 프로그램은 교육, 건강진단, 영양, 사회봉사, 부모 참여, 부모와 교사를 위한 진로지도 등 6가지 프로그램으로 구성되었으며 유아교육의 중요성에 대한 관심과 인식을 높이고 영유아 보육·교육과 관련된 다양한 프로그램을 개발하고 효과를 검증하기 위한 연구로 이어져 유아교육과정 발전의 토대가 되었다고 볼 수 있다.

우리나라에서는 1921년에 서울의 태화기독교사회관에서 빈곤 가정의 자녀를 보살펴 준 것을 보육사업의 효시라고 할 수 있으며 초기 보육사업은 기독교 선교 및 빈민 구제를 목적으로 이루어졌다. 이후 1980년대 새마을 유아원을 전국에 설립하며 저소득층 유아 및 취업모 자녀를 위한 시설을 마련하였는데 이를 보상교육의 첫걸음으로 볼 수 있다. 2013년에는 만0~5세에 무상보육을 전면 확대하여 보편적 복지정책을 시도하고 있다.

보건복지부에서는 2004년부터 민간단체와 지자체를 중심으로 '위스타트 마을 만들기' 사업을 진행하였고, 2007년부터는 '드림스타트' 사업을 운영하고 있다. 드림스타트 사업은 한국형 포괄적 빈곤아동 조기 지원 서비스를 제공하는 것을 목적으로 한다. 교육부에서는 저소득층 유아들에게 교육·문화·복지를 지원하면서 교육 불평등을 해소하기 위해 2003년 '교육복지투자우선지역지원사업'을 실시하였고 2011년에는 '교육복지우선지원사업'으로 명칭을 변경하여 운영하고 있다.

6. 정보화·세계화 시대

현대사회는 많은 양의 정보가 쏟아져 나오고 있으며 정보전달이 빠른 속도로 이루어진다. 특히, 정보통신과 인터넷이 발달하면서 현대 사회의 변화가 더욱 가속화되고 있다. 이러한 상황에서 새로운 정보를 창출하고 융합하며 새로운 아이디어를 가진 인재를 양성하는 것에 교육의 초점이 맞춰지고 있다. 즉, 자신의 전문적 능력을 기반으로 한 타 분야 및 영역과의 개방적 의사소통을 통해 시너지를 내는 창의적 사고를 하도록 교육해야 한다.

정보화 사회로의 변화는 유아의 전인적 발달과도 관련이 깊다. 유아교육과정 속 다양한 교육내용들은 정보화 세계 속 다양한 전달 매체를 통해 교육되며 생활 속에서 필요한 지식과 기술을 익힐 수 있다.

현대 사회는 대중매체와 인터넷의 발달과 더불어 교통기관이 발달되면서 하나의 생활권이 되었다. 문화 간 교류가 빈번해지고 시공간이 가까워지면서 세계화 시대가 되었다. 세계화 및 개방화되면서 다인종·다문화 시대로 급속히 진전하고 있다. 세계화 현상으로 인한 결과로 우리 사회는 여러 문화를 배경으로 한 구성원들을 쉽게 만날 수 있는 다문화 사회에 진입했다. 여러 민족적 특성을 가진 구성원이 국가를 이동하게 되면서 사회의 다양성이 증가하고 있다. 이처럼 우리는 세계 여러 나라와 공존하게 되었고 다양한 문화에 대한 편견 없는 수용과 존중이 중요한 사회적 과제가 되었다.

우리나라 또한 다문화 구성원이 1990년대 이후 급속하게 증가하였으며 교육기관에도 다문화가정의 자녀가 증가하고 있는 추세이다. 이에 따라 유아교육과정에서도 문화적 다양성을 이해하고 존중하는 다문화교육과 성, 인종, 능력, 민족, 장애 등의 여부에 상관없이 모두를 존중하도록 하는 반편견 교육이 반영되어 다양한 교육활동으로 운영되고 있다.

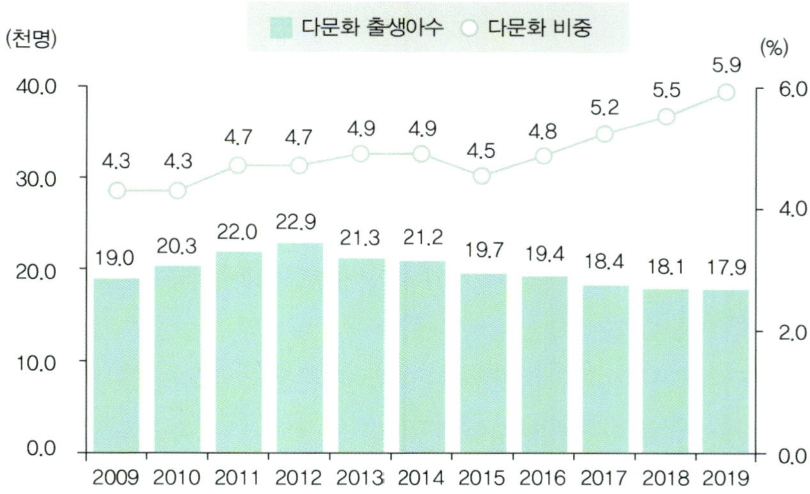

그림 4-3 다문화 출생아 수 및 다문화 비중

출처: 통계청(2021).

다문화교육은 미래사회 적응에 필수적인 교육 영역 중 하나로 다문화교육의 핵심적 가치는 평등이라고 할 수 있다. 다문화교육을 보다 효과적으로 수행할 수 있는 연구 방안과 유아기에 적합한 실천이 강조되고 있다(지성애 외, 2007). 반편견교육은 타인에 대한 이해와 수용을 통해 긍정적 자아정체성을 형성할 뿐만 아니라 인간 존엄성의 평등을 이해하고, 다양한 편견적 상황에서 그에 맞설 수 있는 비판적 사고와 기능을 기르는 교육이라 할 수 있다(서정애, 2017). 램지는 어린이들에게 왜 다문화교육이 필요한지를 다음의 여섯 개의 욕구로 기술하고 있다(Ramsey, 2004).

첫째, 어린이들은 지구의 인간으로서, 사회 공동체의 구성원으로서, 한 개체로서 강한 정체성을 발달시키고자 하는 욕구가 있다.

둘째, 어린이는 인간과 자연 세계 모두와 유대감을 발달시키고자 하는 욕구가 있다.

셋째, 어린이들은 비판적 사고자가 되고자 하는 욕구가 있다.

넷째, 어린이는 세상의 도전에 압도되는 수동적 존재이기보다는 자신을 활동가로 여기는 확실하고 지속적인 문제해결자이다.

다섯째, 모든 어린이들이 우리 사회의 지식과 다양성을 다루는 힘에 접근할 수 있는 학습 기술을 획득할 수 있다는 믿음을 가져야 한다.

여섯째, 개인적 부와 권리, 권력이 더 이상 우리 사회의 지배 논리가 되지 않는 희망적인 미래를 어린이들이 꿈꿀 수 있도록 만들어 주어야 한다.

램지의 말처럼 유아는 비판적 사고를 하며 한 개체와 공동체의 구성원으로서 바람직한 정체성을 형성하게 된다. 이처럼 다문화교육은 공동체의 유대감을 형성하고 다양성을 존중하는 태도를 길러주는 것에 중요한 역할을 한다.

한편 오늘날과 같은 세계화 시대에서는 각 나라의 고유한 문화를 반영하는 전통문화의 가치 또한 강조되고 있다. 이러한 현상은 세계화와 함께 전통문화교육의 필요성을 설명하는 것으로 세계화에 발맞춘 우리의 문화적 독특성을 이해하고 발전시키는 교육이 요구된다.

7. 환경교육의 필요성 강조

오늘날 환경문제는 범지구적인 문제로 어느 한 지역이나 국가만의 문제가 아니다. 산업사회를 거치면서 공기가 오염되고 지구온난화가 가속화되었으며 미래세대가 살아갈 환경이 파괴되고 있다. 과학기술의 발달로 인해 우리의 삶은 편리해졌지만 환경오염으로 인해 생태계 파괴라는 문제에 직면하게 되었으며 대기 오염, 토양 오염, 수질 오염, 녹지 황폐화, 동식물 멸종 등으로 지구가 몸살을 앓고 있다.

현재도 지하자원은 고갈되어 가고 있으며 쓰나미, 태풍, 지진, 홍수, 가뭄 등의 많은 자연재해가 발생하고 있다. 그러므로 우리 사회의 환경생태계 파괴를 최소화하기 위해 성장과 팽창의 교육 패러다임에서 지속가능 발전교육(education for sustainable development) 패러다임으로 전환하는 것이 필요하다.

유네스코(UNESCO)에서는 환경교육의 시기를 유아기를 포함한 평생교육으로 보고 있다. 유아기부터 환경에 대한 올바른 태도와 가치관을 가지고 환경을 보호하는 습관을 가질 수 있도록 하는 체계적인 교육이 필요함을 강조한다. 유아기는 다양한 가치와 태도가 형성되는 시기로 자연친화적 태도를 기르는 데 결정적 시기라고 할 수 있다. 유아기 환경교육은 환경오염에 대한 지식이나 문제 해결에 주안점을 두기보다 자연의 심미적 감각을 익히고 즐기며 자연 속에 존재하는 모든 생명체와 교류하고 직접 체험하는 것으로 그 강조점이 변화되어 오고 있다(조형숙 외, 2004).

자연친화적 교육이란 인간이 자연의 일부라는 것을 인식하게 하고 자연과 함께하면서 자연 안에서 직접 경험하는 교육이다. 유아는 자연을 탐색하고 관찰하면서 자연의 생명력을 느끼고 자연에 대한 친화적인 태도를 형성하게 된다. 또한 환경교육은 우리가 살고 있는 생태계와 밀접하게 관련되어 있어 생태학적 입장에서 이루어져야 하므로 우리가 사는 시대의 흐름에 따라 계획되어야 한다. 최근 자연친화적 교육의 방안으로 제시되고 있는 것은 다음과 같다(우은주, 2022).

첫째, 부모와 교사 및 지역사회가 함께 공동체 의식과 상생의 자세로 유아교육 현장의 물리적, 교육적 생태 통합 서비스를 지원하는 노력을 해야 한다.

둘째, 획일화된 지역 내 놀이터 공간을 자연이 공존하는 생태놀이터로 전환하거나 지역마다 공간 기준을 완화해 생태놀이터를 만들어야 한다.

셋째, 다양한 생태 미디어 영상이나 매체와 함께 자연 체험을 경험하는 통합적인 미디어 교육의 재조명이 필요하다.

넷째, 자연과 생명을 소중히 여기고 공존한다는 생태 감수성 인식과 생태계를 바라보는 도덕적 가치 기준을 가지고 올바른 생태교육의 사고를 키워가야 한다.

현재 유아교육기관에서는 실외 환경을 기반으로 산책하기, 동물 기르기, 텃밭 가꾸기, 숲 체험 등을 실시하고 있는 추세이다. 이처럼 지속적인 환경교육을 통해 유아는 자연과의 조화를 느끼며 환경에 대한 감수성을 높이는 자연을 보호하고 아끼는 실천적 행동을 하게 된다.

8. 4차 산업혁명

우리 사회는 시대의 변화에 따라 산업혁명이 이루어졌으며, 그에 따라 교육의 방향이 변화되어 왔다. 1차 산업혁명은 증기 기관에 의한 기계화 혁명이었으며 2차 산업혁명은 철강, 석유, 전기를 활용한 대량 생산 혁명이었다. 3차 산업혁명은 컴퓨터, 인터넷을 바탕으로 한 정보통신기술 중심의 정보화 혁명이었으며, 4차 산업혁명은 인공지능(AI), 빅데이터(Big Date), 사물 인터넷(IoT)을 핵심 기술로 한 디지털 혁명을 의미한다.

4차 산업혁명의 핵심 기술은 교육 분야의 변화를 예측할 수 있게 한다. 인공지능은 개인 맞춤형 서비스를 제공하며 시간과 장소에 구애받지 않고 정보를 얻을 수 있다. 교육 자료를 선택적으로 제공하게 되며 온라인 교육, 재택학습, 협업 중심의 형태로 발달할 것이다. 또한 4차 산업혁명의 중요한 기술은 증강현실(AR)과 가상현실(VR) 테크놀로지로 교실에서 가상의 현장을 체험하는 것이 가능해진다. 그렇기 때문에 교사는 이러한 시대적 변화를 분석하고 대비하여 다양한 교수매체를 능숙하게 다루고 창의적인 수업을 구성하며 다양한 영역과 협업할 수 있는 능력을 갖춰야 한다.

4차 산업혁명 시대에 들어서며 교육의 패러다임이 변화하였고 사회가 요구하는 인재상도 달라졌다. 4차 산업혁명의 인재 역량은 복합 문제 해결 능력, 비판적 사고능력, 창의성, 인적 자원 관리 능력, 협업능력, 감성능력, 판단 및 의사 결정 능력, 서비스 지향성, 협상능력, 인지적 유연성으로 제시되었으며(류태호, 2017), 비판적 사고를 하며 사회적 기술 및 인지적 능력을 가지고 복합적인 문제를 다양한 방식으로 해결할 수 있는 융복합형 인재가 필요하다고 하였다. 4차 산업혁명 시대의 유아교육 접근 방법은 다음과 같다(김윤희, 2019).

첫째, 교과가 분리되지 않고 융합되고 통합적으로 접근된다. 대표적 융합학문은 STEAM이다. STEAM은 과학(science), 기술(technology), 공학(engineering), 예술(arts), 수학(mathematics)의 지식을 융합하여 학습자의 총체적 역량 증진을 목적으로 한다. STEAM 교육을 통해 유아는 협동력, 창의성, 문제해결력, 비판적 사고 등을 배우게 된다.

둘째, 유아교육에서 놀이는 매우 중요한 요소이다. 놀이는 4차 산업혁명 시대에서 강조하는 4C가 모두 포함되어 있다. 4C는 소통(communication), 창의성(creativity), 협력(collaboration), 비판적 사고(critical thinking)로 유아는 놀이를 통해 4C를 연습하고 경험하게 되면서 4차 산업혁명 시대 인재에 요구되는 역량을 갖추게 된다. 또한 교사의 체계적 계획과 유아의 자발적이며 적극적인 참여는 놀이 활동을 풍부하게 하며 유아의 자기주도적 학습 능력을 기르게 한다.

셋째, 유아교육에서 개별화 교육은 중요하다. 4차 산업혁명의 기술 발전을 통해 그동안 구현하지 못했던 개인 맞춤형 교육을 제공할 수 있게 되었다. 데이터 분석과 인공지능 등을 활용해서 온라인 학습 환경이 발전되었고 로봇을 활용한 교육은 유아의 흥미를 유발하고 참여를 촉진시키는 긍정적 영향을 줄 수 있다. 유아 개개인의 발달 속도에 맞는 교육을 제공할 수 있어서 일반 유아들뿐 아니라 발달지연 혹은 발달장애유아들에게도 적합한 교육 지원을 할 수 있다.

넷째, 급격한 기술의 발달로 인공지능, 가상현실, 증강현실과 같은 새로운 테크놀로지를 교수학습에 이용하게 된다. 최근 유아를 위한 전자 그림책, 세계 여러 나라와 우주 등을 주제로 한 가상현실 앱, 코딩 교육 등이 개발되었으며 스마트폰으로 애니메이션을 찾아보고 태블릿 PC로 한글 공부를 하는 등 테크놀로지를 활용한 교육과정은 사회적 요구이며 대세이다. 따라서 테크놀로지를 긍정적으로 활용할 수 있는 방법을 교육해야 한다.

OECD에서는 2030을 살아갈 학습자에게 필요한 능력과 교육의 방향을 '학습 개념틀(Learning Framework)'로 제시하였다. OECD의 2030 프로젝트에서는 미래사회에 필요한 새로운 역량을 새로운 가치 창조하기, 긴장과 딜레마 해소하기, 책임감 가지기로 설정하였다. 이와 같은 학습 개념틀은 미래 교육의 방향성을 제시하였고 우리나라 역시 이러한 기조에 맞춰 교육과정을 구성하였다. 2019 개정 누리과정에서도 2030 프로젝트의 내용을 반영하여 지식과 기능 태도 및 가치가 미래사회 역량과 연계되어 있음을 언급하였다(교육부, 보건복지부, 2019).

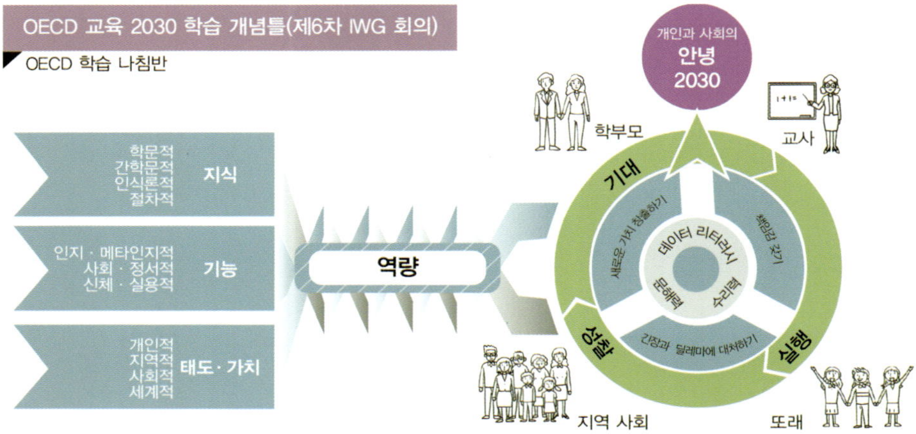

그림 4-4 OECD 교육 2030 학습 개념틀

출처: 최상덕(2018).

4차 산업혁명 시대에는 교사의 역할이 감소할 것을 예상하기도 하지만 오히려 많은 연구자들은 사회가 변화하더라도 유아교육의 궁극적 목표인 전인교육은 변하지 않을 것이며 더욱 중요해질 것이라고 본다. 유아교육의 본질에 입각한 교사의 역할은 인공지능에 대비하여 인간의 존엄성과 인성교육을 하는 것으로 인성적인 모델로서 제시되어야 한다. 학습자 중심의 4차 산업혁명을 마주하는 교사는 지식을 전달하는 사람이 아닌 학습을 조력하는 사람으로 멘토, 상담사 등으로 변화될 것이다(권귀염, 2018).

9. 포스트 코로나 시대

포스트 코로나는 전 세계적으로 코로나19 팬데믹 이후의 시대로 자가격리, 거리두기, 재택근무 등의 새로운 사회문화적 현상들이 가져올 사회적 변화를 의미하는 용어이다. 전 세계로 코로나19가 확산되면서 우리는 큰 사회적 변화를 맞이하게 되었다. 코로나19가 지역사회에 확산되는 것을 막기 위해 사회적 거리두기를 시행하면서 일상생활을 정상적으로 할 수 없었고 유아교육기관에서도 여러 차례 집단 휴원을 경험하였다.

코로나19가 장기화되면서 유아교육기관에서는 긴급보육체계로 전환되어 운영되었다. 또한 교사들은 코로나19가 확산하지 않도록 방역을 철저히 해야 하고 원격교육이 운영되는 것 외에도 기존에 하지 않았던 업무를 해야 했다. 지금까지 유아교육 분야에서 원격교육은 유아의 발달을 고려할 때 적절하지 않은 교수방법으로 인식되고 있었기 때문에 원격교육에 대한 연구가 미미하였으므로 유아교육과정을 원격수업으로 계획하고 설계하며 실행하고 평가하는 과정에 어려움이 있었다.

코로나19를 통해 현장의 교사들은 많은 시행착오와 고민을 바탕으로 원격교육을 수행해 오면서 노하우를 찾게 되었고 유아교육에서의 거리두기, 원격교육의 방향을 찾아가고자 노력하였다. 교사들은 사회적 거리두기를 거치면서 대면 수업과 비대면 수업을 병행하였고 온택트(ontact) 행사를 진행하며 유치원에 등원하지 못하는 유아를 위한 지원을 제공했다. 이러한 교육환경의 변화는 유아교사로서 지녀야 하는 역량의 변화에 영향을 미쳤다. 포스트 코로나 시대에 맞춘 유아교육과정의 효과적인 운영을 위한 방안은 다음과 같다(정소미, 2021; 황예원, 김낙흥, 2021).

첫째, 포스트 코로나 시대에 유아교사는 교수법 개발 역량, 멀티미디어 활용 역량 등 비대면 교육 상황을 고려한 교육방식을 활용할 수 있는 능력을 키워야 한다. 기존의 수업에서 활용한 교사의 역량을 사회적 상황에 맞게 잘 활용할 수 있도록 하는 수업 설계를 해야 한다.

둘째, 유치원의 놀이중심 교육과정을 어떻게 원격으로 실현할지에 대한 논의가 필요하다. 원격 수업 계획 및 운영에 대한 가이드라인, 가정과의 소통을 위한 플랫폼 등을 정부 지원 차원에서 개발하고 보급하는 것이 필요하다.

셋째, 팬데믹이라는 재난 상황에서 교육기관 간의 긴밀하고 민주적인 협의와 소통이 필요하다. 또한 교육부, 시도교육청 및 지역 교육지원청 그리고 개별 유아교육기관 등이 협업하여 유아교육과정이 현실적으로 잘 시행될 수 있도록 해야 한다.

생각해보기

1. 유아교육과정의 사회적 기초를 나열해 보고, 유아교육과정의 사회문화적 현상이 유아교육과정에 주는 함의점을 분석해 보아요.
2. 유아교육과정의 구성과 운영에 요구되는 변화를 사회적 관점에서 분석하고 현장에서 활용할 수 있는 학습 방법을 토의해 보아요.

PART 02

유아교육과정의 성격

Chapter 05

유아교육과정의 유형

학습목표

1. 유아교육과정의 유형을 와이카트, 메이어, 비셀, 콜버그와 메이어, 슈바르츠와 로빈슨 등이 제시한 내용을 토대로 설명할 수 있다.
2. 유아교육과정 유형들이 제시하고 있는 내용 중 공통점과 차이점을 설명할 수 있다.

유아교육과정은 1960년대 미국의 헤드스타트 운동의 영향으로 본격적으로 다양한 유형이 나타났다. 유아교육과정은 어떤 특정 유아교육이론이나 사상가의 관점에 따라 유아교육활동을 체계적, 조직적으로 구성한 것이다. 따라서 교육이론, 아동발달이론, 교육내용이나 방법 등에 따라 다양한 유형으로 분류할 수 있다. 다양하게 개발된 유아교육과정들을 주로 학습과 발달에 관한 세 가지 입장인 성숙주의, 행동주의, 구성주의의 접근법으로 유형을 구분해 볼 수 있다. 성숙주의에 기초한 교육과정은 인간의 자연스러운 발달을 목표로 사회정서적인 측면을 강조하고 행동주의는 외적인 강화와 모방, 모델링을 사용하여 직접적 자극을 제공한다. 구성주의 또는 상호작용주의에 기초한 교육과정은 유아가 타고난 능동적인 역량으로 스스로 주변과 적극적으로 상호작용하며 지식을 구성해 나가는 점을 중요시한다(이기숙 외, 2019).

또한 다양하게 개발된 프로그램들은 각 프로그램이 지니고 있는 성격 및 특성을 기초로 몇 가지 유형으로 구분하여 체계화하여 운영하고 있다. 유아교육과정 유형의 분류는 와이카트(Weikart), 메이어(Mayer), 비셀(Bissell), 콜버그와 메이어(Kohlberg & Mayer), 슈바르츠와 로빈슨(Schwartz & Robison)이 제시한 분류 유형을 토대로 살펴보고자 한다.

1. 와이카트Weikart의 분류

와이카트(Weikart, 1972)는 교사와 유아가 학습에 참여하는 방식과 교사와 유아의 관계를 기초로 교육과정 유형을 분류하였다. 학습에서 누가 주도권을 갖고 누가 수동적으로 반응하느냐에 따라 분류가 되었다.

교사가 학습의 주도권을 갖는 경우는 계획된 교육과정, 유아가 주도권을 갖는 경우는 아동중심 교육과정, 교사와 유아가 함께 주도권을 갖는 경우는 개방체제 교육과정, 교사와 유아가 모두 학습에 주도권을 갖지 않는 경우는 보호적 보살핌의 네 가지 형태를 가지고 있다.

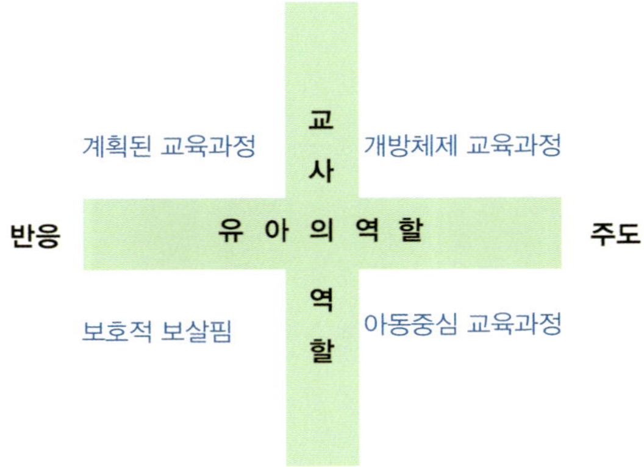

그림 5-1 와이카트(Weikart)의 유아교육과정 유형 분류

1) 계획된 교육과정

교사가 교육과정을 주도적으로 운영하고 영유아는 미리 짜인 교사의 계획에 따라 수동적으로 반응하는 형태의 교육과정 유형이다. 교사가 학습의 주도권을 가지고 있으므로 영유아는 교사의 요구에 반응하도록 수업이 계획되고 조직되어 있다. 이 교육과정은 행동주의 이론에 기초하여 환경의 자극에 대하여 인간을 수동적인 존재로 바라보므로 학습이론, 행동수정원리 등을 중요하게 여긴다. 1960년대 미국의 헤드스타트 운동의 일환으로 사회, 경제적으로 소외되거나 취약한 계층의 유아들을 위하여 3R's(읽기, 쓰기, 셈하기)와 같은 기본학습 기술들을 단기간에 습득시키려는 의도로 다양하게 개발되기 시작하였고, 교사중심의 상당히 구조화된 프로그램이며 짧은 시기 동안, 적은 노력으로 많은 효과를 얻고자 하였다.

계획된 교육과정은 교수요목이 매우 상세하게 제시되어 있기에 초임교사나 유아교육에 사전 전문지식이 없는 교사라 할지라도 효율적으로 교육과정을 수행할 수 있는 장점이 있다.

2) 개방체제 교육과정

교사와 유아가 동일하게 주도적인 입장을 갖고 유아들의 흥미나 요구 등을 적극적으로 반영하여 수업을 융통적, 역동적으로 운영한다. 교사와 유아가 모두 활동의 주도권을 가지는 유형으로 교사는 유아에게 적합한 교육계획을 세우고 환경을 준비한다. 또한 다양한 활동을 통해 유아에게 선택권을 주며, 필요할 때 적절히 개입하는 주도성을 보인다. 유아는 교사가 제시한 활동 안에서 선택적으로 활동에 참여하고 다양한 경험을 쌓고 자신의 생각을 구성해 나가는 주도적인 역할을 한다. 교사는 유아들과 다양한 형태의 상호작용을 통해 유아가 스스로 탐구하고 발견할 수 있도록 활동 시 유아의 개별적인 수준을 고려하여야 한다.

이 유형에 해당되는 대표적인 프로그램은 까미 드브리스 프로그램, 몬테소리, 프로젝트 접근법, 레지오 에밀리아 접근법 등이 속한다. 유아의 사고나 인지과정과 직접활동, 경험을 통한 학습, 교사, 유아, 교구 간의 상호작용을 중요하게 여긴다.

3) 아동중심 교육과정

유아가 주도권을 가지고 학습하는 형태로 교사는 유아의 요구에 수동적으로 반응하는 형태의 유아교육과정이다. 성숙주의 이론에 영향을 받아 유아의 자연스러운 계발 및 인성 발달이 잘 이루어지는 전인적 발달에 초점을 두고 있다. 주로 인간의 정서발달에 관한 연구 및 이론에 기초를 두고 교육의 전체 목적을 사회 정서적 성숙을 통한 전인아동 육성에 두고 있다.

학습이 개개 영유아의 요구를 충분히 반영할 수 있다는 장점은 있지만 영유아에게 모든 주도권이 주어져 자칫 방임으로 흐를 위험이 있고 유아의 흥미나 요구에 상응하는 내용들이 교육적으로 바람직하지 않을 경우 교사가 갈등을 느낄 수 있다는 단점도 있다(이기숙 외, 2019). 이에 교사는 유아의 내재적 발현이 일어날 수 있도록 유아의 일상 경험이 교육내용이 되며 다양한 놀이경험을 통해 발달할 수 있도록 환경을 조성하고 유아의 자율성과 체계성을 적절히 조화시켜 나가야 한다. 이 유형에 해당되는 프로그램은 썸머힐 프로그램, 뱅크스트리트 프로그램 등이 있다.

4) 보호적 배려

수업의 구조에 있어 교사나 유아의 주도성이 적은 형태를 가진 유아교육과정이다. 이 유형은 교사도 반응하고 유아도 반응하는 형태 보호와 양육을 주로 하는 교육과정으로 보호적, 배려적 교육과정이라고 한다. 유아의 기본적인 생리적 욕구 해결과 신체적 위험이나 질병으로부터 보호해 주는 등 최소한 보살핌만이 이루어진다. 따라서 다른 교육과정과는 달리 교육적 부분이 취약할 수 있다고 보이는 모형이다. 취업모의 증가와 사회적 요구로 유아 양육에 대한 역할이 유아교육기관에 요구되고 강조되면서 보호적 배려 차원의 요구가 증가되고 있으며, 교육과 양육을 같이 고려하자는 보육의 의미를 가지고 있다.

2. 메이어Mayer의 분류

메이어(Mayer, 1971)는 교육과정은 한 가지 기준으로 분류하기는 어렵다고 주장하면서 유아교육의 기본 요소인 교사, 유아, 교구의 상호작용 정도에 따라 교육과정을 분류하였다. 상호작용의 종류는 교사-유아, 유아-유아, 유아-교구로 제시하면서 상호작용 정도에 따라 아동-발달 모형, 언어-인지 모형, 언어-교수 모형, 감각-인지 모형으로 구분하였다. 이를 제시하면 다음 그림 5-2와 같다.

	아동-발달 모형	언어-인지 모형	언어-교수 모형	감각-인지 모형
교사-유아 상호작용				
유아-유아 상호작용				
유아-교구 상호작용				
이론적 기초	성숙이론	인지발달이론	행동주의이론	몬테소리이론

출처: 최애경 외(2018). 영유아교육과정.

그림 5-2 메이어(Mayer)의 유아교육과정 유형 분류

1) 아동-발달 모형

아동-발달 모형의 교육과정들은 교사의 역할은 중간 정도이고 유아 간 상호작용을 가장 강조한다. 이에 유아의 발달단계 및 발달적 요구에 따라 교육과정이 구성되며 유아의 직접적인 활동을 강조한다. 유아의 사회정서 발달이 이루어지면 인지적 발달도 함께 이루어진다고 본다.

프로이트, 에릭슨, 게젤 등의 발달이론에 기초를 두고 있으며 성숙주의적 이론의 접근법에 근거하고 있다. 와이카트가 분류한 유형 중 아동중심 교육과정과 같은 유형이다.

2) 언어-인지 모형

언어-인지 모형은 교사와 유아의 상호작용보다는 유아와 유아, 유아와 교구 간의 상호작용이 높은 유형이다. 피아제의 인지발달이론에 기초를 두고 있으며 구성주의 접근법에 근거하고 있다. 영유아의 사회정서발달과 인지적 발달 모두를 중요시하고 두 가지 발달이 적절하게 조화를 이루는 것을 추구

한다.

이 모형에서 교사는 아동-발달 모형보다 활동에 보다 적극적으로 개입하여 활동을 계획하고 주도한다. 유아와 유아의 상호작용을 중시하나 교사의 개입이 많기에 유아 간 직접적 상호작용은 적은 편이다. 언어-인지 모형이 피아제 이론을 바탕으로 구성주의적 접근법에 기초하고는 있지만 교사 개입의 정도가 강하며, 유아의 인지능력 향상 정도를 언어적으로 평가한다는 점에서 피아제 이론을 제대로 반영하지 못한다는 비판을 받는 모형이다(임재택, 박재환, 2002). 와이카트가 분류한 유형 중 개방체제 교육과정과 같은 유형이라고 볼 수 있다.

3) 언어-교수 모형

언어-교수 모형은 교사와 유아의 언어적 상호작용을 매우 중시하며 유아와 유아, 유아와 교구 간의 상호작용은 거의 일어나지 않는 유형이다. 주로 저소득층 유아들을 대상으로 사회 문화적 결손을 보완하기 위하여 언어, 읽기, 셈하기와 관련된 지식을 교사중심으로 가르치고, 효과적 학습을 위해 언어적 칭찬이나 보상을 제공한다. 행동주의적 접근법을 따르며 학습의 계열성을 강조하고 교육과정의 순서에 의해 진행이 된다. 와이카트의 유형 중 계획된 교육과정이 이에 속한다고 볼 수 있다.

4) 감각-인지 모형

감각-인지 모형은 유아와 교구 간의 상호작용을 매우 중요시한다. 몬테소리 교육이념 및 교육방법에 기초하여 개발되었으며 유아의 감각훈련과 실생활습관 훈련을 강조하고 있다. 이에 교사의 역할은 유아의 학습에 적절한 교구와 환경을 준비하고 관찰한다. 이 모형은 교사의 개입 없이 유아가 스스로 교구와의 상호작용을 통해 학습이 이루어진다. 유아는 자신의 흥미와 발달

수준에 맞는 교구를 가지고 놀면서 학습 개념을 경험하고 단계적으로 순서화된 교구 및 환경과의 상호작용을 통해 발달해 나간다.

위의 내용을 종합하여 유형별로 상호작용의 정도 순을 살펴보면 다음 표 표 5-1과 같다.

표 5-1 메이어(Mayer)의 분류 유형의 상호작용 정도

상호작용	정도
교사와 유아	언어-교수 > 언어-인지 > 아동-발달 > 감각-인지
유아와 교구	감각-인지 > 아동-발달 > 언어-인지 > 언어-교수
유아와 유아	아동-발달 > 언어-인지 > 언어-교수, 감각-인지

3. 비셀Bissell의 분류

비셀(Bissell)의 교육과정 유형은 프로그램의 목적과 프로그램이 갖는 구조성에 의하여 분류를 하고 있다. 크게 4가지로 수용적 심화모형, 구조적 인지모형, 구조적 정보모형, 구조적 환경모형으로 분류한다.

1) 수용적 심화모형(적성중심, 교사의 능력 요구)

수용적 심화모형의 교육목적은 전인격적 아동으로서의 성장에 있으며 교수방법은 아동의 요구에 반응하는 것이다. 유아의 요구나 흥미에 따라 다양한 경험과 풍부한 환경을 제공해 준다. 중류계층 아동을 위한 적응중심 프로그램, 인지적 발달과 언어발달, 감각운동능력 발달, 사회정서적 성숙, 만족감의 습득을 강조한다. 교육과정의 구조화는 낮거나 중간 정도로 적성중심의 교육을 수행하며 아동의 현재 발달적 수준과 그에 따른 과제를 연결 지을

수 있는 교사의 능력이 많이 요구된다. 대표적인 프로그램으로 헤드스타트 프로그램이 있다.

2) 구조적 인지모형(적성, 태도 발달, 언어발달을 강조)

구조적 인지모형의 교육목적은 학습 과정과 직접적으로 관련된 태도와 성향에 관심을 가지는 모형으로 유아들의 전인적 성장과 발달보다는 학습과정과 관련된 적성과 태도를 발달시키고 주로 언어발달을 강조하고 있다. 지각능력, 주의집중 능력, 개념적 사고, 언어적 기술의 발달, 긍정적인 자아개념의 발달을 포함한다. 활동은 교사에 의해 사전 계획되고 학습 결과보다는 학습과정에 중점을 둔다.

3) 구조적 정보모형

구조적 정보모형은 특별한 지식이나 기술 내용을 지향하며 특히 낙후된 지역, 불우한 가정의 아동들에게 학문적 성공과 관련된 지식이나 기술 교육을 실시한다. 프로그램의 주된 목적은 인지적 발달을 위한 특별한 기술을 습득하는 것이다. 놀이중심적인 전통적 유아교육을 비판하고 학교에서 필요한 학문적 습득을 중요시한다. 교수방법을 지시적 방법과 반복적 방법을 주로 사용하여 지시적 상호작용이 이루어지고 교육과정의 구조화가 매우 높다. 대표적인 프로그램은 엥겔만 베커 프로그램이 있다.

4) 구조적 환경모형

교육과정 중심으로 준비된 환경모형이라고도 한다. 유아에게 어떤 교과나 학습내용을 가르치기보다는 학습과정, 즉 학습하는 방법을 가르치는 데 중점을 두고 있다. 낙후된 지역아동의 지체현상을 그들의 환경적 결핍을 보충해 줌으로써 보완하는 모형이다. 학습하는 방법을 가르치는 데 중점을 두고 있으며 교구를 통한 자기 학습이 이루어지며 교육과정의 구조화의 정도는 중간이다. 대표적인 프로그램으로 몬테소리 프로그램이 있다.

표 5-2 비셀(Bissell)의 분류

구분	수용적 심화	구조적 인지	구조적 정보	구조적 환경
목적	전인격적 아동으로서의 성장	학습과정과 관련된 태도와 성향	특별한 지식이나 기술 내용 지향	교육과정 중심
교수방법	아동의 요구에 반응	-	지시적 상호작용	교구를 통한 자기학습
구조화	낮거나 중간	-	높음	중간

4. 콜버그와 메이어Kohlberg & Mayer의 분류

콜버그와 메이어(Kohlberg & Mayer)는 교육과정 유형을 낭만주의, 문화전달주의, 진보주의의 세 가지로 분류하였다.

1) 낭만주의(romanticism) 모형

낭만주의는 영유아의 발달과 학습에 관한 성숙주의적 입장의 유형이다. 유아의 내재적 본성을 전개하는 것이 중요한 학습의 경험과 활동이라고 본다. 전통적인 아동중심, 흥미중심 프로그램이 해당되며 교사는 교실 내에 긍정적인 사회정서적 놀이환경을 지원하고 주로 극놀이, 창작활동을 장려한다. 유아의 권리와 자유를 중시하고 유아는 자신의 학습활동을 주도할 수 있는 존재로 신뢰받는다. 와이카트 분류 중에서는 개방체제 교육과정이 이에 속하며 메이어의 분류에서는 언어-인지 모형이 이에 속한다.

2) 문화전달주의(cultural transmission) 모형

영유아의 발달과 학습이 주로 외부적 요인에 의해 결정된다. 인지, 윤리 및 문화적 지식을 직접 가르침으로써 가장 잘 발달된다고 보는 행동주의적 입장의 유형이다. 행동주의 학습이론을 바탕으로 빠른 시간 안에 계획적 강화에 의해 구체적인 학습 목표를 달성하는 교사중심적이고 상당히 구조적인 프로그램들이 이 유형에 속한다. 영유아의 발달에 있어 내재적, 주관적인 요소를 배제하고 객관적인 방법으로 관찰가능하고 측정될 수 있는 지식을 주로 강조하므로 교육내용이 구조화, 순서화되고 교수 전략도 조직적으로 수행된다. 와이카트 분류에서는 계획된 교육과정이 이에 속하며 메이어의 분류에서는 언어-교수 모형이 이에 속한다.

3) 진보주의(progressivism) 모형

영유아와 환경의 상호작용이 허용되고 증진되는 조건 하에서 유아와 환경 간의 상호작용으로부터 교육이 이루어진다는 구성주의 입장에 기초하고 있다. 듀이의 진보적인 교육관과 피아제의 인지발달에 근거하여 지식은 학습자의 내부에서 구성된다는 것을 믿으며 교사와 유아가 모두 학습을 주도해 나간다.

교사가 목표 설정은 하지만 이것의 성취는 영유아에 의해서 이루어지며, 놀이가 학습을 위한 수단이 된다. 교사는 유아의 사고를 자극하고 학습기회를 제공하기 위해 놀이를 더욱 적극적으로 이용하고 개발해 나간다. 이 유형에 속하는 교육과정은 인간의 생득적 요인과 외부 환경적 요인을 동시에 강조하므로 구성주의적 접근법에 기초한다. 카미드브리스 프로그램, 하이스코프프로그램 등이 이 유형에 속한다. 와이카트 분류에서는 아동중심 교육과정이 이에 속하며 메이어의 분류에서는 아동-발달 모형이 이에 속한다고 볼 수 있다.

콜버그와 메이어는 현대 유아교육과정 구성을 위해 낭만주의와 문화전달주의만으로는 이상적 모형을 제공할 수 없고, 진보주의 유형이 교육과정의 원천이 되어야 한다고 제안하였다.

5. 슈바르츠와 로빈슨Schwartz & Robinson의 분류

슈바르츠와 로빈슨(Schwartz & Robinson, 1982)은 다양한 유아교육과정의 유형을 종합하여 우연히 일어난 것, 유아가 유아교육기관에서 갖게 되는 모든 경험, 교수계획, 교수요목, 프로그램의 다섯 가지로 분류하여 제시하고 있다.

1) 우연히 일어난 것으로서의 유아교육과정

각 유아의 요구와 흥미를 중심으로 교육 경험이 결정되는 것을 의미한다. 이는 활동의 선택을 유아들이 주도하고 교사는 유아들의 활동을 지원하는 교육과정이다. 교사가 교육내용을 선별, 계획하기보다는 유아의 흥미와 요구에 따라 진행되기에 유아는 능동적인 선택을 통해 스스로 학습할 수 있다. 교육과정의 중요한 자원은 아동 자신으로 어떤 활동이 이루어지는가가 유아의 선택에 달려 있으며 학습 활동과 경험 속에 포함된 유아의 흥미 그 자체를 가치 있는 것으로 보기 때문에 특별한 내용보다는 학습하는 과정에 가치를 둔다. 이러한 유아의 능동적 학습을 위해 교사는 유아의 다양한 흥미와 욕구를 일으키고 충족시켜 줄 수 있는 풍부한 교육 환경을 마련해 주는 것이 매우 중요하다.

교육과정에서 가치를 두는 목표에는 유아들이 활동 속에서 경험하는 자율성, 자신과 타인에 대한 신뢰성, 존중감, 주도성, 협동 등이 있다. 이러한 가치는 문제 해결의 과정, 과제 구성과 계획, 환경에 대한 물리적 속성의 발견을 통해 이루어진다(최지영, 2013).

교육활동은 유아의 선택과 행동으로부터 나오게 되며 미리 계획될 수 없다. 교사는 유아의 선택에 민감하게 반응하면서 유아가 선택한 활동 속에서 그때그때 적절하게 학습을 지원한다. 단, 활동시간, 정리, 간식, 대집단 시간이나 음악시간의 전반적인 일과의 길이와 순서 및 유아 참여를 유도하는 특별한 활동이나 교재 교구에 대한 계획을 하며, 아동의 활동 선택 또는 환경 구성에 대해 계획한다.

교사의 역할은 유아에 대한 끊임없는 관찰 및 유아와의 상호작용을 통해 정보를 수집하고 유아들이 적절한 경험을 선택할 수 있도록 놀이를 지원, 확장하는 것을 돕는다. 유아중심의 개별적, 인간적 교육의 장점은 있으나 교육과정의 범위가 모호하고 유아의 행동 지원을 위해 순간순간 교사의 적절한 의사 결정이 요구되는 점에서 유능한 교사의 역할을 요구한다는 점에서 어려움이 있다.

2) 유아가 유아교육기관에서 갖게 되는 모든 경험으로서의 교육과정

유아가 유아교육기관에서 경험하는 모든 것을 교육과정의 개념으로 생각하는 것으로 이는 잠재적 교육과정의 영향이라고 볼 수 있다. 즉, 교사가 의도하지 않았거나 계획하지 않은 경험들로 유아들에게 개인적 중요성을 갖고 있다는 관점을 포함하고 있다. 이는 가르치기 위해 계획된 것만이 학습되는 것은 아니라는 것으로 교사가 인식하지 못하는 많은 학교 경험이 의도하지 않은 효과를 가지고 있음을 의미한다.

잠재적 교육과정은 우발적, 비계획적 사건의 영향을 중시하기에 교수에 대한 계획을 넘어서 유아에게 개인적으로 더 의미 있는 교실의 분위기, 집단의 역동성, 구성원 간의 정서적 의사소통의 영향을 중시한다. 특히, 교실에서의 경험에 세심하게 영향을 미치는 외부의 사회적 영향을 매우 중요시한다. 즉, 교실의 분위기, 교사와 유아, 유아와 유아, 유아와 교구의 상호작용, 언어적 의사소통 등과 같은 물리적, 심리적 환경이 중요시된다.

교사의 역할은 학습이 일어나는 상황에 좀 더 세심한 주의를 기울이고 사회적 변화에 대한 민감성과 학습 결과에 영향을 끼칠 수 있는, 많은 예측할 수 없는 문화적 요인들에 대해 세심한 배려가 요구된다. 특히 관계중심 교육과정에 근거하여 유아가 자신뿐만 아니라 또래 친구를 비롯한 다른 사람들, 자연과의 관계를 상호 존중하는 입장에서 인식하고 수행해 갈 수 있도록 교사는 관심을 가지고 역할을 수행해야 할 필요가 있다.

3) 교수계획으로서의 유아교육과정

교수계획으로서의 교육과정은 전통적으로 오래전부터 일반 교육과정의 개념으로 정의되어 오고 있는 개념으로 구조화된 일련의 학습결과(Johnson, 1967), 특수한 목표, 선택, 구조적 내용과 요소를 가지고 있는 계획(Taba, 1962)으로 생각하는 관점이다. 교수계획으로서의 교육과정은 매우 특별할 수도 있고, 일반적일 수도 있으며, 장기적 계획과 단기적 계획을 나타낼 수도 있다.

유아기에 적합한 지식의 구조 및 기본 아이디어가 유아의 자발적인 탐구활동을 통해 형성되기 위해서는 교수계획이 잘 이루어져야 한다고 보는 관점의 교육과정이다. 교수계획으로서의 교육과정은 매일매일의 교육과정을 결정하는 데 사용되는 정도가 다른데 교육과정 계획은 일련의 활동으로 제한하기도 하고 한 가지 주제나 내용 영역에 따라 일련의 활동들을 진술하기도 한다.

교수계획은 사실, 정보, 개념, 아이디어 등의 내용에 대한 계획, 내용을 수행할 수 있는 자유선택활동, 대소집단 활동 등에 대한 계획, 활동을 수행하는 데 작용하는 정신적 사고 과정에 대한 계획 혹은 이 세 가지를 모두 고려한 종합적인 계획으로 구분할 수 있다. 교수계획으로서의 유아교육과정은 계획을 유아를 위한 교수의 기초로 보는 것으로 교수계획이 유아의 욕구, 흥미, 활동을 예측하고 자료와 환경을 체계화할 수 있도록 도와줌으로써 경험이 풍부한 교사나 초임 교사 모두에게 유아를 지원하는 데 큰 어려움을 주지 않는 장점이 있다. 다만, 이러한 교사의 미리 짜인 교수계획은 유아의 매일의 요구, 관심, 흥미에 대한 융통성 있는 교육을 제한시킬 수 있다는 점에서 한계가 있을 수 있다. 다시 말해, 교사가 유아들을 면밀하게 관찰하지 않고 문서화되거나 정해진 교수계획에 따라 융통성 없는 지도를 할 가능성이 많아지고 이는 교사가 유아들의 요구를 반영하는 데 자율성, 자발성, 융통성을 감소시킬 수 있다. 따라서 유아중심 교육의 철학을 바탕으로 상황에 따라 다른 활동으로 대체하거나 변경할 수 있다는 점을 고려하여 계획한다면 융통성 있는 교육이 될 수 있음을 시사하고 있다.

4) 교수요목으로서의 유아교육과정

교수요목으로서의 교육과정은 유아들을 위한 교육목표, 교육내용 및 순서, 방법에 대한 것을 일련의 문서로 작성한 교수요목을 교육과정으로 보는 협의의 교육과정 개념이라고 볼 수 있다. 전통적인 교과중심의 교육과정에서의 개념처럼 일정 시기에 단원별로 학습할 내용이 교수요목으로 짜여 있어 누가 운영하든지 그 순서대로 진행할 수 있다. 즉, 교수요목은 대개 문서화된 포괄적 계획으로 교육과정을 위한 장기적 지침으로 사용된다. 문서화된 교육과정은 유아의 통일된 학습경험이나 학습 결과까지 예측할 수 있지만 유아 개인의 특성과 흥미, 요구에 대한 고려가 반영되지 않으므로 운영 시 고정적 측면을 가져올 수 있다는 제한점이 있다.

국가 수준에서 획일화된 문서로 제시한다면 유아교육기관 및 지역사회의 특성, 유아의 흥미와 요구, 현장에서의 실제적인 경험들이 반영되기가 힘들기 때문에 교사들이 실제로 교수계획안을 짜는 데 참여한다면 유아들의 학습 욕구에 대한 생각을 재검토하고 교실 내의 적용을 평가하는 데 도움을 주는 자료가 될 수 있다(방인옥 외, 2009).

5) 프로그램으로서의 유아교육과정

교육과정이라는 용어가 '○○프로그램'과 같은 특별한 프로그램으로 서술되는 것을 의미한다. 프로그램으로서의 교육과정 개념은 '몬테소리 프로그램', '디스타(DISTAR) 프로그램'처럼 이론적 근거와 프로그램 목적에 따라 일관성 있게 수립된 계획을 가진 프로그램 모형에서 잘 드러난다. 프로그램으로서의 교육과정은 유아교육 분야에서만 볼 수 있는 독특한 관점으로 실제 교육과정과 프로그램이란 용어가 혼용되어 사용되고 있다. 이는 헤드스타트 이후 다양한 교육과정 모형 들이 개발되면서 유아교육과정 분야의 많은 저서들이 서로 구별되는 교육과정 패턴을 가진 프로그램들에 관하여 기술해 왔기 때문이다(최지영, 2013).

프로그램으로서의 유아교육과정은 유아교육기관의 종류, 설립 목적 및 설립 주체, 대상 유아의 연령과 발달 수준, 운영시간 등 실제적 상황의 차이에 기인하며 특히 유아발달, 학습 및 교육 등에 대한 이론적 관점의 차이가 크다. 많은 유아교육프로그램들은 유아 학습과 발달에 관한 기본 이론으로 성숙주의, 행동주의, 구성주의의 세 이론을 선택적으로 취하고 있으며 이러한 이론적 근거를 토대로 다양한 프로그램들이 운영되고 있다.

표 5-3 슈바르츠와 로빈슨(Schwartz & Robinson)의 유아교육과정 분류

유형	특징
우연히 일어난 것으로의 교육과정	• 개별 유아의 흥미와 요구를 바탕으로 교육활동을 선택하여 이루어 가는 교육과정 • 놀이와 활동중심의 과정에 초점을 둠
유아교육기관에서 갖게 되는 모든 경험으로서의 교육과정	• 교육기관에서 경험하게 되는 모든 경험을 교육과정으로 봄 • 교사가 의도하지 않고 우연히 발생한 경험을 포함하는 잠재적 교육과정의 성격을 지님
교수계획으로서의 교육과정	• 교육목표, 내용, 방법, 평가 등의 체계적인 교수계획을 의미하는 보편적 개념의 교육과정 • 획일화된 문서로 된 교육과정으로 독창성과 자율성이 결여됨

유형	특징
교수요목으로서의 교육과정	• 교육목표, 내용 등의 순서로 공식적 문서로 계열성 있게 열거한 교수요목 • 국가 수준에서 설정한 교육과정이 해당될 수 있음
프로그램으로서의 교육과정	• 특정 교육프로그램을 뜻하는 교육과정 • 내용과 방법이 구체화되어 있음 • 특정 이론이나 접근법에 기초한 유아교육의 모델 유형 • 몬테소리 프로그램, 디스타 프로그램

위에서 살펴본 바와 같이 슈바르츠와 로빈슨의 다섯 가지 유형의 유아교육과정은 현장에서 혼용되어 사용되고 있다. 유아교육과정에서는 유아의 흥미와 요구, 경험이 중요하며 우발적이고 비계획적인 사건들이 잠재적 교육과정으로 큰 비중을 차지한다.

이상의 내용을 토대로 전체적으로 유아교육과정의 유형을 종합적으로 분류하면 다음 표 5-4와 같다.

표 5-4 유아교육과정의 유형 분류

구분	콜버그와 메이어	메이어	비셀	와이카트
성숙주의	낭만주의	아동-발달	수용적 심화	아동중심
행동주의	문화전달주의	언어-교수	구조적 정보	계획된 교육과정
구성주의	진보주의	언어-인지	구조적 인지	개방체제
몬테소리		감각-인지	구조적 환경	보호적 배려

생각해보기

1. 슈바르츠와 로빈슨이 분류한 우연히 일어난 것으로서의 유아교육과정의 중요성과 의미를 생각해 보아요.

2. 유아교육과정 유형들이 지니고 있는 공통점에 대하여 생각해 보아요.

Chapter 06

우리나라의 유아교육과정

학습목표

1. 제1차 유치원 교육과정에서부터 현재의 교육과정까지, 우리나라 유아교육과정의 변천을 이해할 수 있다.
2. 2019 개정 누리과정의 구성체계 및 5개 영역을 통합적으로 이해할 수 있다.

우리나라의 유아교육과정은 1969년 처음으로 국가수준의 유치원 교육과정이 제정되어 현재의 유아교육과정에 이르기까지 수차례 개정이 이루어졌다. 어린이집 또한 2007년 표준보육과정을 처음으로 제정함으로써 어린이집을 위한 국가 수준의 보육과정 체계를 갖추게 되었으며, 세 차례의 개정을 거쳐 현재 4차 표준보육과정까지 이르게 되었다.

시대의 변화와 저출산의 위기 속에 유아기 교육의 국가 책임을 강화하고 유치원과 어린이집을 일원화하는 유보통합을 위한 시도로써 2013년부터는 3-5세 연령별 누리과정이 공통으로 실시되었다. 이어 2019년에는 유아의 놀 권리와 놀이주체자로서의 유아의 유능성을 강조하는 유아·놀이중심 교육과정으로 개정하여 2020년 3월부터 전국의 유치원과 어린이집에서 2019 개정 누리과정에 의해 교육과 보육이 이루어지고 있다.

본 장에서는 우리나라 유아교육과정의 역사와 4차 표준보육과정 그리고 2019 개정 누리과정의 순으로 살펴보고자 한다.

1. 유아교육과정의 변천

1) 제1차 유치원교육과정

제1차 유치원교육과정은 광복 후 1949년 '교육법'이 제정되고 20년 후인 1969년에 제정되었다. 1960년대 들어 양적으로 급격히 증가하는 유치원을 정비하기 위해 유치원교육과정이 마련되었으며, 그 취지는 어린이의 바람직한 인격형성을 위하여 어린이의 욕구와 흥미에 알맞은 환경을 만들어 주고자 하는 데 있었다. 유치원교육과정은 곧 어린이들이 유치원교육을 통하여 경험하는 모든 학습활동의 총화를 의미하는 것으로 보았으며, 건강, 사회, 자연, 언어, 예능의 다섯 가지 생활영역으로 나누어 내용을 조직하였다.

2) 제2차 유치원교육과정

제1차 유치원교육과정이 제정된 후 1976년 제2차 유치원교육과정이 개정되었으며, 목표로는 남과 잘 사귀고 남과 더불어 생활하는 것을 즐기게 하며, 표현하는 능력, 습관, 태도를 기르고, 탐구능력, 언어구사력, 기초적인 운동능력, 건강 및 안전생활 습관을 기르는 것이다. 교육과정의 영역은 제1차 교육과정이 교과목 형식의 5개 생활영역이었던 것에 반해 전인적인 발달을 강조하는 사회정서발달 영역, 인지발달 영역, 언어발달 영역, 신체발달 및 건강 영역으로 구분하였고 특히 1970년대부터 인지발달을 강조하는 세계적인 추세에 맞추어 인지발달과 정서발달을 강조하였다.

3) 제3차 유치원교육과정

제3차 유치원교육과정은 이전과 같이 유치원만이 각급 학교와 분리되어 별도로 개정이 이루어진 것이 아니라 처음으로 초·중등학교 교육과정의 개정과 함께 상호연계성 속에서 개정되었다. 이러한 변화는 당시 정부인 제5공화국이 주요 교육개혁 정책으로 유아교육을 채택하여 당면한 유아교육의 문제를 정부 차원에서 해결하고자 한 노력의 일환으로 이루어진 것이다. 교육과정의 궁극적인 목적은 민주, 복지, 정의사회의 건설에 적극적으로 이바지 할 수 있는 자주적이고 창의적인 국민을 길러 내는 것이고, 유치원교육의 목적으로는 유아에게 알맞은 교육환경을 마련해 주어 전인적으로 성장하도록 돕는 것이다. 교육과정의 구성은 신체발달, 정서발달, 언어발달, 인지발달, 사회성발달의 5개 발달 영역별로 구성되었다.

4) 제4차 유치원교육과정

제4차 유치원교육과정은 제3차 유치원교육과정을 개정했다기보다는 수정·보완하는 입장에서 유치원 개정안이 발표되었다. 교육목적을 인격을 완성하고 자주적 생활능력과 민주시민으로서 자질을 갖추어, 민주국가 발전에 봉사하며, 인류공영의 이상실현에 기여하게 하도록 하는 것이다. 이러한 목적을 위하여 건강한 사람, 자주적인 사람, 창조적인 사람, 도덕적인 사람을 기르는 데 역점을 두어 교육과정을 구성하였다. 교육과정의 목표로는 건강과 안정에 대한 올바른 생활습관과 신체의 조화로운 발달을 도모하고, 다른 사람의 말을 이해하고, 주변 현상에 대한 느낌을 표현할 수 있으며, 자부심 및 가족과 이웃을 사랑할 줄 아는 마음씨를 지니게 하는 것이다. 영역 구분은 신체, 언어, 인지, 정서, 사회성의 5개 영역으로 제3차 교육과정과 동일하다.

5) 제5차 유치원교육과정

제5차 유치원교육과정 1992년에 개정되었으며 이전과 달리 처음으로 한국유아교육학회가 개정 연구를 위탁받아 개발하였는데, 우리나라 교육과정 최초로 중앙 집권형 교육과정을 지방 분권형 교육과정으로 전환하였다. 이는 전문 연구진을 구성하고 제4차 유치원교육과정의 문제점과 개정방향을 연구하여 새롭게 개정되었다는 데 의의가 있다. 제5차 교육과정의 두드러진 특징은 1991년 교육법이 개정되어 유치원 취원 연령이 기존의 만4, 5세에서 만3, 4, 5세로 조정됨으로써 1992년 3월부터 만3세의 유치원 입학이 합법화됨에 따라 교육과정의 내용이 I수준과 II수준으로 구분되어 제작된 것이다. 또 취업모의 증가에 따른 유치원 종일반 운영을 강조함으로써 사회적 요구를 교육과정에 반영하고, 유아의 발달특징에 알맞은 읽기, 쓰기, 교육에 관한 지침을 구체적으로 제시하여 학부모의 요구도 교육과정에 반영하고자 노력하였다.

6) 제6차 유치원교육과정

제6차 교육과정은 교육의 체제를 공급자 중심보다는 수요자 중심으로 이루어질 것을 명시하고 교육개혁의 하나로서 유아교육의 공교육체제로 확립 방안을 제시한 것이다. 이에 따라 초·중등교육과 맥을 같이하는 보편화된 교육체제로 발전시키고자 유치원교육과정의 개정이 요구되었다(교육개혁위원회, 1997). 제6차 유치원교육과정은 제5차에 이어 한국유아교육학회가 교육부의 위촉을 받아 개정을 주도하였고 제5차 유치원교육과정의 문제점을 분석하고 수정 보완하여 개정하였다. 교육의 목적은 초·중등교육법 제35조에 명시된 "유치원교육은 유아를 교육하고 유아에게 알맞은 교육환경을 제공하여 심신의 조화로운 발달을 조장하는 것을 목적으로 한다."이며 기초·기본교육의 충실, 자기 주도적 능력의 신장, 유아중심 교육의 실천, 지역 및 유치원의 자율성 확대를 교육과정 구성의 중점으로 삼았고 제5차 유치원교육과정과 마찬가지로 건강생활, 사회생활, 표현생활, 언어생활, 탐구생활의 5개 생활 영역으로 내용을 구성하였다.

7) 2007 개정 유치원교육과정

2007년에 유치원의 다양한 일과 운영에 대한 사회적 요구, 제6차 교육과정의 수정·보완에 대한 유치원 현장의 요구, 21세기의 시대적 요구인 사람과 자연을 존중하는 세계관과 저출산 문제해결을 위한 가치관이 반영된 교육과정에 대한 요구, 초등학교와의 연계성 강화 등의 이유로 유치원교육과정의 개정이 이루어졌다. 2007 개정 유치원교육과정은 21세기 정보화 시대에 인류 사회의 변화에 능동적으로 대처할 수 있는 교육과정의 필요성과 2004년 제정된 「유아교육법」에 근거하여 만3~5세까지 초등학교 이전의 발달을 돕는 총체적 환경으로서의 교육이라는 인식을 토대로 유아교육을 체계화하는 방향에서 개발되었으며, 초·중등학교 교육과정과의 연계성을 강화하고 단위 유치원의 자율성을 강화하였다.

8) 3~5세 연령별 누리과정

(1) 5세 누리과정 제정

2010년 교육과학기술부는 만5세 무상교육 체계 강화 방안을 대통령에게 보고하였고 정부는 유아교육과 보육에 대한 국가의 책임을 강화하기 위해 만5세 유아의 학비·보육료 지원을 전 계층으로 확대하고 지원 단가를 연차적으로 현실화하기 위한 정책을 마련하여 관련 법령을 정비하였다. 이후 2011년에는 교육과학기술부와 보건복지부가 공동으로 각각 유치원과 어린이집을 대상으로 하여 '만5세 누리과정' 공통 과정으로 변경하였고, 2012년 3월부터 유치원과 어린이집에 다니는 5세 모든 유아에게 공통으로 시행하였다.

(2) 3~5세 연령별 누리과정 제정

정부는 유아교육보육에 대한 국가의 책임을 강화하기 위해, 2013년에는 만3~4세까지 누리과정을 확대하였다. 누리과정은 현재 유치원과 어린이집으로 이원화되어 있는 교육보육과정을 통합하여 우리나라 모든 만3~5세 유아들에게 유아교육보육과정이 통합된 3~5세 연령별 누리과정을 제공함으로써 유아기 단계에서 교육의 질을 제고하고, 생애 초기 출발점 평등을 보장하는 데 의의를 두었다. 또한 유아기부터 타인을 배려하고 존중하며 공감하는 역량을 기르기 위한 인성교육을 대폭 강화하였다.

2. 2019 개정 누리과정

2019 개정 누리과정은 개별 유아의 다양한 특성 고려, 유아의 주도적인 놀이, 교육현장의 자율성 확대를 기본 방향으로 '유아가 중심이 되고 놀이가 살아나는 교육과정'을 추구하고 있다. 이는 교사가 계획하는 활동을 위주로

하는 교육과정 구성체제에서 유아가 주도하는 놀이를 중심으로 하는 교육과정 구성체제로의 전환을 제시한 것이다. 특히 교육내용을 대폭 축소하여 교육과정의 대강화의 노력을 구체화하는 등의 혁신적 구성방향이 반영되었으며, 유아의 경험과 놀이를 통한 배움의 역동성에 더 주목하고 이를 총론과 5개 영역에 적극적으로 반영하여 구성하고 있다. 또 다음은 유아중심·놀이중심을 추구하는 교육과정 구성 방향에 입각하여 개정된 2019 개정 누리과정 고시문 및 해설서에 제시되어 있는 누리과정의 구성체계, 성격, 구성방향, 목적과 목표, 교육내용과 교수학습방법 등 누리과정의 구성요소를 구체적으로 살펴보고자 한다.

1) 개정 누리과정의 구성 체계

2019 개정 누리과정은 '유아중심 및 놀이중심'을 제시하며 유아교육과정 구성 방향을 새롭게 제시하였다(교육부, 보건복지부, 2019d). 누리과정 해설서(2019a)에 의하면 유아중심이란 누리과정을 운영하는 데 있어서 모든 판단의 기준이 '유아의 안녕과 행복' 그리고 '유아의 놀이하며 배울 권리가 최우선'으로 고려되는 것을 말한다. 놀이중심 누리과정을 추구한다는 것은 유아는 각자 자신에게 가장 적합한 방식으로 스스로 놀이하며 배운다는 점에 주목하여 유아가 주도하는 놀이를 우선적 가치로 존중하며 교육과정을 운영해야 한다는 것을 의미한다. 이에 따라 누리과정 구성 전체에 유아기의 고유한 특성인 '유아가 놀이하며 배운다'는 점을 적극 반영하여 '놀이'를 강조하고, '놀이 시간을 충분히 편성하는' 등의 문장을 고시문에 명시하였다. 또 5개 영역의 내용을 통합적으로 유아가 경험하여 놀이를 통해 배운다는 점을 강조하고 유아가 주도하는 자유로운 놀이를 가장 우선적으로 편성하고 운영하며 유아·놀이중심 교육과정을 실천하도록 하였다.

이러한 유아·놀이중심의 누리과정의 구성체계를 그림 6-1의 도식으로 제시하고 있다.

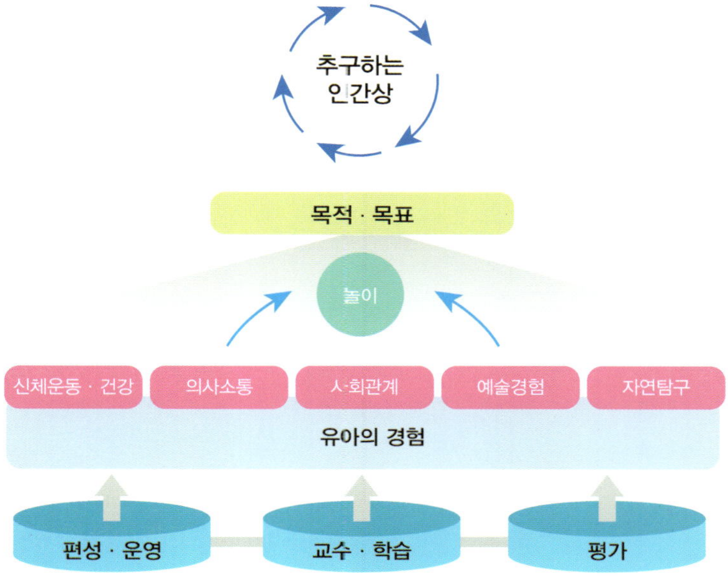

그림 6-1 2019 개정 누리과정 구성체계

2) 누리과정의 성격

국가 수준의 교육과정에서 제시되는 성격은 국가 수준 교육과정의 구성 체계를 확립하는 출발점이다. 개정 누리과정에서도 '성격' 항목을 신설하여 누리과정을 '3~5세 유아를 위한 국가 수준의 공통 교육과정'으로 정의하였다. 개정 누리과정의 성격은 「2015 개정 초·중등학교 교육과정」 성격의 구성 체계와 연계하고, 유아기의 고유한 특징을 반영하여 '유아중심 및 놀이중심'을 강조하고 있다. 개정 누리과정의 성격은 누리과정을 '3~5세 유아를 위한 국가 수준의 공통 교육과정'으로 정의하고 있다. 여기서 '공통'이란 유치원과 어린이집 모두를 지칭한다. 국가 수준의 공통 교육과정으로서 누리과정은 3~5세 유아가 다니는 유치원과 어린이집에서 누리과정을 운영할 때 우선적으로 고려해야 할 공통적이고 일반적인 기준을 국가가 고시한 것이다. 따라서 유치원과 어린이집에 다니는 3~5세 유아는 국가 수준의 교육과정에서 제시하는 기준에 따라 차별 없이 양질의 교육적 경험을 할 수 있게 된다. 표 6-1은 개정 누리과정의 성격과 다섯 가지 하위 내용이다.

표 6-1 누리과정의 구체적 성격

성격 : 누리과정은 3~5세 유아를 위한 국가 수준의 공통 교육과정이다.
가. 국가 수준의 공통성과 지역, 기관 및 개인 수준의 다양성을 동시에 추구한다. 나. 유아의 전인적 발달과 행복을 추구한다. 다. 유아중심과 놀이중심을 추구한다. 라. 유아의 자율성과 창의성 신장을 추구한다. 마. 유아, 교사, 원장(감), 학부모 및 지역사회가 함께 실현해 가는 것을 추구한다.

3) 누리과정의 구성 방향

(1) 추구하는 인간상

개정 누리과정은 국가 수준의 교육과정으로서 누리과정이 추구해야 할 교육적 비전으로 추구하는 인간상을 제시하고 있다. 누리과정에서 제시하는 인간상은 건강한 사람, 자주적인 사람, 창의적인 사람, 감성이 풍부한 사람, 더불어 사는 사람이며, 이는 미래의 핵심역량을 반영한 초·중등학교 교육과정의 인간상과 연계되어 있다. 교사는 유아가 놀이를 통해 인간상을 통합적으로 경험하도록 지원하는 것이 필요하다. 추구하는 인간상은 유아가 일상에서 놀이하며 배우는 현재의 모습에서 발견할 수 있으며 동시에 유아가 앞으로 배우며 성장해 가야 할 모습이기도 하다.

표 6-2 초등학교 교육과정과 누리과정의 추구하는 인간상

초등학교 교육과정의 추구하는 인간상	누리과정의 추구하는 인간상
가. 자주적인 사람 나. 창의적인 사람 다. 교양이 있는 사람 라. 더불어 사는 사람	가. 건강한 사람 나. 자주적인 사람 다. 창의적인 사람 라. 감성이 풍부한 사람 마. 더불어 사는 사람

(2) 목적과 목표

국가 수준의 교육과정의 목적은 각 학교급에서 학습자의 특성을 고려하여 지향하는 교육목적을 제시한 것이다. 누리과정의 목적과 목표는 초등학교와 상이하며, 유아기와 초등학교 시기에 맞는 교육목적과 목표를 달리 제시하고 있다. 초등학교는 학습에 필요한 기본습관 및 기초능력을 강조하고 있지만 유아교육과정은 놀이를 통해 심신의 건강과 조화 및 민주시민의 기초를 강조하고 있다. 즉, 누리과정의 목적에서는 유아기의 특성을 반영하여 누리과정이 지향해야 하는 바를 제시하고 있다. 누리과정의 목적 아래 제시된 목표는 유아가 추구하는 인간상으로 성장하기 위해 필요한 사항을 중심으로 구성하였다.

표 6-3 **초등학교 교육과정의 목적과 목표**

초등학교 교육과정의 목적과 목표	
목적	초등학교 교육은 학생의 일상생활과 학습에 필요한 기본 습관 및 기초 능력을 기르고 바른 인성을 함양하는 데에 중점을 둔다.
목표	가. 자신의 소중함을 알고 건강한 생활 습관을 기르며, 풍부한 학습경험을 통해 자신의 꿈을 키운다. 나. 학습과 생활에서 문제를 발견하고 해결하는 기초능력을 기르고, 이를 새롭게 경험할 수 있는 상상력을 키운다. 다. 다양한 문화 활동을 즐기고 자연과 생활 속에서 아름다움과 행복을 느낄 수 있는 심성을 기른다. 라. 규칙과 질서를 지키고 협동정신을 바탕으로 서로 돕고 배려하는 태도를 기른다.

표 6-4 누리과정의 목적과 목표

누리과정의 목적과 목표	
목적	누리과정의 목적은 유아가 놀이를 통해 심신의 건강과 조화로운 발달을 이루고 바른 인성과 민주시민의 기초를 형성하는 데 있다.
목표	가. 자신의 소중함을 알고, 건강하고 안전한 생활 습관을 기른다. 나. 자신의 일을 스스로 해결하는 기초능력을 기른다. 다. 호기심과 탐구심을 가지고 상상력과 창의력을 기른다. 라. 일상에서 아름다움을 느끼고 문화적 감수성을 기른다. 마. 사람과 자연을 존중하고 배려하며 소통하는 태도를 기른다.

(3) 구성의 중점

구성의 중점은 개정 누리과정을 구성할 때, 주요하게 고려한 점을 말한다.

표 6-5 누리과정 구성의 중점

누리과정 구성의 중점
가. 3~5세 모든 유아에게 적용할 수 있도록 구성한다.
나. 추구하는 인간상 구현을 위한 지식, 기능, 태도 및 가치를 반영하여 구성한다.
다. 신체운동·건강, 의사소통, 사회관계, 예술경험, 자연탐구의 5개 영역을 중심으로 구성한다.
라. 3~5세 유아가 경험해야 할 내용으로 구성한다.
마. 0~2세 보육과정 및 초등학교 교육과정과의 연계성을 고려하여 구성한다.

4) 누리과정의 운영

(1) 편성·운영

편성·운영은 유치원과 어린이집에서 유아·놀이중심 교육과정을 편성하고 운영하기 위해 고려해야 할 공통적 기준을 안내한 것이다.

표 6-6 누리과정의 편성·운영

누리과정의 편성·운영
가. 1일 4~5시간을 기준으로 편성한다.
나. 일과 운영에 따라 확장하여 편성할 수 있다.
다. 누리과정을 바탕으로 각 기관의 실정에 적합한 계획을 수립하여 운영한다.
라. 하루 일과에서 바깥 놀이를 포함하여 유아의 놀이가 충분히 이루어지도록 편성하여 운영한다.
마. 성, 신체적 특성, 장애, 종교, 가족 및 문화적 배경 등으로 인한 차별이 없도록 편성하여 운영한다.
바. 유아의 발달과 장애 정도에 따라 조정하여 운영한다.
사. 가정과 지역사회와의 협력과 참여에 기반하여 운영한다.
아. 교사 연수를 통해 누리과정의 운영이 개선되도록 한다.

(2) 교수·학습

교수·학습은 유아가 즐겁게 놀이하며 스스로 배울 수 있도록 교사가 지원할 때 고려해야 할 사항이다. 이전에는 교사가 정해진 주제를 중심으로 이끌어 가는 수업 중심의 활동이 주로 이루어졌다면, 개정 누리과정에서는 유아가 주도하는 놀이를 통해 배움이 일어날 수 있도록 사전 계획을 최소화하고 놀이가 먼저 실행되는 교육과정을 지향한다. 여기에 활동은 유아의 배움을 격려하기 위한 놀이 지원으로 이루어질 수 있다.

표 6-7 누리과정의 교수·학습

유아 지원을 위한 교수·학습
가. 유아가 흥미와 관심에 따라 놀이에 자유롭게 참여하고 즐기도록 한다.
나. 유아가 놀이를 통해 배우도록 한다.
다. 유아가 다양한 놀이와 활동을 경험할 수 있도록 실내외 환경을 구성한다.
라. 유아와 유아, 유아와 교사, 유아와 환경 간에 능동적인 상호작용이 이루어지도록 한다.
마. 5개 영역의 내용이 통합적으로 유아의 경험과 연계되도록 한다.
바. 개별 유아의 요구에 따라 휴식과 일상생활이 원활히 이루어지도록 한다.
사. 유아의 연령, 발달, 장애, 배경 등을 고려하여 개별 특성에 적합한 방식으로 배우도록 한다.

(3) 평가

개정 누리과정에서 평가는 유치원과 어린이집에서 유아가 중심이 되고 놀이가 살아나는 누리과정의 운영을 되돌아보고 개선해 가는 과정이다. 개정 누리과정은 유치원과 어린이집에서 유아·놀이중심 교육과정을 운영하는 데 도움이 되고자 평가를 간략화하고 각 기관의 자율적인 평가를 강조하였다. 유치원과 어린이집은 평가의 목적, 대상, 방법, 결과의 활용을 바탕으로 누리과정 평가를 자율적으로 실시할 수 있다.

표 6-8 누리과정의 평가

평가를 위한 중점 사항
가. 누리과정 운영의 질을 진단하고 개선하기 위해 평가를 계획하고 실시한다. 나. 유아의 특성 및 변화 정도와 누리과정의 운영을 평가한다. 다. 평가의 목적에 따라 적합한 방법을 사용하여 평가한다. 라. 평가의 결과는 유아에 대한 이해와 누리과정 운영 개선을 위한 자료로 활용할 수 있다.

5) 누리과정의 5개 영역

개정 누리과정은 신체운동·건강, 의사소통, 사회관계, 예술경험, 자연탐구의 5개 영역을 유지하였으나, 각 영역에 포함되는 범주와 내용을 간략화하였다. 각 영역은 3개의 내용범주를 두어 총 15개의 내용범주로 구성하였다. 각 영역에 포함된 내용은 신체운동·건강 영역 12개, 의사소통 영역 12개, 사회관계 영역 12개, 예술경험 영역 10개, 자연탐구 영역 13개로서 총 59개로 간략화하였다. 또한 개정 누리과정의 영역별 목표와 내용범주는 그 의미가 서로 연계되어 있으므로, 이에 대한 해설은 '목표 및 내용범주 이해하기'에 함께 제시하였다. 이는 유아가 59개의 내용을 놀이를 통해 자연스럽게 배우며 목표를 경험할 수 있음을 의미한다. 교사는 유아가 5개 영역의 내용을 통합적으로 경험하며 추구하는 인간상을 향해 성장해 간다는 점을 이해할 필요가 있다.

(1) 신체운동 · 건강

유아는 몸을 움직여 놀이하는 것을 좋아하며, 자신의 몸을 건강하고 안전하게 지키고자 하는 힘을 가지고 있다. 신체운동 · 건강 영역은 유아가 자신의 몸에 관심을 가지고 신체활동에 즐겁게 참여하며, 건강하고 안전한 생활을 해 나가는 다양한 경험과 관련된 내용이다. 교사는 유아가 몸을 충분히 움직이는 경험을 통해 신체활동의 즐거움을 느끼고 기초 체력을 키우도록 돕는다. 교사는 유아가 일상에서 건강하고 안전한 생활을 실천할 수 있도록 지원할 수 있다.

① 목표

실내외에서 신체활동을 즐기고, 건강하고 안전한 생활을 한다.

- 신체활동에 즐겁게 참여한다.
- 건강한 생활 습관을 기른다.
- 안전한 생활 습관을 기른다.

② 내용범주 및 내용

내용범주	내용
신체활동 즐기기	• 신체를 인식하고 움직인다. • 신체 움직임을 조절한다. • 기초적인 이동 운동, 제자리 운동, 도구를 이용한 운동을 한다. • 실내외 신체 활동에 자발적으로 참여한다.
건강하게 생활하기	• 자신의 몸과 주변을 깨끗이 한다. • 몸에 좋은 음식에 관심을 가지고 바른 태도로 즐겁게 먹는다. • 하루 일과에서 적당한 휴식을 취한다. • 질병을 예방하는 방법을 알고 실천한다.
안전하게 생활하기	• 일상에서 안전하게 놀이하고 생활한다. • TV, 컴퓨터, 스마트폰 등을 바르게 사용한다. • 교통안전 규칙을 지킨다 • 안전사고, 화재, 재난, 학대, 유괴 등에 대처하는 방법을 경험한다.

③ 신체운동·건강 영역의 통합적 이해

"나 잘하죠?"

바깥 놀이터에서 4세 반과 5세 반 유아들이 함께 놀이하고 있다. 유아들은 모래를 파 커다란 구덩이를 만들었다. 4세 은제는 모래 구덩이를 뛰어넘다가 모래 구덩이 속에 빠진다.

은제 (모래 구덩이를 바라보며) 아, 이거 어려운데….

은제는 한쪽 다리를 크게 들어 올려 모래 구덩이에서 위로 올라온다.
그러다 옆에서 소꿉놀이를 하던 수하의 얼굴에 모래가 튄다.

은제 (수하의 표정을 살피며) 수하야, 미안해.

4세 수하는 얼굴을 찡그리더니 말없이 얼굴에 묻은 모래를 털어 낸다. 옆에 있던 5세 지원이가 말한다.

지원 음…. 나는 이거 할 수 있을 것 같은데…. 하얏!

지원이는 모래 구덩이를 가볍게 뛰어넘는다. 지원이는 모래 구덩이의 가장 긴 거리를 뛰어넘고, 반대편에서 또 다시 뛰어넘기를 반복한다. 지원이는 모래 구덩이 뛰어넘기를 성공할 때마다 웃는다.

지원이를 지켜보던 은제가 모래 구덩이 뛰어넘기를 다시 시도한다. 은제는 모래 구덩이 가장자리 끝을 뛰어넘었지만, 두 발로 서서 착지하지 못하고 넘어졌고, 두 손으로 바닥을 짚고 곧바로 일어난다. 그리고 손바닥과 무릎에 묻은 모래를 툭툭 털어 낸다.

지원이와 은제의 모습을 보고 있던 4세 수하가 소꿉놀이를 멈추고 벌떡 일어난다. 그리고 금세 모래 구덩이를 풀쩍 뛰어넘는다. 그리고 활짝 웃으며 말한다.

수하 나 잘하죠?

5개 영역의 통합적 이해	
신체운동·건강	• 신체활동 즐기기 **신체를 인식하고 움직인다.** 유아는 모래 구덩이에서 올라올 때 다리를 넓게 벌려야 한다는 것을 앎. 유아는 넘어졌을 때 손바닥과 무릎에 묻은 모래를 툭툭 털어 냄. **신체 움직임을 조절한다.** 모래 구덩이를 뛰어넘을 때 자신의 팔과 다리, 허리 등의 움직임을 조절함. **기초적인 이동운동, 제자리 운동, 도구를 이용한 운동을 한다.** 유아들은 한 곳에서 다른 곳으로 점프하며 몸이 움직이는 방향과 공간에 대해 느끼며, 힘과 빠르기를 다르게 하여 몸을 이동함. **실내외 신체활동에 자발적으로 참여한다.** 유아들은 스스로 모래 구덩이를 뛰어넘으며 신체활동에 즐겁게 참여함. • 안전하게 생활하기 **일상에서 안전하게 놀이하고 생활한다.** 유아들은 모래 구덩이의 크기와 너비를 살펴보고, 자신이 잘 뛰어넘는 방법에 대해 생각하며 놀이함. 모래가 튀어서 친구의 얼굴에 묻거나 눈에 들어가면 위험할 수 있다는 것을 알고 행동을 조심함.
의사소통	• 듣기와 말하기 **말이나 이야기를 관심 있게 듣는다.** 유아는 소꿉놀이를 하면서 친구들을 관심 있게 지켜봄. **자신의 경험, 느낌, 생각을 말한다.** 유아는 교사에게 자신의 경험과 느낌, 생각을 말함.
사회관계	• 나를 알고 존중하기 **나를 알고 소중히 여긴다.** 유아는 모래 구덩이 뛰어넘기를 성공하며 성취감과 만족감을 느낌. 유아는 모래 구덩이를 훌쩍 뛰어넘을 수 있는 자신의 능력을 알고, "나 잘하죠?"라고 말하며 자신을 가치 있는 존재로 느낌. • 더불어 생활하기 **서로 다른 감정, 생각, 행동을 존중한다.** 유아는 활짝 웃으며 모래 구덩이를 훌쩍 뛰어넘은 기쁨을 표현함. 이와 달리 실패한 유아는 성공한 유아가 부럽고 한편으로 속상하지만 모래 구덩이 뛰어넘기를 다시 도전함. 유아는 친구의 얼굴에 모래가 튀었을 때, 친구의 찡그린 얼굴 표정을 보고 친구의 감정을 알아차렸고, 미안한 마음을 적절한 말로 상황에 맞게 표현함. 유아는 말없이 얼굴에 묻은 모래를 털어 내면서 친구의 실수를 이해해 줌.
자연탐구	• 생활 속에서 탐구하기 **일상에서 길이, 무게 등의 속성을 비교한다.** 유아들은 자신이 뛰어넘을 수 있는 모래 구덩이의 너비를 비교한 뒤 자신이 잘 뛰어넘을 수 있는 거리를 선택함.

(2) 의사소통

유아는 주변 사람들과 소통하며 관계를 맺는 능동적인 의사소통자이다. 유아는 다른 사람의 말을 주의 깊게 듣고 자신의 생각과 느낌을 다양한 방법으로 표현하며 소통하는 것을 즐기고, 책과 이야기에 관심을 갖는다. 의사소통 영역은 유아가 다른 사람과 소통하며, 일상에서 만나는 글자나 상징에 관심을 가지고 책과 이야기를 즐기는 경험과 관련된 내용이다.

교사는 유아가 자신의 느낌과 생각을 적절하게 말하는 경험을 통해 바른 언어생활을 할 수 있도록 돕는다. 또한 유아가 아름다운 우리말이 담긴 책과 이야기에 흥미를 가지고 언어가 주는 재미와 상상을 충분히 즐길 수 있도록 지원할 수 있다.

① 목표

일상생활에 필요한 의사소통 능력과 상상력을 기른다.

- 일상생활에서 듣고 말하기를 즐긴다.
- 읽기와 쓰기에 관심을 가진다.
- 책이나 이야기를 통해 상상하기를 즐긴다.

② 내용범주 및 내용

내용범주	내용
듣기와 말하기	• 말이나 이야기를 관심 있게 듣는다. • 자신의 경험, 느낌, 생각을 말한다. • 상황에 적절한 단어를 사용하여 말한다. • 상대방이 하는 이야기를 듣고 관련해서 말한다. • 바른 태도로 듣고 말한다. • 고운 말을 사용한다.
읽기와 쓰기에 관심 가지기	• 말과 글의 관계에서 관심을 가진다. • 주변의 상징, 글자 등의 읽기에 관심을 가진다. • 자신의 생각을 글자와 비슷한 형태로 표현한다.
책과 이야기 즐기기	• 책에 관심을 가지고 상상하기를 즐긴다. • 동화, 동시에서 말의 재미를 느낀다. • 말놀이와 이야기 짓기를 즐긴다.

③ 의사소통 영역의 통합적 이해

말놀이, 끝없이 이어지는 아이들의 이야기

유아들이 모여 솔비가 풍부한 상상력을 발휘하여 지어낸 이야기를 듣고 있다. 솔비는 운율과 리듬을 실어 자신이 상상으로 지어낸 이야기를 신나게 펼쳐 내고, 친구들은 서로 맞장구를 치며 재미있게 듣고 있다.

솔비 어떤 아이가~ 엄~~청 엄청 부잣집에 살고 있었는데↗, 그 집은…엄~청 밥도↘ 많고↗ ~ 장난감도↘ 많고↗ 돈도↘ 많고↗ 쌀도 많고↗ 가구도 엄청 좋은 거고.

지호 변기통도↘ 많고↗~ 바가지도↘ 많고↗~

아이들 하하하하

솔비 근데 방이… 만~개가 되는 거야.

정훈 옛날 집인데도?

솔비 (속삭이며) 옛날 집 아니야. 근데 그 옆에는 엄~~~청 가난한 집이 있었어. 쌀도 한 개도↘ 없고 집에 방도 하나도↘ 없고~ 아예 집에~ 코딱지 한 개도 없는 거야.

지호 벌레 하나도 없어 가지고~~~ 하하하

솔비 그런데 거기는 아~~주 유명한 공주 장난감이 있었는데, 그 공주 장난감에는 사다리가 하늘까지 하늘을 넘어 가지고 우주를 넘어 가지고 저어~~~~우주를 넘는 사다리가 아주 긴~~사다리가 나오는데, 그게… 만 원도↘ 넘고↗ 그 다음 백만 원도 ↘ 넘고↗ 너~무 비싼 거야~~

현민 일억도 넘어?

솔비 (고개를 끄덕임) 너~~무 비싸 가지고… 억만 백천구백 원이었대.

아이들 헤엑~~~

지호 만 원 백 개로 살 수 있겠다.

현민 만 원 백 개 있으면 백만 원인데?

솔비 그래서~ 나무를 팔아 가지고 책상도↘ 만들고↗~ 의자도↘ 만들고↗~ 해서, 그 가난한 집은 금방 부자가 됐대~~.

5개 영역의 통합적 이해	
신체운동·건강	• 신체활동 즐기기 **신체 움직임을 조절한다.** 유아들은 이야기에 나오는 상황을 몸짓으로 표현할 때 자신의 신체 움직임을 조절함.
의사소통	• 듣기와 말하기 **말이나 이야기를 관심 있게 듣는다.** 유아들은 솔비가 지어낸 재미있고 풍부한 상상 이야기를 적극적으로 들음. **자신의 경험, 느낌, 생각을 말한다.** 유아는 자신의 느낌, 생각을 친구들 앞에서 말함. **상황에 적절한 단어를 사용하여 말한다.** 유아들은 상상의 세계에 맞는 단어를 선택하기도 하고, 현실 세계에 적절한 단어를 선택하여 이야기함. **상대방이 하는 이야기를 듣고 관련해서 말한다.** 유아들은 서로 이야기를 듣고 맞장구치며 관련하여 말함. • 읽기와 쓰기에 관심 가지기 **말과 글의 관계에 관심을 가진다.** 유아는 자신이 지어낸 이야기를 종이에 적어 종종 보면서 이야기를 이어감. **자신의 생각을 글자와 비슷한 형태로 표현한다.** 유아는 상상의 이야기를 종이에 글자로 표현함. • 책과 이야기 즐기기 **책에 관심을 가지고 상상하기를 즐긴다.** 유아들은 이야기 속에 몰입하여 상상하기를 즐김. **말놀이와 이야기 짓기를 즐긴다.** 유아들은 말도 안 되지만 나름대로 의미가 있는 말을 만들며 상상의 이야기를 즐김.
사회관계	• 더불어 생활하기 **친구와 서로 도우며 사이좋게 지낸다.** 유아들은 솔비의 말에 맞장구치며 즐겁게 대화를 나누는 좋은 관계에 있음. **서로 다른 감정, 생각, 행동을 존중한다.** 유아들은 신나게 이야기하는 솔비의 상상 이야기를 재미있게 들음.
예술경험	• 창의적으로 표현하기 **신체, 사물, 악기로 간단한 소리와 리듬을 만들어 본다.** 솔비는 음의 고저와 장단을 살려 아주 많거나 크다는 표현을 할 때는 높고 긴 소리를 내고, 그 앞 어휘의 끝은 소리를 낮춰가며 이야기를 함.

(3) 사회관계

유아는 자신을 소중히 여기고 주변 사람과 관계를 맺어 나가며 다른 사람을 배려하고 존중한다. 유아는 자신이 살고 있는 사회와 세상에 대해 알고 싶어 한다. 사회관계 영역은 유아가 자기 자신과 다양한 삶의 모습을 이해하고, 다른 사람과 더불어 살아가기 위해 필요한 의미 있는 경험과 관련된 내용이다. 교사는 유아가 자신을 소중하고 가치 있는 사람으로 여기며 다른 사람과 더불어 살아가는 방법을 익히도록 돕는다. 또한 유아가 자신이 속한 사회와 주변 세계에 대해 관심을 가지고 적응해 나갈 수 있도록 지원할 수 있다.

① 목표

자신을 존중하고 더불어 생활하는 태도를 가진다.

- 자신을 이해하고 존중한다.
- 다른 사람과 사이좋게 존중한다.
- 우리가 사는 사회와 다양한 문화에 관심을 가진다.

② 내용범주 및 내용

내용범주	내용
나를 알고 존중하기	• 나를 알고 소중히 여긴다. • 나의 감정을 알고 상황에 맞게 표현한다. • 내가 할 수 있는 것을 스스로 한다.
더불어 생활하기	• 가족의 의미를 알고 화목하게 지낸다. • 친구와 서로 도우며 사이좋게 지낸다. • 친구와의 갈등을 긍정적인 방법으로 해결한다. • 서로 다른 감정, 생각, 행동을 존중한다. • 친구와 어른께 예의 바르게 행동한다. • 약속과 규칙의 필요성을 알고 지킨다.
사회에 관심 가지기	• 내가 살고 있는 곳에 대해 궁금한 것을 알아본다. • 우리나라에 대해 자부심을 가진다. • 다양한 문화에 관심을 가진다.

③ 사회관계 영역의 통합적 이해

알겠어. 미안해!

하원 시간, 우주는 놀이를 계속하고 있는 서연이에게 블록 정리를 하자고 말한다.

우주 (서연이의 귀 뒤쪽에 대고) 이제 블록 정리하는 시간이야!

서연이가 듣기에 우주의 큰 목소리는 자신의 귀에 대고 크게 소리를 지르는 것처럼 들린다.

서연 귀에 대고 하지 마! 귀 아파!
우주 아니야. 나는 머리카락에 대고 말했거든. (서연이의 귀 뒷면 머리를 만진다)
서연 너가 내 귀에 대고 크게 말했잖아. 귀 아팠거든.
우주 (매우 큰 목소리로) 아니야. 나는 여기에 대고 말했어.

우주와 서연이의 모습을 지켜보던 은성이가 다가와 무슨 일인지 묻는다.

우주 (울먹이는 듯한 목소리로) 있잖아. 내가 귀에 말 안 하고 여기 머리카락에 말했는데, 서연이가 자꾸 내가 귀에 대고 말했다고 하잖아. 나 기분 진짜 안 좋아. 힝!
은성 알겠어. 서연이가 어떤 말했는데?
서연 얘가 내 귀에 대고 말했다구! 여기가 귀야. (서연이는 자신의 귀를 만지며 소리가 들렸던 위치를 가리킨다.)

은성이는 두 유아의 말을 듣고 팔짱을 끼고 잠시 말없이 생각하더니, 서연이에게 "귀를 막아 봐"라고 말한다. 서연이가 두 손가락으로 귀를 막는다. 은성이는 서연이의 등 뒤로 돌아가 서연이의 귀 옆에서 소리를 낸다.

은성 아 아… (서연이에게) 어때? 소리 들려?
서연 응. 귀에 대고 하는 것처럼 들려.
은성 이제 됐지?
우주 봐 봐, 맞지? 나 여기 뒤에다 대고 말했지?
서연 알겠어. 미안해.

5개 영역의 통합적 이해	
의사소통	• 듣기와 말하기 **말이나 이야기를 관심 있게 듣는다.** 은성이는 갈등 상황에 있는 유아들의 말을 관심 있게 들음. **자신의 경험, 느낌, 생각을 말한다.** 우주와 서연이는 자신의 입장을 적극적으로 주장함. **상황에 적절한 단어를 사용하여 말한다.** 유아들은 상황에 적절한 단어와 문장을 사용하여 말함. **상대방이 하는 이야기를 듣고 관련해서 말한다.** 갈등 중에 있는 유아들이나 갈등을 해결하려는 유아 모두 서로의 이야기를 듣고 상대방의 생각, 의도, 감정을 이해하여 관련지어 말하고자 노력함.
사회관계	• 나를 알고 존중하기 **나를 알고 소중히 여긴다.** 서연이는 자신의 귀가 아프다는 것을 알고 보호하려고 하며, 우주는 자신의 행동에 대한 오해를 풀기 위해 적극적인 태도를 취함. **나의 감정을 알고 상황에 맞게 표현한다.** 갈등 중에 있는 두 유아는 서로 자신의 속상한 감정을 알고 상황에 맞게 말함. • 더불어 생활하기 **친구와의 갈등을 긍정적인 방법으로 해결한다.** 은성이는 두 친구의 갈등을 긍정적인 방법으로 해결함. **친구와 서로 도우며 사이좋게 지낸다.** 은성이는 두 유아의 문제 해결을 위해 적극적으로 도움. **서로 다른 감정, 생각, 행동을 존중한다.** 은성이는 두 유아가 느끼는 감정, 생각, 행동을 존중하여 갈등의 원인이 된 상황을 재연하기를 제안함.
자연탐구	• 생활 속에서 탐구하기 **물체의 특성과 변화를 여러 가지 방법으로 탐색한다.** 유아들은 갈등을 해결하는 과정에서 귀 옆에서 크게 말하는 소리는 귀에 대고 하는 소리로 들릴 수 있음을 알게 됨. **물체의 위치와 방향, 모양을 알고 구별한다.** 유아들은 귀의 위치, 말소리가 들린 귀 옆 등 방향을 짚어 가며 서로 말함.

(4) 예술경험

유아는 일상에서 아름다움과 경이감을 느끼고 즐기며 표현하는 풍부한 감성을 가진 존재이다. 예술경험 영역은 유아가 자연, 생활, 예술에서 아름다움을 찾아보고 느끼며, 다채롭고 창의적인 방법으로 자신의 경험, 생각, 느낌을 표현해 보고, 다양한 예술 표현을 존중하는 경험과 관련된 내용이다. 교사는 유아가 아름다움을 느끼고 즐기며 창의적으로 표현하는 과정을 통해 풍부한 감수성을 기르도록 돕는다. 또한 유아가 다양한 예술 감상을 통해 상상력을 키우고 예술 표현이 가지고 있는 고유의 가치를 존중하도록 지원할 수 있다.

① 목표

아름다움과 예술에 관심을 가지고 창의적 표현을 즐긴다.

- 자연과 생활 및 예술에서 아름다움을 느낀다.
- 예술을 통해 창의적으로 표현하는 과정을 즐긴다.
- 다양한 예술 표현을 존중한다.

② 내용범주 및 내용

내용범주	내용
아름다움 찾아보기	• 자연과 생활에서 아름다움을 느끼고 즐긴다. • 예술적 요소에 관심을 갖고 찾아본다.
창의적으로 표현하기	• 노래를 즐겨 부른다. • 신체, 사물, 악기로 간단한 소리와 리듬을 만들어 본다. • 신체나 도구를 활용하여 움직임과 춤으로 자유롭게 표현한다. • 다양한 미술 재료와 도구로 자신의 생각과 느낌을 표현한다. • 극놀이 경험이나 이야기를 표현한다.
예술 감상하기	• 다양한 예술을 감상하며 상상하기를 즐긴다. • 서로 다른 예술 표현을 존중한다. • 우리나라 전통 예술에 관심을 갖고 친숙해진다.

③ 예술경험 영역의 통합적 이해

비 오는 날

비가 내리는 날, 창문 밖을 바라보던 유아들은 선생님에게 바깥으로 나가자고 제안한다. 우비와 장화 차림으로 친구들과 함께 바깥 놀이터로 나온 신유와 지효는 친구들과는 조금 떨어진 곳으로 걸어간다. 그리고 비가 와서 생긴 흙탕물 도랑을 밟으며 말없이 천천히 걷는다.

신유 (작은 목소리로) 소리가 난다.
지효 (미소 지으며 작은 목소리로)
응. 우비에서 소리가 난다.
신유 응. 신발에서도 소리가 난다.
… 이것 봐. 발자국이 생긴다.
지효 너 발자국 위에 내 발자국 올라간다.

지효가 화단에 동백꽃잎들이 떨어진 것을 발견하고 동백꽃잎을 줍는다. 지효가 "아 정말 부드럽다."라고 말하자 신유가 "살살 만져야겠어. 우리 동백꽃잎 케이크 만들자. 정말 맛있을 거야." 하며 제안한다. 지효는 동백꽃잎을 주워 오고, 신유는 동백꽃잎으로 케이크를 만들기로 한다.

신유는 큰 냄비에 모래를 가득 담아 바닥에 엎고, 작은 그릇에도 모래를 가득 담아 그 위에 엎는다. 그리고 손으로 모래를 다듬으며 동백꽃잎을 하나씩 꽂는다.
교사가 분홍색 꽃잎이 비에 젖으니까 더 선명하고 예쁜 것 같다고 말한다. 신유는 "동백꽃잎 케이크예요. 친구에게 선물하고 싶어요."라고 말하며 계속 모래를 다듬으며 동백꽃잎을 꽂고, 지효는 계속 동백꽃잎을 주워 신유에게 전달한다. 동백꽃잎 케이크를 만든 뒤 지효는 화단에서 짧고 가느다란 나뭇가지를 주워 온다. 그리고 작은 목소리로 신유에게 "나무가 연필이라고 생각하고 서로 그려 주자."라고 말한다. 지효와 신유는 모래 위에 서로의 모습을 나뭇가지로 그려 준다.

5개 영역의 통합적 이해	
신체운동·건강	• 신체활동 즐기기 **신체를 인식하고 움직인다.** 유아들은 발로 천천히 걷기, 발자국 만들기, 엄지와 검지 손가락으로 조심스럽게 꽃잎 줍기, 손바닥으로 모래 다듬기 등의 신체를 인식하고 움직이는 경험을 함. **신체 움직임을 조절한다.** 유아들은 동백꽃잎, 젖은 모래, 나뭇가지 등 사물의 특성에 따라 손가락 힘의 강도를 조절함.
의사소통	• 듣기와 말하기 **말이나 이야기를 관심 있게 듣는다.** 유아들은 빗소리와 물 웅덩이 등에 대해서 다양한 표현을 하며 서로의 이야기를 관심 있게 듣고 말함. **자신의 경험, 느낌, 생각을 말한다.** 유아들은 동백꽃잎이 떨어진 모습을 보며 서로의 생각을 말하고 상대방의 말이나 이야기를 듣고 적절하게 반응함.
사회관계	• 더불어 생활하기 **친구와 서로 도우며 사이좋게 지낸다.** 유아들은 동백꽃잎 케이크를 만들기 위해 서로 역할을 분담하며 협력함. 서로의 모습을 예쁘게 그려 줌.
예술경험	• 아름다움 찾아보기 **자연과 생활에서 아름다움을 느끼고 즐긴다.** 유아들은 비가 내리는 날 만나는 자연과 공간, 사물에서 아름다움을 발견하고 풍부하게 느낌. 말없이 조용히 걸으며 주의를 기울여 빗소리를 듣고, 화단에서 발견한 동백꽃잎으로 동백꽃잎 케이크를 만들고, 서로의 모습을 그려주는 모든 과정에서 아름다움을 느끼고 즐김. **예술적 요소에 관심을 갖고 찾아본다.** 빗소리, 우비에 떨어지는 빗소리, 장화와 흙탕물 도랑이 만나는 소리 등의 음악적 요소, 동백꽃잎의 분홍빛, 곡선, 부드러운 질감과 모래의 까끌까끌한 질감 등의 미술적 요소에 주의를 기울이고, 케이크를 동백꽃잎과 불그스름한 나뭇잎으로 장식하며 케이크의 꼭대기에 동백꽃 한 송이를 장식하는 과정을 통해 색, 모양, 질감, 공간을 탐색함. • 창의적으로 표현하기 **다양한 미술 재료와 도구로 자신의 생각과 느낌을 표현한다.** 동백꽃잎과 불그스름한 나뭇잎, 젖은 모래, 큰 냄비와 작은 그릇을 활용하여 2층으로 올린 동백꽃잎 케이크를 창의적으로 만듦. 동백꽃잎을 하나씩 둥글게 꽂고, 불그스름한 나뭇잎을 이중으로 꽂아 꾸밈. 화단에서 주운 짧고 가느다란 나뭇가지로 젖은 모래 위를 도화지 삼아 서로의 모습을 그려 주며 창의적 표현을 즐김.
자연탐구	• 생활 속에서 탐구하기 **물체의 특성과 변화를 여러 가지 방법으로 탐색한다.** 유아들은 젖은 모래는 마른 모래보다 잘 뭉쳐지기도 하지만 모래이기 때문에 잘 부스러진다는 특성을 자연스럽게 탐색함.

(5) 자연탐구

유아는 호기심이 넘치는 과학자다. 궁금한 것에 대해 답을 찾기 위해 적극적으로 탐색하고 탐구하며 이를 즐긴다. 자연탐구 영역은 유아가 물질, 사물, 자연현상, 동식물 등의 특성과 변화를 수학적, 과학적으로 탐구하는 다양한 경험과 관련된 내용이다. 교사는 유아가 호기심을 가지고 주도적으로 탐구하는 과정을 즐기며, 스스로 궁금증을 해결해 가도록 돕는다.

또한 유아가 주변의 동식물, 생명, 자연환경에 관심을 가지며 생명을 소중히 여기고 사람과 자연이 더불어 살아가는 방법을 실천하도록 지원할 수 있다.

① 목표

탐구하는 과정을 즐기고, 자연과 더불어 살아가는 태도를 가진다.

- 일상에서 호기심을 가지고 탐구하는 과정을 즐긴다.
- 생활 속의 문제를 수학적, 과학적으로 탐구한다.
- 생명과 자연을 존중한다.

② 내용범주 및 내용

내용범주	내용
탐구 과정 즐기기	• 주변 세계와 자연에 대해 지속적으로 호기심을 가진다. • 궁금한 것을 탐구하는 과정에 즐겁게 참여한다. • 탐구 과정에서 서로 다른 생각에 관심을 가진다.
생활 속에서 탐구하기	• 물체의 특성과 변화를 여러 가지 방법으로 탐색한다. • 물체를 세어 수량을 알아본다. • 물체의 위치와 방향, 모양을 알고 구별한다. • 일상에서 길이, 무게 등의 속성을 비교한다. • 주변에서 반복되는 규칙을 찾는다. • 일상에서 모은 자료를 기준에 따라 분류한다. • 도구와 기계에 대해 관심을 가진다.
자연과 더불어 살기	• 주변의 동식물에 관심을 가진다. • 생명과 자연환경을 소중히 여긴다. • 날씨와 계절의 변화를 생활과 관련짓는다.

③ 자연탐구 영역의 통합적 이해

꿀벌처럼

1. 첫 번째 날

유아들은 바깥 놀이터에서 바닥에 힘없이 널브러져 있는 벌을 발견한다.
"아! 여기 벌이 있어. 죽었나 봐!" 유아의 외침에 화단에서 곤충을 찾던 유아들이 모여든다. 그때, 죽은 듯이 움직이지 않던 벌이 바르르 떨며 꿈틀거린다. 유아들은 "으악! 도망쳐!"라고 말하며 벌떡 일어나 사방으로 흩어져 달아난다.

2. 두 번째 날

유아는 선생님에게 「꿀벌나무」 그림책을 읽어달라고 한다. 유아들이 선생님 주위로 모여든다. 그림책을 읽은 뒤, 유아는 "꿀벌들은 말도 못하는데, 어떻게 그렇게 집으로 잘 돌아가요?" 하고 호기심을 가진다. 선생님은 "사람은 목소리로 이야기를 하는데 꿀벌은 어떻게 말을 할까?"라고 묻자 유아는 "엉덩이로 말해요." 하며 엉덩이를 좌우로 흔든다. 선생님도 "이렇게?" 하며 유아를 따라 몸을 움직인다. 선생님은 점심 식사 시간에 <꿀벌의 여행> 동요를 들려준다. 유아들은 밥을 먹으며 제자리에서 엉덩이를 흔들며 까르르 웃는다.

3. 세 번째 날

오전에 선생님은 <꿀벌의 여행> 동요를 다시 들려준다. 유아들은 꿀벌처럼 두 팔을 벌려 날갯짓하며 친구의 옷, 사진, 화초, 꽃무늬, 창문에 전시한 압화, 선생님의 물병 등에서 꽃을 찾는다. 이제 교실에서는 더 이상 꽃을 찾기 어려워지자 유아가 교사에게 말한다.

유아 선생님. 꿀벌은 꽃이 있어야 돼요. 붕붕이가 배고파서 꿀을 먹어야 돼요.
교사 그럼 어떻게 하면 좋을까?
유아 우리가 꽃을 그려 줘요.

유아들은 미술영역으로 가서, 제 나름대로 꽃을 그리고 색을 칠하고 오리고 수수깡을 붙여 꽃자루도 만든다. 선생님은 유아들이 꽃을 만드는 동안 꿀벌을 그리고 오려서 수수깡을 붙인다. 선생님은 벌을 유아들의 꽃에 살포시 얹어 꿀을 빨아먹는 시늉을 하며 함께 놀이한다. 과학영역에서 자석 놀이를 하고 있던 유아가 "이거 재미있는데" 하며 놀이에 참여한다. 은호와 지율이는 "꿀을 많이 먹어서 이젠 좀 쉬어야겠다. 히히." 하며 교실 바닥에 드러눕는다.
유아들은 선생님께 "선생님, 밖에 나가요. 밖에는 꽃이 많아요." 하며 큰 소리로 요청한다. 선생님은 "그래. 이따 점심 먹고 나가 보자. 꿀벌은 꽃을 많이 먹어서 배부르겠다. 너희도 맛있게 점심 먹으렴." 하며 즐겁게 유아들의 제안을 받아들인다.

오후 바깥 놀이터에서, 유아들은 꽃을 찾기보다는 개미, 공벌레, 송충이 등 곤충들을 찾아다닌다. 지율이의 자전거 짐칸 바구니에는 공벌레 몇 마리가 기어다니고 있다. 유아는 "공벌레한테 자전거 태워 줄 거예요." 하며 자전거를 타고 힘차게 달린다.

4. 네 번째 날

교사는 유아들이 꿀벌에 많은 관심과 흥미가 있다는 것을 이해하여, 유아들의 흥미를 재미있게 지속시키고 싶었다. 그래서 교사는 꿀벌 머리띠도 만들고 꿀벌 날개도 만들 계획을 한다. 그러나 교사는 여러 가지 고민 끝에 꿀벌 머리띠와 꿀벌 날개를 구입하기로 하고, 유아들과는 꿀벌 날개가 햇빛에 비칠 때 반짝거리는 느낌을 꾸미는 활동을 하는 것으로 계획을 변경한다.
교사는 꿀벌 머리띠와 꿀벌 날개를 어떻게 유아들에게 전달하고 소개해야 꿀벌 활동이 놀이처럼 보다 즐겁고 재미있게 지속될 수 있을지 고민한다.

교사 (택배 상자를 보여주며) 얘들아, 우리가 꿀벌을 좋아한다고 붕붕이가 꿀벌 머리띠를 선물해 줬어.
유아들 와! 붕붕이가 우리한테 선물해 줬대. 붕붕아 고마워.
교사 우리 붕붕이에게 고맙다고 인사해야 하는데, 어떻게 인사를 하지?
유아 엉덩이춤으로 말해 줘요.

유아들은 선생님과 함께 창문 밖에 꿀벌이 있는 듯, 꿀벌을 향해 엉덩이를 흔들어 준다. 유아들과 선생님은 꿀벌 머리띠와 날개를 달고 바깥 놀이터로 나가 벌을 찾으러 다니기도 하고, 흙을 파고 지렁이와 개미, 공벌레를 찾아 탐색하기도 하고, 손으로 잡아 자전거 짐칸 바구니에 넣고 달리며 놀이한다.

5. 다섯 번째 날

바깥 놀이터 미끄럼틀 근처에 피어 있는 노란 민들레꽃 위에 벌이 내려앉았다. 벌은 민들레꽃 위에서 방향을 바꾸며 엉덩이를 흔든다.
유아들은 꿀벌이 빨아먹고 있는 꿀맛에 대해 이야기를 나누며 벌을 관찰한다. 그리고 민들레 옆에서 기어가고 있는 송충이를 발견하고 서로 이야기를 주고받으며 오랫동안 관찰한다.

6. 여섯 번째 날

오전 시간, 유아는 곤충 그림책을 읽는다. 그림책에는 육각형으로 표현된 벌집 그림이 있다. 유아는 선생님에게 벌집에 관해 묻는다. 유아들과 선생님은 벌과 벌집에 대한 영상을 감상한 뒤 벌집을 만들기로 한다.

7. 일곱 번째 날

오늘도 유아들은 꿀벌 머리띠와 꿀벌 날개를 달고 교실의 이곳저곳에 있는 꽃, 꽃을 닮은 무늬를 찾아다니며 놀이한다. 유아가 갑자기 놀이를 멈추고 미술영역으로 가더니, A4용지, 가위, 투명테이프를 활용하여 벌의 '침'을 만들어 자기 엉덩이에 붙여 달라고 한다.

5개 영역의 통합적 이해	
신체운동·건강	• 신체활동 즐기기 **신체 움직임을 조절한다.** 유아들은 개미나 공벌레를 잡을 때 손가락 힘을 조절하며, 미술활동의 결과물인 꿀벌 집에서 발꿈치를 들고 다니고 몸을 웅크리며 움직임을 조절함. **기초적인 이동운동, 제자리 운동, 도구를 이용한 운동을 한다.** 유아들은 벌을 찾아 걷기도 하고 달려가기도 함. 벌을 탐색할 때는 가만히 멈춰 서고, 벌을 따라 옆으로 움직임.
의사소통	• 듣기와 말하기 **말이나 이야기를 관심 있게 듣는다.** 유아들은 벌을 발견한 친구의 외침과 친구들이 하는 벌에 대한 이야기를 관심 있게 들음. **상대방이 하는 이야기를 듣고 관련해서 말한다.** 유아들은 친구들이 하는 말을 듣고 관련해서 말함. • 책과 이야기 즐기기 **책에 관심을 가지고 상상하기를 즐긴다.** 유아들은 곤충도감을 보며 꿀벌 집과 꿀벌의 천적에 대해 알게 됨. 유아들은 벌과 관련된 그림책을 선생님에게 읽어 달라고 요청함. 유아들은 그림책의 내용을 즐겁게 상상하며 엉덩이춤을 춤.
사회관계	• 더불어 생활하기 **서로 다른 감정, 생각, 행동을 존중한다.** 유아들은 벌에 대한 친구의 생각과 행동을 잘 들으며, 꿀벌처럼 날갯짓하거나 꿀을 먹는 흉내 내는 것을 함께 즐거워함. **친구와 어른께 예의 바르게 행동한다.** 유아들은 친구와 달리 교사에게 말을 할 때 존칭어를 사용하며 예의 바른 행동을 함.
예술경험	• 창의적으로 표현하기 **신체나 도구를 활용하여 움직임과 춤으로 자유롭게 표현한다.** 유아들은 꿀벌 머리띠와 꿀벌 날개를 활용하여 꿀벌 날갯짓을 하고 엉덩이를 흔들며 꿀벌 춤을 춤. **다양한 미술재료와 도구로 자신의 생각과 느낌을 표현한다.** 유아들은 다양한 재료를 활용하여 꽃 그리기, 꿀벌 날개 꾸미기, 꿀벌 집 만들기 등을 하고 나아가 꿀벌 침을 창의적으로 표현하는 과정을 즐김.
자연탐구	• 탐구과정 즐기기 **주변 세계와 자연에 대해 지속적으로 호기심을 가진다. 궁금한 것을 탐구하는 과정에 즐겁게 참여한다.** 죽은 벌과 살아 있는 꿀벌에 관심을 가지고, 이후 지속적으로 벌이 사는 집, 벌의 말과 움직임 등에 호기심을 가지며 그것을 알아보는 과정에 즐겁게 참여함. **탐구과정에서 서로 다른 생각에 관심을 가진다.** 유아들은 친구들, 선생님, 그림책, 곤충도감 등에서 벌에 대한 정보를 얻고, 서로 다른 사람의 생각을 들으며 관심을 가짐. • 생활 속에서 탐구하기 **물체를 세어 수량을 알아본다. 물체의 위치와 방향, 모양을 알고 구별한다.** 유아들은 벌집 모양을 그리며 수를 세거나, 벌집의 8각형 모양을 알고 다른 모양과 다름을 구별하는 경험을 함. • 자연과 더불어 살기 **주변의 동식물에 관심을 가진다.** 유아들은 개미, 공벌레, 노린재 등을 찾으러 다님. 누군가 "찾았다!" 하고 외치면 그곳으로 달려가 한참 동안 지켜봄. **생명과 자연환경을 소중히 여긴다.** 꿀벌을 친구로 여기고 소중하게 생각함. 꿀벌을 잡지 않고 날아가게 함.

참고 동영상

1. I-누리 포털사이트
2. 아이들이 행복하고 놀이를 통해 성장하는 누리과정
3. 놀이, 아이 성장의 무한공간
4. 놀이는 밥이다.

생각해보기

1. 우리나라 유아교육과정의 변천에 대해 차이점과 공통점을 이야기하고 미래 유아교육이 지향하는 방향성에 대해 논의해 보아요.
2. 2019 개정 누리과정의 인간상을 초등교육과정의 인간상과 연계하여 살펴보고 공통점과 차이점을 살펴보아요.
3. 아이-포털에 수록된 놀이 사례집의 사례를 하나씩 선정하여 5개 영역의 통합적 경험에 대해 논의해 보아요.

Chapter 07

다양한 유아교육 프로그램

학습목표

1. 프로젝트 접근과 레지오 에밀리아 접근의 이론적 배경, 목적, 내용, 운영특징을 비교하여 구체적으로 설명할 수 있다.
2. 몬테소리 프로그램을 대표하는 주요개념(흡수정신, 민감기, 준비된 환경 등)을 이해하고, 몬테소리 교구에 나타난 주요 구성원리 및 교육내용을 분석해 볼 수 있다.
3. 발도르프 프로그램과 생태유아교육 프로그램의 이론적 배경, 목적, 내용, 운영특징을 알아본 뒤 같은 점과 다른 점을 분석해 볼 수 있다.
4. 다문화교육 프로그램과 장애아 통합교육 프로그램의 개발배경, 목적, 내용, 운영특징을 살펴보고, 유아교사의 바람직한 역할에 대해 설명할 수 있다.

1. 프로젝트 접근법

1) 프로젝트 접근의 개발배경

프로젝트 접근은 1886년 듀이의 실험학교에서 시작되었다. 진보주의 교육과 통합교육과정 원리를 강조한 듀이는 학생의 자발적 활동에 따른 실천을 강조하며, 프로젝트 형식으로 교육과정이 구성될 것을 제안하였다. 1987년 미국유아교육협회를 통해 유아의 흥미와 관심에 따라 주도적으로 활동하는 프로젝트 학습이 중요하다는 점이 강조되었다. 1989년 카츠(Katz)와 차드(Chard)는 프로젝트 접근법이라는 교수방법을 소개하며, 유아의 지적발달과 사회성 발달을 돕는 방법이라는 점을 밝혀냈다.

프로젝트 접근은 듀이, 피아제, 비고츠키의 이론적 요소를 반영하고 있다. 프로젝트 접근은 듀이가 강조한 경험을 통한 배움, 경험의 재구성을 강조하며, 흥미중심, 아동중심, 생활중심 교육을 반영하였다. 피아제의 새로운 지식에 대한 '인지적 구성주의 관점'을 반영하여 능동적으로 새로운 지식을 구성해 나가도록 하였다. 또한, 비고츠키는 유능한 또래와의 협력적 상호작용을 통한 '사회문화적 구성주의 관점'을 가지고 있는데, 프로젝트 접근은 협력학습, 지역사회 연계 등을 통한 기술과 지식의 획득이 긍정적 성장을 가져온다고 보았다.

2) 프로젝트 접근의 목적

프로젝트 접근은 유아의 관심, 시간, 에너지를 투자하여 한 주제에 대해 오랜 시간 동안 심도 있게 탐구하는 것이다. 프로젝트 접근법을 통하여 유아는 아이디어, 사실, 개념, 정보를 배우며 지식을 습득할 수 있다. 협상하기, 문제해결방법, 모색하기 등을 통하여 의사소통능력을 기르고 쓰기, 읽기, 셈하기 등의 기초 학문적 기술을 기르게 된다. 프로젝트를 경험하며 호기심을 가지고 탐구하려는 태도를 기르며 자아존중감과 공동의 목적 성취를 위해 사회에 공헌하는 능력을 기른다(이기숙, 2017; 지옥정, 2017).

3) 프로젝트 접근의 내용

프로젝트 접근은 준비, 도입, 전개, 마무리의 단계를 통하여 진행되며 각 단계를 특성의 제시하면 다음과 같다.

준비	**주제 선정** : 주제는 영유아의 관심, 흥미에 유아가 제안하기도 하고 유아-교사가 협력하여 선정한다. **예비 주제망 구성하기** : 교사는 경험과 관찰에 근거하여 유아들이 주제에 대해 무엇을 알고 있는지를 생각해 본다. 주제에 대한 여러 가지 생각이나 아이디어를 예비 주제망으로 구성한다.
도입	**경험 나누기 및 표현하기** : 교사는 주제에 대한 경험을 유아들과 이야기 나눈다. **교사와 유아의 공동 주제망 완성하기** : 교사와 유아가 함께 주제망을 완성하여 동기를 유발한다. **질문목록 구성하기** : 완성된 주제망을 살펴보며, 추가적으로 알고 싶은 점에 대한 질문목록을 만든다.
전개	**현장 견학활동** : 주제와 관련된 현장 활동을 통해 실제적인 자료에 접한다. 현장 견학을 다녀와서 경험에 대해 이야기를 나누고, 다양한 방법으로 표현해 본다. 그리기, 쓰기, 읽기, 그래프, 벽의 장식, 모형 만들기, 극놀이 등으로 표상한다. **전문가와의 면담** : 유아들이 탐구하고 있는 주제와 관련하여 풍부한 경험을 가진 사람과 전문가를 교실에 초빙하여 새롭게 알게 된 사실을 재확인한다.
마무리	**종결행사 준비** : 마무리 단계에서는 프로젝트의 결과를 다른 사람들과 공유한다. 행사 준비를 위한 활동을 계획하고 역할을 분담한다. **전시회 및 발표회** : 프로젝트의 활동 결과물을 교실, 복도, 현관 등에 전시하거나 부모님을 초대하여 동극, 노래, 춤 등을 극놀이로 발표한다.

출처: 이기숙(2017). 수정보완.

4) 프로젝트 접근의 운영특징

프로젝트 접근의 교수학습방법, 교사역할, 일과운영, 환경구성의 주요특징은 다음과 같다(박찬옥 외, 2020; 유주연 외, 2021; 이기숙, 2017; 지옥정, 2017).

첫째, 프로젝트 접근법은 유아가 자신의 흥미와 호기심이 충족될 때까지 시간 운영의 유연성을 가지고 시간과 공간에 제약을 받지 않고 심층적으로 탐구한다.

둘째, 유아의 통합적 활동을 장려하므로 하나의 주제에 대한 신체, 언어, 음악, 수학, 과학, 미술 등 다양한 놀이 및 교육지원활동을 통한 누리과정 5개 영역의 균형 잡힌 통합교육을 경험하도록 한다.

셋째, 프로젝트 접근은 유아가 관심을 갖는 주제에 따라 깊이 있게 탐구하는 과정을 포함하므로 교사는 유아의 자율성과 탐구심을 존중해야 한다. 유아의 흥미를 기반으로 하여 가치 있는 주제를 탐구·조사하며, 주제로 선정할 만한 가치가 있는지를 결정할 수 있는 기준을 가지고 있어야 한다. 또한, 선정된 주제에 대해 깊은 흥미를 가져야 한다.

넷째, 프로젝트 활동은 유아, 교사, 부모, 지역사회가 함께 참여하기 때문에 협력과 공유를 강화한다. 같은 주제로 상호작용하면서 소집단 활동, 대집단 활동, 개별활동, 질문, 토론 등을 통해 교사와 유아가 함께 배우고 성장하도록 한다.

2. 레지오 에밀리아 접근법

1) 레지오 에밀리아 접근의 개발배경

레지오 에밀리아 접근은 이탈리아 북부의 레지오 에밀리아 시에서 운영하는 프로그램이다. 2차 세계대전 직후 이탈리아 북부 지역에 거주하는 부모들이 유아를 교육하기 위해 설립한 학교에서 비롯되었다. 현재는 영유아센

터와 유치원에서 공통적으로 적용하고 있다. 레지오 에밀리아 접근에 중요 관점을 제시한 로리스 말라구치(Loris Malaguzzi)는 인간적 따뜻함, 아동권리, 자발적 호기심 등을 강조하였다. 『어린이들의 백 가지 언어』라는 저서를 통하여 교육철학과 아동관을 제시하였다.

레지오 에밀리아 접근은 듀이, 피아제와 비고츠키의 영향을 받았다. 아동 스스로 지식을 학습하도록 하며 유아가 자신의 사고와 아이디어를 상징적 표상을 통하여 다양하게 표현하도록 할 뿐만 아니라 풍부한 교육적 자극이 이루어지도록 돕는 방법이다(박은혜 외, 2002; 임부연, 2006).

2) 레지오 에밀리아 접근의 목적

레지오 에밀리아 접근은 교육과정의 목적을 구체적으로 정의하지 않는다. 하지만 유아의 잠재력, 유연성, 개방성, 호기심, 의사소통, 관계성에 대한 믿음을 최우선시 한다(박찬옥 외, 2020; 이순형 외, 2021; 홍순옥 외, 2013). 유아 스스로 사고하는 힘을 형성해 나갈 수 있도록 하는데, 사회문화적 환경의 개체로 유아의 창의성과 잠재력을 중요하게 여기기 때문이다. 레지오 에밀리아 교육과정에서는 교사중심의 교육목표 수립보다는 유아의 관심에서 프로젝트가 시작되고 진행되므로, 유아의 관심과 흥미, 유능성에 대한 신뢰를 바탕으로 교사와 유아가 협력하여 배우고 성장해 나간다.

레지오 에밀리아 접근을 이해하기 위해서는 발현적 교육과정, 협력, 표상, 기록에 대한 용어특성을 이해하는 것이 필요하다. 각 개념을 설명하면 다음과 같다(이순형 외, 2021).

첫째, 발현적 교육과정은 아동의 흥미, 잠재력, 경험에 기반하여 교육과정을 운영하는 것으로 유아는 학습과정에서 능동적인 주인공의 역할을 하며 교육과정을 실행한다.

둘째, 협력은 유아, 가족, 교사가 서로 조화로운 관계를 추구하며 유아와 교사는 서로 존중하고 평등하며 개방적인 상호작용을 한다. 또한 교사는 공동 교사제를 통하여 한 반에 2명의 고사가 협력하여 담당한다.

셋째, 표상은 자신의 생각과 느낌을 언어, 움직임, 그림, 그림자놀이, 콜라주, 극놀이, 음악 등으로 다양하게 나타내며 상징기술, 창의성을 바탕으로 자신의 생각을 세상과 소통하는 것이다.

넷째, 기록은 교육과정의 계획-실행-평가로 연결되는 여정을 교사-아동 간, 교사-교사 간, 교사-부모 간 학습과정을 통해 소통할 수 있도록 한다. 사진, 일지, 활동과정에 대한 의견을 서로 나누며 해석하는 것이다.

3) 레지오 에밀리아 접근의 내용

레지오 에밀리아의 교육과정은 유아가 시작하고 교사와 유아가 함께 만들어 간다(임부연, 2006). 레지오 에밀리아 접근의 중요내용은 놀이, 프로젝트, 시민교육이 진행되는 것이다(이기숙, 2017; 이순형, 외, 2021; 홍순옥 외, 2013). 첫째, 놀이활동은 유아들의 아이디어를 사회극놀이, 신체놀이를 통하여 참여하는 것으로 교사는 놀이하는 유아의 모습을 사진으로 찍고 비디오카메라로 녹화하며 서로의 대화를 주의 깊게 듣고 대화 속 감정, 사고, 욕구를 파악하고 공유하도록 돕는다. 둘째, 레지오 에밀티아 접근에서의 프로젝트는 특정 주제에 대하여 교사와 아동이 함께 탐구해 가는 것이다. 사물이나 사회에 대한 호기심, 철학적 질문, 실제적 제안에서부터 시작하여 탐구해 나간다. 프로젝트를 진행하며 '유아의 백 가지 언어'에 귀 기울이고 유아의 다양한 표상을 강조하며 아동에 대한 세심한 관찰고 기록을 통하여 프로젝트를 구체화한다. 학습과정과 결과에는 기록물이 존재하며 결과물을 전시한다. 셋째, 민주시민교육에서는 학급의 공동체와 학교문화의 참여를 강조한다. 프로젝트활동에서의 협력을 강조하며 교사는 유아의 개인성취와 더불어 공동활동을 통해 상호 간의 교류를 중요하게 여긴다.

빛을 통한 심미적 공간구성

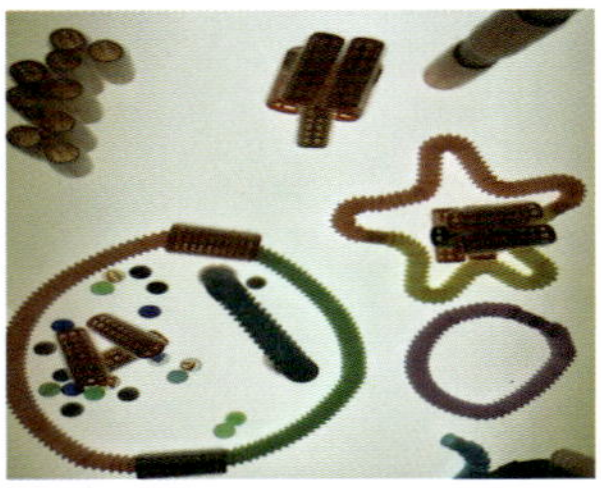

표상재료를 통한 결과물

북미레지오연합(NAREA)

출처: https://www.reggioalliance.org/

레지오 에밀리아 교육을 실천하고 있는 유아교육기관 및 단체 등의 홈페이지를 방문하여 레지오 에밀리아 접근의 특성에 대해 살펴봅시다.

한미유치원
'놀이는 어린이의 삶'이라고 말해온 역사 · 문화 · 환경

장안대학교 수탁운영
의왕시육아종합지원센터
레지오체험학습장

REGGIO CHILDREN

4) 레지오 에밀리아 접근의 운영특징

레지오 에밀리아 접근의 교수학습방법, 교사역할, 일과운영, 환경구성의 주요특징은 다음과 같다.

첫째, 교수학습방법은 유아의 흥미와 관심에 기반을 두고 유아, 부모, 교사가 협력하여 유아가 자신의 잠재력을 개발할 수 있도록 한다. 부모참여를

강조하여 유아교육기관을 개방하고 자문위원회로 활동하도록 한다.

둘째, 교사역할은 기록화에 대한 연구, 환경조성, 지식구성, 부모협력, 의사소통, 아동지지, 사회적 관계, 교사와 아동 간의 이해교류를 강조한다. 또한 레지오 에밀리아는 교사, 교육조정자, 미술전담교사의 다양한 역할의 협력을 강조한다.

표 7-1 레지오 에밀리아 교직원의 역할

구분	역할
교사	• **기록화에 대한 연구** : 교사는 관찰을 통해 얻은 자료를 바탕으로 유아의 경험과 발달과정에 대해 기록하며, 학부모와의 의사소통에 대해서도 기록한다. • **환경 조성** : 놀이, 의사소통, 탐색을 증진하는 환경을 준비한다. • **지식 구성 협력** : 유아의 흥미나 아이디어에서 발현된 프로그램을 바탕으로 다른 교사들과의 협력과 협상을 통해 활동을 계획한다. • **부모와의 협력** : 가정과 학교에서 유아의 경험을 일관되게 유지하기 위하여 부모와 매우 긴밀하게 협력한다. • **아동지지** : 교사는 유아를 유능한 존재로 보며, 지식을 구성해 나가는 과정에서 협력자 역할을 수행한다. • **사회적 관계지지** : 유아들이 사회적 집단에서 지식을 공동으로 구성할 수 있는 기회를 제공한다. • **교사와 아동 간의 이해 교류** : 교사는 아동의 말을 경청하고 대화하며, 아동의 행동과 말을 기록하여 거기에 대해 숙고한다.
교육조정자	• **교육 프로그램 질적 수준유지** : 교육조정자는 교육 프로그램의 질적 성장방향을 모색하고 교육 시스템의 행정, 기술, 교육, 사회, 정치적 영역을 통합하는 역할을 한다. • **협력적 관계조율** : 행정 담당 공무원들이나 문화단체 등에 속한 사람들과 협력관계를 맺도록 한다.
미술 전담 교사 (atlierista)	• **시각예술 전공자** : 미술 전담 교사는 유아와 미술재료 간의 관계에 대해 깊이 이해하며, 미술감각이 뛰어나다. • **미술전시 기획** : 학교 구성원들과 긴밀한 관계를 맺고 장기적인 프로젝트를 개발하여 전시를 지원한다.

출처: 박찬옥 외(2020), 이기숙(2017). 수정보완.

셋째, 일과구성은 치밀하게 계획된 하루일과표보다는 매일 반복적으로 일어나는 전반적인 일과를 계획한다. 소요되는 예상시간을 계획하고 개인적 리듬과 시간감각은 그날 일정에 따라 결정한다.

넷째, 환경구성은 교사, 부모, 유아의 상호작용을 지원하도록 공동작업, 토론이 이루어질 수 있도록 구성한다. 학교교실공간은 중앙광장처럼 공동공간인 피아자(piazza)를 향해 개방되어야 하며 아틀리에는 손과 정신으로 탐색하고 시각예술을 통해 시각을 다듬으며 도구와 재료를 탐색하는 장소로 역할을 한다.

다섯째, 교실, 천장, 창, 복도 등에 이르기까지 심미적인 환경을 제공한다. 우유병, 바구니, 곡식, 과일, 자연물, 점토, 철사, 구리판 등의 매체를 제공한다. 빛을 중요한 요소로 생각하여 문과 창에 유리를 사용하여 빛이 들어오도록 하며 투시물 환등기, 라이트테이블, 손전등, 슬라이드 프로젝트 등을 활용한 활동을 한다.

3. 몬테소리 프로그램

1) 몬테소리 프로그램 개발배경

몬테소리(Montessori)는 이탈리아 최초의 여성의사로 로마 정신병원의 정신지체 아동을 치료하며 교육에 관심을 갖게 되었다. 몬테소리는 당시의 기계적이고 억압적인 분위기를 비판하며 정신지체 유아들이 감각경험을 통해 교육을 받을 수 있도록 하였다. 1907년 로마 빈민지역인 산 로렌조에 노동자 자녀를 위한 '어린이집'을 세워 몬테소리 교육방법을 적용하였다. 몬테소리는 최상의 교육방법은 목적 있는 활동을 통해 이루어지며, 유아 개인의 고유성을 존중하는 교육체계를 수립하도록 하였다.

몬테소리는 유아는 자신의 성숙기제에 따라 스스로 학습한다는 점에서 자동교육(auto-education) 개념을 제안하였다. 유아가 특정과제 완수를 하고자 하는 열망이 강한 결정적 시기인 민감기(sensitive period)를 통해 스스로 세상의 지식을 받아들이고 이치를 깨달아 가도록 하는 것을 강조한다. 또한 흡수정신(absorbent mind)은 유아가 환경을 흡수하여 지식을 획득하는 능력을 개념화한 것이다. 이렇듯 자동교육, 민감기, 흡수정신은 몬테소리 프로그램을 통하여 유아가 지식을 형성해 가는 과정의 특성을 이해하도록 돕는 개념이다.

2) 몬테소리 프로그램 목적

몬테소리 프로그램은 유아의 학습요구를 충족시켜 주는 환경의 조성을 강조하였다. 환경은 유아가 자아를 발달시키고 요구를 충족하도록 돕는 공간으로, 좋은 환경 속에서 바른 인성을 표현하도록 한다. 연령에 따른 민감기 특성을 이해하고, 이를 고려한 준비된 환경 속에서 유아는 성숙기제에 따라 스스로 학습할 수 있도록 도와야 한다. 따라서 교사와 부모는 유아에게 기술이나 지식을 전달하는 것이 아니라 유아의 발달을 내적으로 도와야 하며, 각 민감기의 특성을 알고 지원하는 것이 중요하다. 민감기는 질서에 대한 민감기(출생 후 3년), 작은 사물이나 세부적인 것에 대한 민감기(만1-2세), 손사용에 대한 민감기(18개월-만3세), 걷기에 대한 민감기(만1-2세), 언어에 대한 민감기(생후-만3세)가 있다. 민감기 특성을 고려하여 유아의 성장과 발달을 이해해야 한다(박찬옥 외, 2020; 이순형 외, 2021).

출처: Washingtonpost(2022).

3) 몬테소리 프로그램 내용

몬테소리 프로그램은 일상생활영역, 감각영역, 언어영역, 수학영역, 사회적 행동영역, 음악, 미술, 연극 등의 교육내용을 포함한다. 구체적인 몬테소리 프로그램의 주요내용을 제시하면 다음과 같다.

(1) 일상생활영역

몬테소리 학교를 다니며 유아는 일상생활도구를 사용한다. 일상생활도구의 사용은 집중력과 독립성을 기르고, 예절을 배우도록 한다. 예절은 교사나 연상 유아의 행동모델을 통하여 배우는데, 유아는 흡수정신이 있어 모방학습을 통하여 배워 나간다.

(2) 감각영역

감각영역교구는 추상적 개념을 구체적인 형태로 전달하도록 돕는다. 소리가 나는 원통을 흔들며 소리 크기의 차이를 인식하도록 돕고 정육면체 세트로 부피와 크기의 개념을 익히도록 한다. 교구는 손이나 도구를 통해 사용하도록 하여 협응력을 돕는다.

(3) 언어영역

몬테소리 프로그램에서는 자유로운 대화를 통해 언어발달을 촉진한다. 유아 간의 자유로운 이야기 나누기가 격려된다. 유아는 환경 속에 존재하는 모든 사물을 정확한 명칭으로 부르며, 다양한 사물의 그림카드 맞추기와 같은 게임을 통해 어휘력을 확장시킨다.

(4) 수학영역

수학교구는 십진법을 이해하도록 하며, 영(0)의 기능과 일 단위부터 백만 단위까지의 위계를 이해하도록 돕는다. 가감승제 개념의 기초를 습득하고 다양한 모양의 교구를 감각적으로 탐색하면서 기하와 수학적 개념을 이해하도록 돕는다.

소리상자

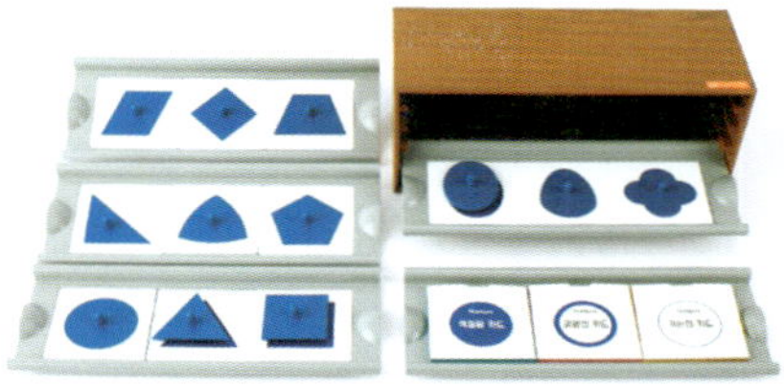

기하도형과 서랍장

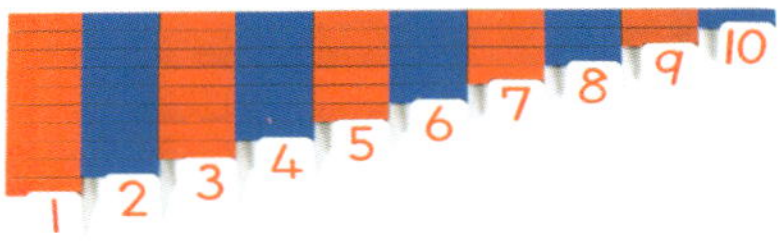

수막대와 숫자카드

셈막대 상자

색구슬

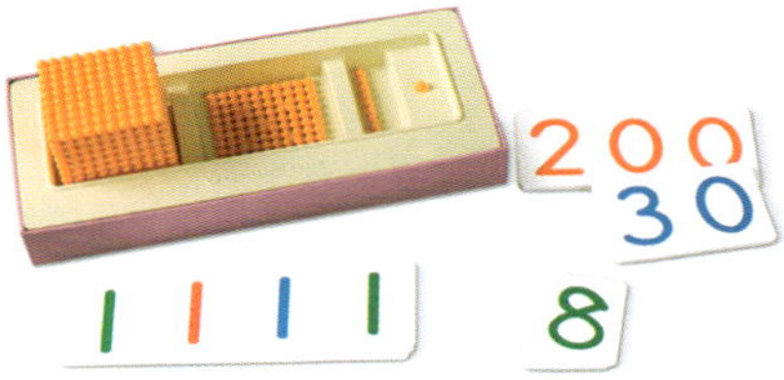

금색구슬과 숫자카드

출처: 한국몬테소리 홈페이지(https://www.msorimall.co.kr/).

4) 몬테소리 프로그램 운영특징

몬테소리 프로그램의 교수학습방법, 교사역할, 일과운영, 환경구성의 주요 특징은 다음과 같다.

첫째, 몬테소리 교구는 유아의 주의를 끌고 집중할 수 있도록 돕는 자극제로서 역할을 한다. 유아의 내적욕구를 고려한 환경을 구성하여 제공해야 하며, 유아의 집중력을 바탕으로 반복연습할 수 있도록 지원해 주어야 한다.

둘째, 몬테소리 교구의 구성원리를 알고 활용한다. 몬테소리 교구는 한 가지 차원에 집중하도록 구성되어 있고 단순한 것부터 복잡한 것으로 사용방법이 구성되어 있다. 개수가 적은 것부터 시작해 많은 것을 사용하도록 한다. 스스로 학습하도록 만들어져 있고, 오류 통제는 교구에 내재되어 있어 유아가 교구사용을 하며 자신의 실수를 스스로 깨닫도록 한다.

셋째, 자신이 선택한 교구를 가지고 사용한 뒤, 원위치에 정리하며 교사나 다른 유아에 의해 방해받지 않고 교구사용에 집중할 수 있도록 돕는다. 처음 사용하는 교구의 경우는 교사가 교구를 소개한 뒤, 개인별 교구를 사용하도록 한다.

넷째, 몬테소리 프로그램에서의 교사는 관찰자, 환경제공자, 안내자로서의 역할을 한다. 유아에게 적합한 환경을 제공해 주기 위해서는 유아행동을 관찰해야 하며 민감기 유아에게 교재교구를 풍부하게 제공해 주어야 한다. 또한 유아에게 새로운 과제를 제시해 주는 안내자로 역할을 하여 도전적 과제를 제시한다.

다섯째, 일과구성은 1주일에 5일 활동을 하며 유아가 학습에서 질서와 구조를 통한 안정감을 느낄 수 있도록 해야 한다. 유아가 교재와 교구를 선택하는 자유놀이활동을 존중하며, 처음에는 짧지만 점차 시간을 늘려나간다.

표 7-2 몬테소리 프로그램의 일과 구성

시간	활동	특성
8:00~11:00	개별 활동	• 책상이나 바닥에 깔린 카펫 위에서 개별활동하기 • 교구가 선반에 준비되어 있고, 사용방법을 모르는 아동에게 교사는 안내하기
11:00~13:00	전이활동	• 모임시간 : 대집단으로 모여 예절, 이야기 듣기, 노래, 게임, 새로운 활동에 대한 설명 실시. 1주일에 하루는 평화의식(peace ceremony)을 위해 점심식탁 차리기, 동물 먹이주기, 식물 물 주기 실시 • 실외놀이 : 바깥놀이공간에서 놀기, 모래놀이, 식물가꾸기 • 점심식사 : 손을 씻고 모두가 준비될 때까지 앉아서 기다리기, 식사예절, 즐거운 대화, 다양한 음식 맛보기, 식사를 모두 마칠 때까지 기다리기, 식사를 마친 후에는 식탁을 치우고 바닥 정리하기

시간	활동	특성
13:00~15:00	연령별 활동	• 유아반, 유치준비반, 유치반으로 나누어 활동
15:00~17:00	방과 후 놀이	• 간식, 바깥놀이, 게임, 극 놀이, 미술, 음악, 율동, 요리 등의 활동

출처: 이순형 외(2021). 수정보완.

4. 발도르프 프로그램

1) 발도르프 프로그램 개발배경

발도르프(Waldorf) 프로그램은 독일의 슈타이너 철학에 바탕에 두고 있다. 1994년 스위스 제네바에서 열린 유네스코 세계교육장관회의에서 21세기 대안교육 모델로 선정되었으며 19세기 자유학교운동의 일환으로 운영되는 개혁교육 중의 하나이다.

인지학(anthroposophy)은 '인간의 참된 본질을 의식하도록 이끌어 준다'라는 의미를 갖는다. 인지학의 어원을 살펴보면 인간(anthropos)과 지혜(sopia)를 합성한 것으로 인간이 가진 지혜에 대한 학문으로 인간 본질 속에 포함된 내재된 인식부터 우주에 내재한 정신적 현상을 인식하도록 돕는 학문이다.

인지학을 창시한 슈타이너는 신체, 영혼, 정신의 총합체로 인간의 본질을 이해하고자 하였다. 신체, 영혼, 정신이 삼위일체가 되어 하나가 되는 과정이 이루어질 때 진정한 인간이 될 수 있다고 하였다. 슈타이너는 인간을 물리적 신체, 생명체, 감정체, 자아체의 4가지 구조로 구성된 것으로 보았다(정윤경, 2004; 최은미, 2011).

표 7-3 슈타이너(Steiner)의 구성체

물리적 신체	정신을 제외한 육체, 눈에 모이는 물질적 형태(뼈, 근육, 장기, 피부)
생명체	생명을 가진 신체는 식물처럼 성장함 먹고, 배설, 호흡, 성장, 외부자극에 반응하는 것
감정체	고통, 즐거움, 충동, 열정 등의 감정이 있으며 동물과 공통된 속성임 인간은 감정체를 가지고 있어서 생각하고 느끼고 의지를 갖는 정신활동을 함
자아체	인간 고유의 특징으로 '나'를 인식하며 '자아'라고 표현함 자아를 통해서 충동이나 감정 등을 통제하고 조절함

슈타이너는 7년마다 인간은 커다란 성장과 발달이 이루어지기 때문에 '탄생'이라는 용어로 표현하였다. 인간의 발달을 7년 주기의 4단계로 구분하였는데, 만0-3세는 머리 부분이 발달하며 서기, 걷기, 말하기를 모방하여 배우는 시기이다. 만3-6세는 유치원 교육을 받으며, 만7-14세를 위한 1-8학년 교육, 만14세 이후는 9-13학년 교육을 받도록 하였다. 연령별 탄생의 특성을 반영하여 유아의 기질에 따라 기다려 주는 대안교육을 실시하였다. 슈타이너가 제안한 인간발달 단계를 정리하면 다음과 같다.

표 7-4 슈타이너(Steiner)의 인지학적 인간발달 단계

탄생	보호막	시기(특징)	발달
물리적 신체	모태	출생 시	
생명체	물리적 신체	7세경(이갈이)	의지
감정체	생명체	14세경(사춘기)	감정
자아체	감정체	21세경	사고

출처: 곽노의(1999).

2) 발도르프 프로그램 목적

발도르프 프로그램은 리듬의 원리, 모방과 본보기의 원리, 감각의 원리, 상상력의 원리를 바탕으로 인간의 본질에 대한 바른 인식을 통해 인간, 세계

를 이해하고자 한다. 발도르프 프로그램의 주요한 목적 및 원리를 살펴보면 다음과 같다.

(1) 리듬의 원리

유아에게 안정감과 편안함을 주기 위해 리듬 있는 생활과 반복적인 생활 교육의 원리를 강조한다. 리듬과 반복은 불안감과 긴장감을 해소시켜 주는 역할을 하고 삶을 능동적으로 만들어 주기에 유아가 매일 가정이나 유아교육기관에서 일어날 일을 미리 예측할 수 있도록 해야 한다.

(2) 모방과 본보기의 원리

출생부터 7세까지 유아의 학습에 대한 기본 형태를 본보기와 모방으로 본다. 모방은 성인의 시범적인 행동을 따라 하며 어른과 유아가 내적인 유대를 형성하는 것을 포함한다. 따라서 교사는 유아에게 모방할 가치가 있는 바른 모습을 보여주는 것이 좋다. 유아에게 가장 중요한 것으로 교사의 자유로운 행동이다. 유아가 자유로운 놀이를 통해 보여줄 때 성인에게 영향을 미치게 되고 성인 스스로가 자신이 살아가는 삶의 자주성과 자유를 얻게 된다. 슈타이너는 '교육이란 언제나 교육자 자신이 유아에게 배울 때에 참된 교육이 이루어진다'고 말하였으며 이러한 만남이 선행되어야 교육이 이루어지는 것이다.

(3) 감각의 원리

발도르프 프로그램은 손으로 하는 작업과 활동을 중시한다. 실생활에 필요한 기능을 익히며 생명감각, 균형감각, 촉각, 고유운동 감각을 발달시켜 나간다. 유아의 감각증진을 위해서 나무토막, 헝겊, 돌, 조개껍데기, 나뭇가지, 나무열매 등의 자연물을 제공하여 시, 노래, 율동이 담긴 리듬놀이를 통해 신체동작을 감각적으로 경험하도록 한다.

(4) 상상력의 원리

슈타이너는 유아를 내면에 상상력이 가득 차 있는 존재라고 보았다. 7세까지 유아의 성장에 있어 상상력이 큰 역할을 하며 뇌를 활발하게 만든다고 보았다. 특히 자연물을 소재로 나무토막, 눈이나 입이 없는 인형을 제공하여 유아가 예술적 상상력을 경험하도록 한다. 발도르프 프로그램의 동화는 그림이 없는 이야기, 인간처럼 행동하는 동식물 이야기, 계절-낮과 밤에 대한 자연 이야기를 주로 들려준다.

3) 발도르프 프로그램 내용

발도르프 프로그램의 주요활동은 자유놀이와 집단활동의 형태로 이루어진다. 자유놀이시간에는 주로 예술활동을 하는 기회가 주어지며 집단활동시간에는 노래, 손유희, 게임이 이루어지고 노래와 시를 읊기도 한다. 발도르프 프로그램은 놀잇감과 상상력 발달을 강조하며, 예술작업, 노작교육, 오이뤼트미와 라이겐, 그리기 등의 교육내용이 강조되는데, 이를 정리하면 다음과 같다(박찬옥 외, 2020; 이기숙, 2017; 정윤경, 2004; 최은미, 2011).

표 7-5 발도르프 프로그램의 주요교육내용

구분	내용
놀잇감과 상상력 발달	**교사제작 놀잇감 사용** : 발도르프 교육에서 사용되는 놀잇감은 바느질, 조각맞추기, 매듭짓기, 등나무 바구니 등으로 교사가 만든다. **상상력을 위한 놀이와 동화제공** : 빨래, 진흙놀이, 모래놀이를 주로 하며 동화는 이야기로 들려주어 그림을 상상하도록 한다.
예술작업과 노작교육	**예술경험** : 색채, 빛, 울림, 리듬 등의 예술적 요소는 인간의 성장을 위한 자양분이며, 예술적 분위기에서 언어와 수를 이해하고 동식물의 생활을 경험하도록 한다. 인형만들기, 수놓기, 조각, 바느질 등을 하는 교사의 모습을 보며 직간접적으로 체험한다. **노작교육** : 손가락을 움직이는 교육은 육체, 영혼, 정신을 일치시켜 주는 전인교육이며, 뜨개질, 바느질이 자주 이루어진다.

구분	내용
오이뤼트미와 라이겐	**오이뤼트미** : 몸을 움직이는 놀이라는 뜻의 오이뤼트미(eurythmie)는 언어, 음악, 정신세계를 몸으로 표현하며 예술적 체험이다. **라이겐** : 라이겐은 주제가 있는 움직임으로 시나 동화, 노래를 가지고 신체적인 움직임으로 표현하는 것으로, 리듬있는 생활을 강조한다.
그리기	**그리기** : 유아의 내적 표현이며 색깔의 본질적 체험을 유아가 경험하도록 교사는 모범을 보이고 유아는 교사를 모방하며 그림을 그리고 색채를 경험한다. 유아의 그팀을 벽에 붙이거나 평가하지 않고 결과보다는 과정을 중시한다.

출처: 이순형 외(2021).

실크날개옷

리본스트리머

요정실크모빌

습식수채화

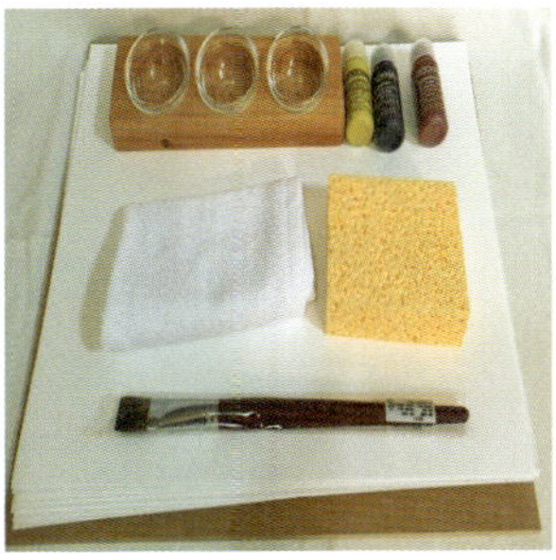

습식수채화도구

별종이 공예

출처: STOCKMAR(www.waldorfmall.co.kr), 아이라움가게(www.iraumshop.com) 홈페이지.

4) 발도르프 프로그램 운영특징

발도르프 프로그램의 교수학습방법, 교사역할, 일과운영, 환경구성의 주요 특징은 다음과 같다.

첫째, 학급구성은 혼합연령 집단으로 구성된다. 만2-6세 유아가 함께 놀이하며 상호작용하며 서로 돕는다. '모방'이 주요 학습방법이기 때문에 바람직한 교사의 모습을 보고 유아가 자연스럽게 모방하도록 하며 교사는 유아의 개성을 존중해 준다.

둘째, 일과운영은 자유놀이와 소집단활동을 구성된다. 놀이시간에 유아들이 예술적 활동을 하며, 일과가 진행되는 동안 교사는 아침식사준비, 교실구성, 놀잇감 손보기, 축제준비 등을 한다.

셋째, 환경구성 과정에서 심미성을 강조하는데, 풍요로운 영감을 주는 환경을 제공하고 다양한 재료의 종류와 특질에 대해 주의를 기울인다. 실외환경은 산, 시냇물이 있는 곳, 공원이 있는 곳으로 상상력을 자극하는 밝고 환한 공간이 좋다.

한국발도르프학교연합	북미발도르프연합
발도르프학교의 교육철학과 가치를 지키며 책임 있는 교육기관으로 운영되기 위해 2021년 5월에 전국 15개 발도르프 기관이 참여하여 구성되었다.	북아메리카지역의 발도르프학교들이 서로 협력하여 교육실천 노하우를 공유하고 교사교육, 부모교육 등을 실천하는 민주적 단체를 운영하고 있다.

Korea Association of Waldorf Schools

표 7-6 발도르프 프로그램의 시간 운영

활동	활동 개요	활동 내용
자유 선택 활동	아무런 방해 없이 유아들이 전적으로 활동을 선택하고 놀이하는 시간	• 유아들은 예술적인 활동에 몰두하거나 선생님과 간식을 준비하거나 자신의 상상에 따라 모험 가득한 놀이를 한다. • 사회적 기술을 연습하는 시간을 갖는다. • 무엇인가를 수행해야 한다는 압박에서 벗어나게 하며, 유아들에게 자기조절의 날개를 부여한다.
전이 시간	교사는 친숙한 노래를 불러 주고, 다음 활동, ring-time으로 전환하는 시간간격	• 활동을 전환하는 시간을 중요한 교육과정으로 여긴다. • 예 : 교사는 자료를 제자리에 정리하고 간식준비를 위한 그릇과 스푼을 닦으며 유아들이 경외심을 가지고 교사행동을 모방하도록 돕는다.
ring-time	교사가 유아들의 활동을 지시하고 대그룹으로 모이는 시간	• 유아들은 보통 아침기도(morning-verse, 간단한 음률대그룹활동)로 시작하는데, 가장 어린 유아들도 반복되는 구절과 라임을 구성하도록 허락된다. • ring-time은 동작, 노래, 시, 손유희 등 그룹 안에서 공동체를 즐기도록 돕는다.
바깥 놀이	유아들이 자연을 탐색할 수 있도록 밖으로 유아들을 이끎	• 자연이 주는 편안함을 느끼며, 유아들의 감각은 자극을 받는다. • 계절에 따른 나뭇잎의 변화, 풀향기, 진흙, 눈 결정체 등을 관찰하며 유아들은 모방하고 다양한 놀이를 실시한다.
간식	교실에서 스스로 씻고 간식 먹기	• 교사는 초에 불을 켜 주고, 감사의 시를 함께 읽으며 자연, 농부 등에게 감사의 마음을 전달한다. • 간식은 교사와 함께 준비하며 즐거운 마음으로 먹는다.
동화 시간	유아들의 정신적인 능력이 집중되는 시간, 교사가 들려준 이야기가 시각화되는 시간	• 교사는 책을 읽어 주는 대신에 상상력을 자극할 수 있는 풍부한 어휘로 이야기를 들려주며 유아들이 마음속으로 그림을 그릴 수 있도록 한다. • 이야기의 마무리에는 유아들이 함께 자신의 물건을 모으고 마음속에 들었던 이야기를 춤추면서 유치원을 떠나게 된다.

5. 생태유아교육 프로그램

1) 생태유아교육 프로그램 개발배경

생태유아교육은 1990년 '우리 아이들의 보육을 걱정하는 모임'에서 출발하며 산업사회의 기계론적 세계관, 이원론적 사고는 생태계를 파괴하고 환경문제를 일으켜 유아의 삶에 문제를 가져온다고 본다(임재택, 2005). 이를 위해 아동중심 교육과정을 생명중심 교육과정으로, 개인중심 교육과정을 공동체중심 교육과정으로, 이성중심 교육과정을 유아의 몸, 마음, 영혼을 돌보는 교육과정으로 전환하자는 관점에서 출발하였다.

2) 생태유아교육 프로그램 목적

생태유아교육의 목적은 모든 생명체들이 생명원리에 따라 '살림교육'을 실천하는 것으로 생명공동체, 사람공동체, 아이행복세상을 바라며 '신명나는 세상'을 추구한다. 생태유아교육이 지향하는 바는 다음과 같다(임재택 외, 2021). 첫째, 사람과 자연이 하나 되는 세상을 지향한다. 둘째, 사람과 사람이 더불어 사는 세상을 지향한다. 셋째, 유아들이 행복하게 사는 세상을 지향한다.

생태유아교육에서 추구하는 아이상은 '신명나는 어린이'로 개성과 창조력을 지니며 흥겨움과 멋이 있으며 자연과 하나 되고 사람과 더불어 사는 행복한 삶을 누리는 유아다운 유아를 뜻한다. 구체적인 유아의 모습은 다음과 같은 모습이 조화와 통합을 이룬다.

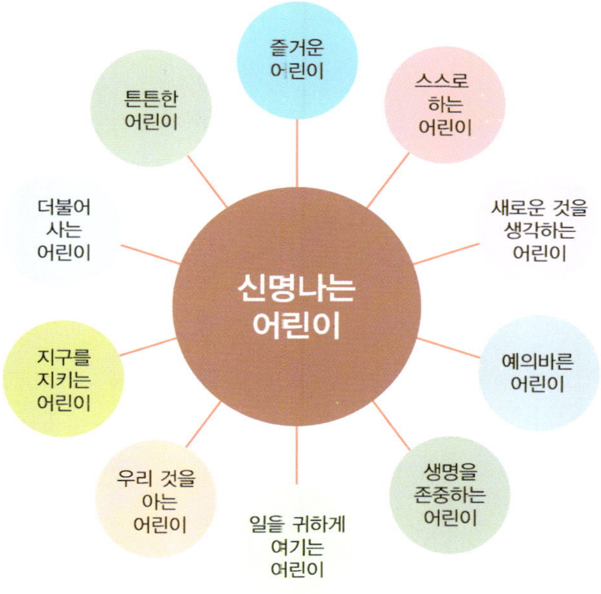

그림 7-1 생태유아교육의 어린이상 신명나는 어린이

3) 생태유아교육 프로그램 내용

생태유아교육은 몸교육, 마음교육, 영혼교육 및 이성교육, 감성교육, 영성교육 간의 조화를 추구한다. 생태유아교육은 삶교육, 땀교육, 관계교육, 감각교육, 앎교육, 감성교육, 영성교육의 교육내용을 추구하는데 구체적으로 살펴보면 다음과 같다(임재택, 2005; 임재택 외, 2021).

표 7-7 생태유아교육 프로그램의 교육내용

구분	내용
삶교육	지금, 여기인 현재 해야 할 것에 초점을 두며 실제 삶을 위한, 실제 삶에 의한 내용을 선정한다.
땀교육	몸과 마음의 유기적 관계를 인식하고 유아가 튼튼하게 자라기 위해 땅의 기와 교섭하도록 한다. 신체단련, 정신수양, 몸짓놀이를 통해 우주와 교감을 추구한다.
관계교육	함께 더불어 살아가기 위한 관계교육은 사람, 사물, 자연과의 관계를 중요하게 여기고, 다양한 관계를 경험하게 하는 교육내용을 지향한다.
감각교육	자연과의 교감을 통해 감각을 찾아주기 위해 손끝근육, 미적감각을 기르며 노작의 즐거움을 형성하고자 한다.
앎교육	일상적인 삶이 필요한 지혜교육을 중요하게 여기며, 자연 속에서 사람들과 함께 더불어 살아가기 위해 필요한 기본생활습관, 기초지식, 예의범절을 포함한다.
감성교육	유아는 자연을 통해 감성을 기르고 자연의 이치를 느끼게 되며 삶과 자연 속에서 느끼는 다양한 감성을 표현하는 과정에서 예술적인 잠재력을 표현하게 된다.
영성교육	영적 감수성과 영혼을 살리도록 몸, 마음, 영혼을 돌본다.

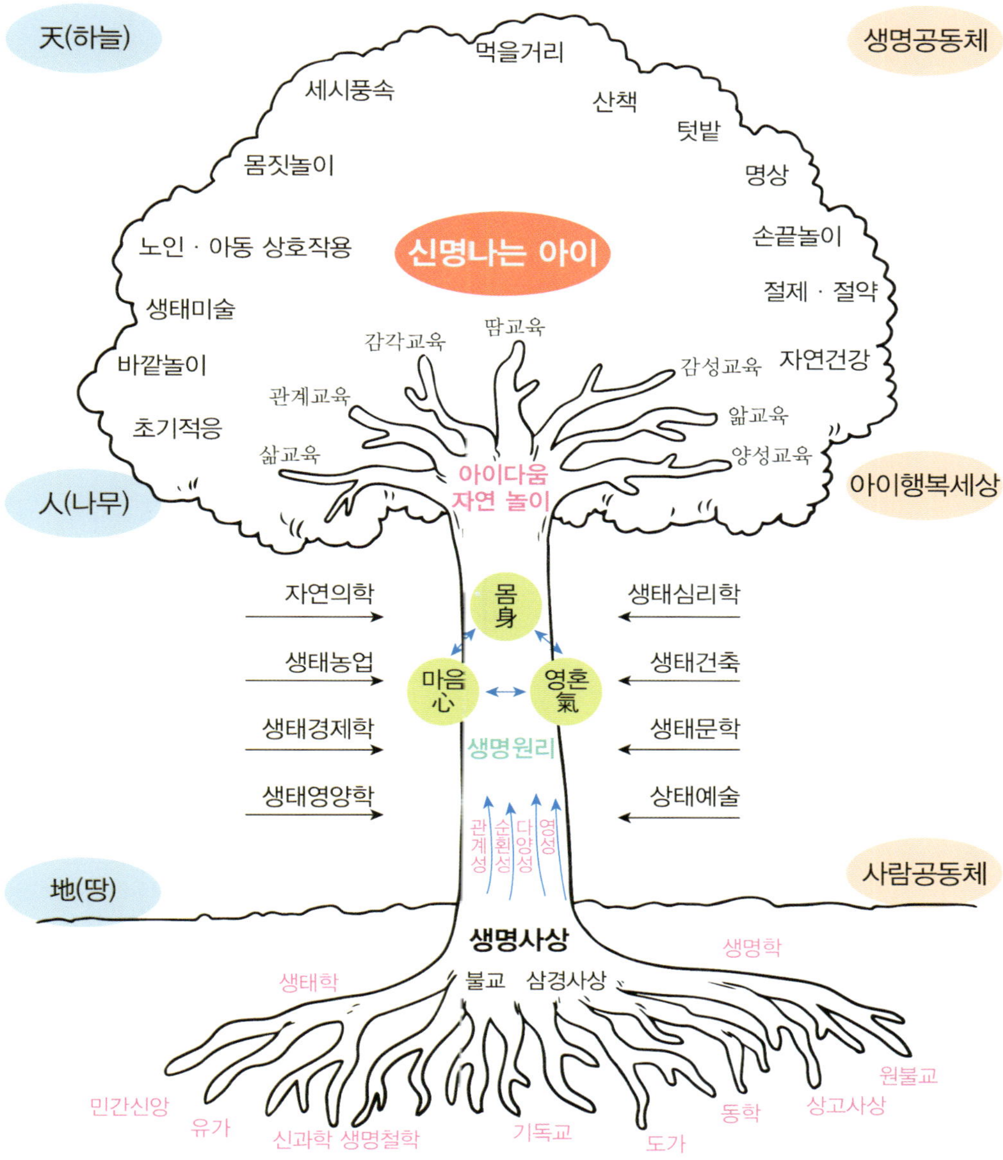

그림 7-2 생태유아교육의 기본체계도

생태유아교육의 교육실천을 위해 실천하고 있는 주요활동을 제시하면 다음과 같다.

표 7-8 생태유아교육의 다양한 프로그램 실천활동

프로그램명	내용
산책놀이	산책은 자연물을 직접 보고, 만지고, 듣고, 느끼고, 냄새 맡을 수 있는 체험적 교육활동이다. 산책을 통해 아이들은 사람, 사물, 현상과의 관계성을 알게 된다.
텃밭 가꾸기	자신의 손으로 텃밭을 일구고 채소를 길러봄으로써 계절과 날씨의 변화, 식물의 성장, 수확에 대한 기쁨, 자연과 함께하는 삶을 이해하며, 노동의 신성함과 보람을 몸과 가슴으로 느끼게 하는 데 목적을 둔다.
세시풍속	세시풍속은 아이들에게 계절의 변화에 따른 생활의 주기성, 우리의 건강한 먹을거리를 알게 하며 더불어 즐길 수 있는 놀이와 조상의 삶의 지혜를 알 수 있게 한다.
동물 기르기	아이들은 동물을 기르면서 생명의 세계를 경험한다.
먹을거리	아이들의 몸, 마음, 영혼을 맑게 하기 위해 급식 및 간식 모두 유기농 먹을거리로 제공한다.
손끝놀이	아이들의 손끝을 사용해서 할 수 있는 놀이를 말한다. 손의 사용을 통해서 머리, 마음, 손이 조화롭게 발달하는 전인적인 존재가 될 수 있다.
몸짓놀이	몸을 이용해서 할 수 있는 놀이를 말한다. 몸짓놀이에는 기체조를 변형한 도인체조, 여러 동물형상을 기초로 한 몸짓, 우리 전통의 무예와 전통춤을 기초로 한 몸짓을 포함한다.
명상	자신의 감정과 생각을 고요히 가라앉히고 세상과 자기를 전체적으로 순수하게 알기 위해 하는 행위가 명상이다. 명상을 통해 아이들은 감각이 예민해지고 몸이 건강해진다. 침묵해 보기, 자신의 모습 관찰해 보기, 귀 기울여 보기, 자연세계의 사물들을 바라보며 느껴보기 등 일상생활 속에서 명상을 시도한다.
바깥놀이	아이들을 교실 밖으로 데리고 나가려는 노력이 생태유아교육 실천의 출발점이다. 지적인 호기심과 상상력을 키우고 계절의 변화와 친구들과 더불어 살아가는 능력을 갖게 되며, 생명의 소중함을 깨달아 가게 된다.

4) 생태유아교육 프로그램 운영특징

생태유아교육은 기다림과 느림의 교육, 몸을 살리는 교육, 삶을 체험하는 교육, 신명나는 놀이를 통한 교육의 방법으로 이루어진다(임재택, 2005).

첫째, 기다림과 느림의 교육을 실천하도록 한다. 자연순리를 따르는 교육이므로 유아의 고유한 결에 따라 생태적 소양을 가진 아이로 자라도록 한다. 숫자, 글자, 영어에 대한 조기교육보다는 아이가 성장할 때까지 자연성을 존중한다.

둘째, 몸을 살리는 교육을 실천한다. 흙을 밟고 공기를 쐬며 자연에서 즐겁게 놀고 자연의 이치에 따른 제철음식, 우리농산물을 먹고 자라는 것이다. 또한 산책이나 바깥놀이, 몸짓놀이를 통하여 많이 움직이며 세상을 이해하도록 돕는다.

셋째, 삶을 체험하는 교육이다. 교육이 생활이고 삶이기 때문에 생활 속에서 교육이 이루어지도록 한다. 산책, 세시풍속, 텃밭가꾸기 등의 작업시간을 갖고 노동경험을 하며 살아가는 데 필요한 힘을 얻는다.

넷째, 신명난 놀이를 강조한다. 놀이는 아이들이 가진 본성으로 자발적으로 놀이면서 세상에 대한 이해를 할 수 있다. 놀이를 교육수단으로 보고 즐겁고 신명나는 놀이를 아이들에게 되찾아 주려고 한다.

6. 다문화교육 프로그램

1) 다문화교육 프로그램 개발배경

국제 결혼가정이 증가함에 따라 다문화가정 자녀에 대한 관심이 높아지고 있다. 과학기술의 발달로 지리적 공간과 물리적 공간의 장벽을 넘어선 생활방식이 일상화되고 있다. 이러한 시점에서 다문화교육은 인종, 이민, 난민, 외국인 노동자, 주변지역 소수민족 등의 다양한 민족, 계층, 성별에 따른 문화를 인정하고 다민족, 다문화를 공존하도록 돕는 교육이다. 다문화가정 자녀가 유아교육기관에 다니게 되면서 유아교사는 일과 운영을 하면서 다문화 유아의 개별특성과 발달을 도모하기 위해 고려해야 한다. 또한 다문화가정 부모의 자녀양육과 교육에 대한 정보를 적절히 제공하여 자녀에 대한 올바른 가치관을 정립할 수 있도록 지원해 주어야 한다.

보건복지부(2014)는 유아 다문화교육 프로그램을 개발하여 다문화가정의 유아가 가진 문제행동을 파악하고 지도방안에 초점을 두어 다문화가정과 비다문화가정을 통합한 현장밀착형 프로그램을 개발하였다. 특히 유아중심의 상황별 맞춤 프로그램을 제시하여 다양한 상황에 적용할 수 있는 방향으로 다문화교육을 실시해야 한다.

2) 다문화교육 프로그램 목적

다문화교육은 유아가 다양한 문화를 존중하고 협동능력을 증진하며 자신이 속한 문화에 대한 바람직한 정체성을 형성하는 것을 의미한다(박찬옥 외, 2020; 양옥승 외, 2021). 다문화교육은 유아들이 일상생활에서 다양한 문화를 접할 수 있는 경험을 제공함으로써 다문화에 대한 관심을 갖고 존중하는 데 필요한 지식, 기술, 태도를 갖는 것이다. 이를 위해 다문화교육 프로그램의 목적은 인간은 모두 소중하며 존중받아야 하며 다양한 문화를 인식하고 차이를 존중하는 것이다.

3) 다문화교육 프로그램 내용

다문화교육은 문화, 인종, 민족에 편중된 것이 아니라 외모, 성, 장애, 가족, 문화, 신념 등 다양한 내용을 포함한다. 다문화교육 프로그램의 주요내용을 정리하여 제시하면 다음과 같다(양옥승 외, 2014).

표 7-9 다문화교육 프로그램의 주요내용

내용	내용요소	범주설명
외모	• 자아정체성 • 외모의 다양성 • 인종 • 민족정체성	• 피부색, 머리카락 형태, 얼굴 등 신체적 특징을 알고, 자아정체성을 갖는 것 • 인종과 민족의 유사점과 차이점을 인식하고 정체성을 갖는 것
성	• 성정체성 • 성역할 • 성평등	• 자신의 성정체성을 확립하기 • 성역할 행동과 성평등 이해하기
장애	• 장애유형 • 타인이해	• 장애유형과 타인에 대해 이해하고 존중하기
가족	• 가족유형의 다양성 • 가족구성원의 역할과 협력 • 가족의 문화	• 다양한 가족유형과 가족구성원의 역할이해 • 가족 간 서로 협력하는 것
문화	• 생활양식 • 예술 • 상징과 역사 • 언어	• 생활양식과 각 문화의 독특성, 유사점 이해하기 • 각 나라의 고유한 상징과 역사, 언어에 대해 관심 갖기 • 자신이 속한 문화와 다른 문화에 대해 존중하기
신념	• 직업 • 계층 • 갈등과 평화	• 직업의 다양성과 중요성 이해하기 • 사회적·경제적 계층과 빈부의 차이 이해 • 갈등을 평화적으로 해결하기

출처: 양옥승 외(2014).

4) 다문화교육 프로그램 운영특징

다문화교육 프로그램은 국제화, 다원화된 사회 속에서 유아들이 편견 없이 나와 다른 사람의 차이를 존중하고 협력하는 태도를 기르는 방향으로 운영된다. 이를 통하여 민주시민의 기초를 마련한다.

다문화교육 프로그램의 교육방법은 일상생활의 이야기 나누기, 게임, 수조작, 미술, 음악, 요리 등의 활동과 놀이를 통하여 이루어질 수 있다. 다문화교육 프로그램은 문화, 협력, 편견, 정체성, 평등성, 다양성 등에 대한 이해를 바탕으로 문학, 음악, 표현, 토의 등의 활동을 통하여 경험하도록 한다.

다문화교육 프로그램은 다문화 관련 전문분야 인사를 초대하여 다양한 경험을 나누고 유아의 흥미를 경험하도록 한다. 전문인력을 초청하기 전 유아들에게 궁금한 점을 생각해 보도록 하거나 사전활동에 대한 궁금한 점에 대해 이야기를 나누어 사전경험을 풍부하게 하는 것이 좋다.

다문화교육 프로그램의 교수매체는 누리과정의 각 영역별 활동과 연계가 능하도록 제시하고 다양한 문화를 경험하도록 한다. 사진자료, 동영상 자료를 풍부하게 제동하여 정보를 생생하게 접할 수 있도록 돕는다.

다문화교육 프로그램의 교수학습방법은 서로의 의견을 나누고 유사점과 차이점을 찾아보는 토의활동을 통하여 함께 협상하고 협력하도록 한다. 또한 견학을 통하여 자료를 수집하고 수집한 자료에 기초하여 추론하고 결론을 내리도록 하며 극화놀이를 통하여 교실 안팎의 흥미영역에서 다양한 문화를 존중하는 기회를 갖도록 한다.

다문화교육을 위해 유아교사는 자신이 가진 신념을 인식하고 문화의 다양성을 수용하고 개방적인 태도를 갖도록 한다. 또한 문화적 다양성을 높이고 관련 지식을 확장하며 교육과정과 통합하기 위해 노력한다. 교사는 문화조직자, 문화매개자, 사회적 맥락의 조성자로서 역할을 하기 때문이다.

7. 장애아 통합교육 프로그램

1) 장애아 통합교육 프로그램 개발배경

1994년 특수교육진흥법이 개정·공포됨에 따라 장애유아를 일반학급에 통합하는 것에 대한 관심이 증대되었다. 장애아 통합교육은 발달지체의 영유아와 정상발달의 유아가 함께 같은 공간에서 놀고 배우는 것을 말하는 것이다. 장애아가 사회적으로 고립되는 것을 막고 사회통합을 이루기 위해 도입된 것으로 장애아와 일반유아를 연결해 주며 상호작용을 강화하는 프로그램이다.

2) 장애아 통합교육 프로그램 목적

장애아 통합교육 프로그램은 개인과 개인이 서로 상호작용하며 평등한 관계를 인식하고 더불어 살아가는 삶과 연결되는 것으로 기본생활습관, 정서조절, 사회역할, 도덕적 가치 등을 포괄하는 의미를 포함한다. 장애아 통합교육은 유아교육환경에서 장애아가 완전한 참여와 기회평등을 갖기 때문에 사회성 증진에 도움이 된다. 구체적인 목적을 제시하면 다음과 같다(유주연 외, 2021; 이원영 외, 2004).

첫째, 자기행동 조절능력을 길러서 장애유아의 옷 입고 벗기, 화장실 이용하기, 식사하기 등을 원활히 수행하도록 한다.

둘째, 장애유아와 일반유아가 함께 학습생활을 하며 놀잇감을 나누고 함께 어울리며 협동하고 대화하도록 한다.

셋째, 장애유아와 일반유아가 함께 학습생활을 하며 모든 활동에 적극적으로 참여하도록 한다.

3) 장애아 통합교육 프로그램 내용

장애아 통합교육은 기본생활습관, 유아교육기관 생활, 대인관계에 대한 내용을 포함한다(이원영 외, 2004). 통합은 장애유아를 일반학급에 통합하는 물리적 통합뿐만 아니라 학문적 통합(교수활동의 통합), 교사와 또래로부터 학급 구성원으로 수용되는 사회적 통합이 모두 이루어질 때 진정한 의미에서의 통합이 이루어진다(어린이집안전공제회, 한국보육진흥원, 2018).

표 7-10 장애아 통합교육 프로그램의 내용

구분	내용
기본생활습관 영역	• 신변처리기술을 익히는 내용 • 옷입기, 화장실 이용하기, 식사하기
유아교육기관 생활영역	• 장애유아들이 또래와 어울려 놀이하는 기술로, 놀이 계획하기, 놀이 규칙 지키기, 놀잇감 공유하기, 함께 놀이하기, 놀잇감 정리하기 등 • 학급생활 기술은 학습일원으로 규칙과 약속, 상황에 맞는 행동을 익히는 것으로 교실환경에 적응하기, 집단활동에 참여하기, 내 것과 남의 것 구분하기, 교사 신뢰하기 등
대인관계영역	• 자신에 대한 인식, 또래와의 접근시도와 접촉하기, 의사표현하기, 또래수용하기

4) 장애아 통합교육 프로그램 운영특징

장애아 통합교육 프로그램은 통합과 개별화의 원칙을 바탕으로 실시해야 한다. 개별화 교육(IEP)은 특수교육대상자 개인의 능력을 개발하기 위해 장애유형 및 장애특성에 적합한 교육목표, 교육방법 등을 포함한다.

장애아 통합교육 프로그램 교육내용은 국가수준 교육과정인 누리과정에 근거하되, 장애유아의 특성과 정도를 고려하여 교육내용과 방법을 다양화한다. 또한 통합환경에서 중요한 사회적 상호작용을 촉진하기 위한 여러 가지 활동을 운영한다.

장애아 통합교육 프로그램의 운영방법은 특수교사와 일반교사의 상호협력을 바탕으로 교수체계를 확립하고 교사의 자율성을 확대한다. 수준별 평가를 통하여 평가체제를 구체화하며 교육내용에 대한 신뢰성을 구축한다.

장애아 통합교육 프로그램은 기본생활습관교육을 기초로 하여 유아의 요구, 흥미, 부모의 교육적 요구가 반영되도록 한다. 특히 개별화교육은 통합환경의 특수성을 고려하고 장애유아와 일반유아의 발달특성에 맞게 운영하도록 편성한다.

장애유아를 위한 유아교사의 역할(어린이안전공제회, 보육진흥원, 2018)

- 장애유아 평가 및 장애유아 부모 상담, 가정연계를 통한 가족지원
- 장애유아가 일과에 참여할 수 있도록 수정 계획 및 활동자료 준비
- 장애유아의 특성 및 지도방법에 대하여 보육교사의 자문 역할
- 보육과정 개발 및 학습 환경 계획 수립 참여

생각해보기

1. 프로젝트 접근, 레지오 에밀리아 접근, 몬테소리 프로그램, 발도르프 프로그램, 생태유아교육 프로그램, 다문화교육 프로그램, 장애아 통합교육 프로그램 중 한 가지를 선택하여 누리과정의 5개 영역 간의 연계성에 대해 생각해 보아요.

2. 미래사회 변화를 반영하여 다양한 유아교육 프로그램이 어떻게 변화할지 상상해서 이야기해 보아요.

3. 다양한 유아교육 프로그램을 설명하는 적절한 이미지와 동영상을 검색하여 프로그램의 주요특징을 찾아보아요.

PART 03

유아교육과정 운영 및 평가

Chapter 08

유아·놀이중심 유아교육과정의 운영

학습목표

1. 유아·놀이중심 교육과정을 운영하기 위한 교육과정의 통합적 접근에 대해 이해할 수 있다.
2. 유아·놀이중심 교육과정을 실행하기 위한 유아교사의 역할을 알 수 있다.

1. 교육과정의 통합적 접근

개정 누리과정은 5개 영역의 내용이 통합적으로 유아의 경험과 연계되도록 하고 있다. 교사는 개정 누리과정에 포함된 5개 영역의 내용이 유아가 놀이를 하며 통합적으로 경험하는 것임을 이해해야 한다. 5개 영역의 내용을 유아의 경험과 연계하는 방식은 다양하다. 우선 유아는 놀이를 하며 이미 5개 영역을 통합적으로 경험한다. 예를 들면, 유아는 모래놀이를 하며, 신체를 움직이고, 친구와 대화도 하며, 그림도 그릴 수 있다. 모래와 물을 섞으며 물질의 변화에 대해 호기심과 탐구심을 가질 수도 있다. 이처럼 유아는 놀이를 통해 여러 가지 영역을 통합적으로 경험하며, 이러한 경험은 영역별로 이루어지지 않는다. 교사는 유아의 놀이에서 5개 영역의 내용이 자연스럽게 통합적으로 나타나는 것을 발견함으로써, 유아가 놀이하며 배우고 있음을 알 수 있다. 이외에도 5개 영역의 통합적 경험에 대한 예는 6장의 내용 중 '누리과정 5개 영역'에서 더 많은 놀이 사례로 살펴볼 수 있다.

5개 영역의 내용은 정해진 생활 주제 이외에도 유아의 관심과 흥미에 따라 다양하게 통합할 수 있다. 예를 들면, 교사는 유아가 놀이하면서 자연스럽게 경험하게 되는 계절이나 국경일과 같은 친근한 주제, 유아가 놀이하면서 관심을 보이는 동화나 곤충, 그네 등과 같은 주제를 중심으로 유아의 경험과 5개 영역을 통합적으로 연계하여 지원할 수 있다. 유아가 관심을 가지는 그림책, 사물, 우연한 상황 등도 충분히 유아의 경험을 통합적으로 연계하여 지원할 수 있는 자원이 될 수 있다. 교사는 자율성을 바탕으로 유아의 놀이상황과 맥락에 따라 5개 영역을 다양한 방식으로 융통성 있게 유아의 경험과 연계하여 지원할 필요가 있다.

2. 일과구성

개정 누리과정에서는 일과에서 바깥놀이를 포함하여 유아의 놀이가 충분히 이루어지도록 편성하여 운영할 것을 강조한다. 일과에는 놀이 외에도 등원과 하원, 간식과 점심, 손 씻기와 화장실 다녀오기, 안전에 대한 지도 등 매일 반복되는 일상생활도 포함된다. 또한, 교사는 유아의 놀이를 지원하는 활동도 계획할 수 있다. 교사는 유아가 놀이에 충분히 몰입하고 진정한 배움이 일어날 수 있도록 놀이와 일상생활, 활동을 유연하게 운영할 수 있어야 한다.

1) 충분한 놀이시간

개정 바깥놀이를 포함한 놀이시간이 분절되지 않고 지속적으로 운영될 때, 유아는 놀이에 몰입하면서 의미 있는 배움의 기회를 가질 수 있다. 그러므로 유아들이 놀이의 흐름이 끊어지지 않고 충분히 놀았다고 느낄 수 있도록 놀이시간을 편성하는 것이 중요하다. 교사는 놀이의 흐름을 중단했을 때 중요한 배움의 순간을 놓칠 수 있다고 판단되면 놀이시간을 연장할 수 있다. 바깥놀이를 포함한 놀이시간은 일과 가운데 가장 우선으로 충분히 편성되어야 한다.

유아들이 배를 물에 띄워보는 놀이를 하다가 상자를 이용하여 직접 탈 수 있는 배를 만들고 싶어 하여 놀이시간을 계획한 시간보다 연장하였다.

2) 융통성 있고 유아 주도적인 일상생활

유아들은 놀이와 활동뿐 아니라 일상생활을 통해서도 기본생활습관, 안전, 인성 등 다양한 배움의 기회를 갖는다. 교사는 유아가 자율적이고 주도적으로 일상생활을 할 수 있도록 충분한 시간을 허용해 주어 유아가 편안함을 느끼는 가운데 즐거운 배움이 일어나도록 지원한다. 교사는 놀이의 흐름을 지속하기 위하여 유아의 기본적인 요구를 방해하지 않는 범위 내에서 일상생활 운영방법, 일과 중 시간 배치 등의 변화를 시도해 볼 수 있다. 예를 들어, 간식이나 화장실 다녀오기 등의 일상생활은 놀이시간과 분리되어 일어나기도 하지만 놀이를 하는 과정에도 허용될 수 있도록 한다. 또한, 매일 반복되는 일상이지만 놀이와 같은 방식으로 일상생활을 즐길 수 있는 방법을 유아와 함께 찾아보는 것도 좋다.

점심시간에 식당놀이처럼 테이블을 꾸미고 음악도 틀어 즐겁게 점심을 먹었다.

신발을 유아가 넣고 싶은 자리를 스스로 매일 바꿔서 정했다.

3) 놀이가 연결된 활동

교사는 유아의 놀이를 관찰하고, 놀이가 활발하게 이루어질 수 있도록 지원하는 과정에서 필요한 경우 이야기 나누기, 노래, 동화, 게임 등 적절한 유형의 활동을 연결하여 운영한다. 활동은 교사가 계획하여 제안할 수도 있고, 유아가 다른 유아들과 공유하기 위해 준비할 수도 있다. 활동에 참여하는 유아는 학급 전체가 될 수도 있고 관심 있는 소집단의 유아가 될 수도 있다. 일과 중 활동시간은 교사가 계획하여 실시하거나 놀이의 흐름을 위해 필요하다면 놀이 중간에 잠깐 모여서 활동을 실시하고 다시 놀이로 연결할 수 있다.

활동의 내용은 놀이를 지원하거나 놀이 중의 문제를 해결하기 위한 내용으로 구성하는 것이 좋다. 활동의 방법 또한 유아·놀이중심 교육과정을 실천할 수 있도록 유아들이 즐겁게 참여할 수 있는 교수방법을 사용하여야 한다.

그림자 인형으로 놀이하면서 만들어진 극을 친구들에게 보여주기 위하여 학급 전체가 함께 모이는 활동으로 진행하였다.

놀이하면서 그림책을 밟거나 던지는 등의 문제 상황이 발생하자 잠시 모여서 책을 소중하게 다루는 태도에 대해 이야기 나누기를 진행하였다.

4) 융통성 있는 일과운영

교사는 유아들이 놀이의 흐름이 끊어지지 않고 충분히 놀았다고 느낄 수 있도록 일과를 편성하는 것이 중요하다. 일과의 순서는 일관성이 있어야 하지만 융통성 있게 운영되어야 한다. 교사는 전날의 놀이 흐름에 대한 기록과 평가를 반영하여 다음 날의 일과를 다른 순서로 조직할 수 있다. 다른 연령과 놀이경험을 공유하기 위하여 교사들 간의 협의를 통하여 일과를 조정할 수도 있고 날씨나 자연현상에 따른 관심을 놀이에 반영하기 위해 일과 순서를 바꿀 수도 있다. 일과의 융통성 있는 운영은 유아로 하여금 주도적으로 경험을 구성해 볼 수 있는 기회를 준다.

등원 후에는 실내에서 놀이를 하는 것이 일과 계획이었지만, 등원 길에 비를 맞은 유아들이 빗소리에 관심을 보여서 산책을 나가는 것으로 변경하였다. 산책 경험이 교실에서 비 오는 날을 상상하는 놀이로 표현되어 간식 후의 놀이시간이 예상보다 길어졌다.

3. 놀이공간

교사는 유아가 공간에 부여하는 의미를 이해하기 위해 놀이의 전개를 지켜보면서 유아의 놀이를 방해하는 요소가 무엇인지를 관찰하고, 유아의 의견을 반영하여 놀이공간을 구성하고 운영해 나가는 자율성을 가진다. 유치원과 어린이집에서 환경으로서의 공간은 실내와 실외 공간 또는 유아가 이용하는 기관 밖의 지역사회 공간까지 포함한다. 유아는 놀이를 통해 하나의 공간을 자신들의 놀이에 적합한 공간으로 새로운 목적을 부여하여 사용하기도 하고 놀이할 공간을 스스로 찾아내거나 만들기도 하고, 공간과 공간을 연결하여 새로운 놀이로 확장하기도 한다.

1) 융통성 있게 놀이공간 배치하기

교사는 기관의 교육 철학이나 교실의 물리적 구조, 유아의 연령, 흥미 등에 따라 자율성을 가지고 교실 공간을 구성할 수 있다. 유아의 놀이에 따라 넓은 공간이 필요하기도 하고 분리된 작은 공간이 필요하기도 하므로 흥미영역의 크기는 무조건 넓게 하는 것이 아니라 유아의 흥미와 놀이흐름에 따라 조정하도록 한다. 즉, 확장하거나 축소하기도 하고, 구석진 곳이나 조용한 곳에 옮겨 주기도 하고, 놀이가 서로 연결될 수 있도록 가까이에 배치해 주기도 하는 등 자율성을 발휘해 본다.

2) 놀이공간 넓히기

지나치게 많은 놀잇감, 교구장, 책상과 의자로 가득 찬 교실은 정작 유아가 놀이할 수 있는 공간이 충분하지 않은 경우가 많다. 유아의 놀이를 관찰한 결과 좁은 공간이 놀이를 방해하는 요소라고 판단되었거나, 유아가 놀이공간을 넓히고 싶다고 스스로 요구하였을 때, 교사는 놀이를 방해하는 가구와 설비를 치우거나, 유아에게 관심이 적은 놀잇감을 제거함으로써 놀이할 수 있는 충분한 공간을 만들어 줄 수 있다. 이때 교실에서 꺼낸 자료를 보관할 수 있는 기관 내 여유 공간을 확보하고 동료 교원들과 의논하여 안전이 보장되는 범위에서 놀이공간을 확장한다.

3) 유아에게 공간 배치 주도권 주기

놀이공간은 모든 구성원의 삶이 반영되는 곳이다. 대부분의 유아들은 교실의 소유권이 교사에게 있다고 생각한다. 그러나 교사가 유아의 놀이를 따라가면서 자연스럽게 유아 스스로 놀이공간을 배치하거나 변경하도록 지원하다 보면 유아도 교실이 자신의 공간이라고 생각하게 된다. 다만 어떤 유아는 조용한 혼자만의 놀이공간이 필요하거나 공간구성이 지나치게 자주 바뀌는 것을 싫어할 수도 있으므로 다수와 개인의 놀이가 고루 존중되는 교실의 문화를 만드는 것이 좋다.

4) 다른 놀이공간 찾아보기

유아는 스스로 찾아낸 공간, 놀이를 하다가 우연히 발견한 공간을 더 좋아하고 애착을 갖는다. 교사는 교실이나 실외 놀이터 외에 복도, 현관 입구, 교실과 교실 사이의 공유 공간, 계단 밑 등도 안전하다면 유아의 놀이공간으로 허용할 수 있다. 단, 교사는 각 공간의 위험 요소를 사전에 점검하고, 위험요소를 치우거나 안전하게 처리한 후 유아와 함께 안전에 유의할 수 있는 방법 및 공간을 활용할 수 있는 방법에 대해 함께 의논한다. 비상구나 비상계단 등 비상시 대피경로에 놀잇감이나 자료장을 배치하지 않도록 주의한다.

4. 놀이자료

유아에게 자료는 세상을 만나고 자신의 감정과 생각을 표상하는 매개이다. 유아는 다양한 놀이자료를 풍부하게 사용하고 자신만의 방식으로 재창조하는 과정을 통해서 사물에 대한 탐색, 심미적인 경험, 또래와의 상호작용, 성취감 등을 얻을 수 있다. 유치원과 어린이집에서는 교사가 준비한 자료에 더하여 유아가 매일 마주치게 되는 일상의 사물들, 자연물이나 자연현상 등 모든 것이 자료가 될 수 있다. 교사는 유아가 어떤 자료에 흥미를 갖고 탐색하고자 하며 놀이를 통해 새롭게 의미를 부여할 때 이를 수용해 주어야 한다. 유아에게 위험하거나 유해하지 않는 한 모든 자료가 놀이자료가 될 수 있다는 새로운 가치를 함께 실현하려는 열린 마음과 유아의 주도성을 인정해 주는 태도를 가지는 것이 필요하다.

1) 유아가 결정한 자료 활용 방법

교사가 새로운 자료를 내어 줄 때는 일반적으로 어떤 의도나 기대를 가지게 된다. 그러나 유아는 자신만의 방식으로 자료를 해석하고 교사가 의도한 것과 다르게 자료를 활용하기도 한다. 어떤 자료는 단순한 탐색의 대상이 되기도 하고, 어떤 자료는 다양한 방법으로 오랫동안 놀이 속에서 활용되기도 한다. 교사가 의도한 결과를 얻기 위해 계획한 활동으로 이끌기보다 자료가 어떻게 놀이의 매개가 되는지 지켜보고 유아가 스스로 선택한 방법 속에서 배움이 일어나도록 지원한다.

교사는 집 꾸미는 자료로 천을 제공했는데 유아는 옷으로 입고 패션쇼 놀이를 했다.

수세기 놀이자료 중 일부인 과일모형을 쌓기놀이에 가지고 와서 동물의 먹이로 놀이했다.

2) 자연물과 자연현상 놀이자료

유아는 바깥놀이를 하거나 주변의 숲을 산책하면서 곤충, 풀, 꽃 등의 자연물을 보고 만지고 냄새 맡으면서 발견의 즐거움, 기쁨, 놀라움 등의 감정을 느낀다. 유아는 자연물로 놀이하는 과정에서 색, 모양, 선, 질감과 같은 자연물의 속성과 아름다움에 대한 감성, 생명의 존귀함 등을 스스로 배운다. 빛과 그림자, 눈, 비, 구름 등과 같은 자연현상도 놀이의 매개 또는 주제가 될 수 있다. 이처럼 자연은 매일의 삶 속에서 탐색, 관찰, 몰입을 통해 배움이 일어나도록 매개하는 자료이다.

유아들이 밖에서 그림자를 발견하고 흥미를 보이며 그림자 만들기, 그림자밟기 등의 놀이를 하였다.

주변에 깔린 돌은 다양한 색깔, 모양, 질감, 무게와 크기의 속성을 가진 좋은 놀이자료가 되었다.

3) 다양한 일상 사물 놀이자료

놀이방법이 정형화되어 있는 상업적인 놀잇감보다 일상에서 발견하는 다양한 사물이 유아의 놀이를 더 풍부하게 해 주기도 한다. 유아는 일상의 물건을 놀이자료로 사용하면서 본래의 용도 외에 물질의 고유한 특성과 형태, 색, 질감 등 감각적 요소를 발견하게 된다. 교사는 상품화되거나 정형화된 놀잇감 이외에 다양한 열린 자료를 지원하도록 한다.

기존의 놀잇감과 휴지속심 등 재활용 자료를 함께 사용하며 놀이하였다.

재활용품을 제공했을 때, 유아들이 새로운 놀잇감을 만들어 다른 친구들과 공유하였다.

4) 자료 없는 놀이

유아는 몸으로 주변 세계를 알아가고, 자신의 감정과 생각을 표출하고, 여러 가지 놀이를 한다. 실외로 나가면 유아는 놀잇감이 없어도 자신의 몸으로 놀이를 할 수 있고 또 다른 유아와 만나 몸을 이용해 함께 하는 놀이를 하기도 한다. 실내에서도 유아의 신체 움직임을 지나치게 통제하거나 율동 및 대근육 시간에만 허용하지 말고 유아의 몸 움직임에서 놀이성을 찾아 지원한다.

놀잇감이 없어도 대문놀이 하나만으로도 신나게 놀이했다.

유아들은 앉아서 움직이며 술래잡기 놀이를 제안하였고 학급 전체의 즐거운 놀이가 되었다.

5) 새롭게 활용되는 기존 자료

기존에 사용하던 생활주제 관련 놀이자료를 모두 새로운 자료로 대체할 필요는 없다. 기존에 기관에서 가지고 있던 흥미영역별, 생활주제별 자료도 잘 활용한다면 훌륭한 놀이자료가 될 수 있다. 교사는 유아가 기존의 자료를 새로운 방식으로 놀이하는 것을 허용하고 격려한다. 놀이중심 교육과정에서는 주제를 미리 정해 두고 놀이자료도 주제에 맞추어 제시하는 것을 지양한다. 그러므로 자료를 흥미영역이나 생활주제 또는 연령별로 분류하는 기존의 보관방법을 놀이자료별로 분류하는 등 좀 더 효과적으로 기존의 자료를 활용할 수 있는 방법을 찾아보는 것도 바람직하다.

안전에 관한 이야기 나누기 활동 자료를 가지고 유아들이 알아맞히기 게임을 하고 있다.

5. 상호작용

유아는 놀이를 하면서 자연스럽게 또래 유아, 교사, 환경과 능동적으로 상호작용하고 이 과정에서 사물과 현상, 관계에 대해 배운다. 유아와 유아 간의 상호작용은 놀이하는 과정에서 끊임없이 일어난다. 유아와 유아 간의 상호작용은 놀이하는 과정에서 끊임없이 일어난다. 유아는 서로 놀이를 제안하거나 협력하며 문제를 해결하고 갈등을 통해서 관계를 형성하는 방법을 배우기도 한다. 교사의 상호작용은 놀이에 대한 흥미를 지속시키거나 놀이의 방해요소를 제거해 줌으로써 유아의 놀이에서 5개 영역의 내용에 해당하는 충분한 경험이 일어나도록 하는 데 초점을 둔다. 유아와 환경과의 상호작용은 놀이공간, 놀이자료, 일과운영에서 교사는 유아의 안전이 보장되는 한 유아들이 선택한 모든 놀이공간과 놀이환경에 대해 개방적으로 수용하려는 태도를 가지도록 한다.

1) 유아-유아 상호작용

교사는 유아가 누구와 놀이하는지, 어떻게 놀이하는지, 어떤 관계를 맺는지 관찰함으로써 유아의 성향, 사회적 능력, 대인 관계 등을 파악하여 지원할 수 있다. 유아가 놀이하면서 또래와 맺는 관계는 연령에 따라 다르지만 빈번한 갈등을 경험하는 유아가 있다면 좀 더 적극적으로 지원해 줄 수 있다. 그러나 교사의 직접적인 개입이 유아 간의 상호작용을 방해할 수 있으므로 스스로 놀이를 전개하고 문제를 해결해 보도록 기다려 주면서 개입 시기를 신중하게 결정하여야 한다. 교사는 혼자 놀이하는 유아를 우려하는 경우가 많은데, 혼자놀이도 그 자체로 의미가 있으며 주도성이 높고 배움의 요소가 풍부할 수 있으므로 단순히 혼자 놀고 있다고 해서 다른 놀이에 참여하도록 의도적으로 유도하는 것은 바람직하지 않다. 그러나 만약 놀이에 참여하고 싶지만 그러지 못하고 배회하는 유아가 있다면, 교사는 다른 친구의 놀이를 소개해 주고 관심이 있는지 유아의 의견을 물어본 후 유아와 유아 간의 관계를 지원한다.

2) 유아-환경 상호작용

놀이는 실내외 곳곳에서 산발적 혹은 동시적으로 일어나며, 동일한 놀이 주제나 자료에 대한 흥미와 몰입도 유아마다 다르다. 그러다 보니 놀이가 진행되면서 놀이가 벌어지는 공간의 위치나 크기도 계속적으로 변화하는데 이를 관찰하면 유아가 어떤 놀이를 좋아하는지, 다양한 놀이를 즐기는지 혹은 한 가지 놀이를 주로 하는지 등을 파악할 수 있으며, 이를 바탕으로 적절한 공간을 스스로 찾아볼 수 있도록 지원한다. 또한, 동일한 자료라 하더라도 이를 이용한 놀이 내용과 몰입은 유아의 개별성과 고유성에 의해 다양하게 나타난다. 유아가 어떻게 저마다의 방식으로 놀이자료와 교감하는지 비교하며 관찰하면 유아의 특성을 더 잘 이해하고 적절하게 지원할 수 있다. 예를 들어 자료를 반복적으로 한 가지 방식으로만 탐색하는지 혹은 다양한 방법으로 탐색하는지 살펴볼 수 있다. 자료를 한 가지 방법으로 반복적으로 탐색하는 것도 물체의 특성 및 물리적 법칙에 대한 이해를 넓혀 가고 있는 것으로 그 자체로 의미가 있으므로 교사의 의도대로 놀이자료를 사용하도록 강요하지 않아야 한다.

3) 놀이 지원을 위한 관찰

상호작용에 대해 교사들이 가지고 있는 오해 중 하나는 무조건 유아의 놀이에 개입을 하고 언어적인 상호작용을 해야 한다는 것이다. 유아의 놀이를 지원하기 위해서는 즉각적인 개입보다는 유아가 놀이에서 보이는 감정의 상태, 궁금해하는 것, 흥미를 보이고 탐색을 하는 것 등을 관찰하면서 기다리는 것이 우선되어야 한다. 교사는 유아의 놀이가 진행되는 과정에서 배움이 일어나도록 상호작용하기에 적절한 순간과 방법을 잘 결정하여야 한다.

4) 놀이 제안

교사는 유아의 놀이를 지원하기 위해 제안을 할 수 있다. 그러나 교사의 제안은 신중해야 한다. 유아·놀이중심 교육과정에서 교사는 유아의 흥미와 상관없이 새로운 놀이자료를 일방적으로 제안하거나 교사 주도로 새로운 놀이방법으로 이끌기보다는 놀이 관찰에 기반하여 놀이를 지원하는 것이 좋다. 현재 진행 중인 놀이가 잘 지속될 수 있도록 공간, 자료, 시간 등의 측면에서 무엇을 어떻게 지원하는 것이 좋을지 고민하고 제안하며, 유아가 교사의 지원을 어떻게 받아들이는지 살펴보고 추후 지원에 반영할 필요가 있다. 놀이지원으로서의 제안은 유아의 흥미와 관심에 기반해야 하지만, 때로는 안전이나 교육적 가치에 기반할 수 있다. 예를 들어, 함께 놀이하면서 지켜야 하는 약속과 규칙이 있을 때, 교사가 일방적으로 정하고 알려 주기보다 유아가 규칙의 필요성을 느끼면서 적절한 규칙을 만들어 보도록 제안할 수 있다. "다른 친구에게 방해되지 않으려면 어떻게 하면 좋을까?", "교실에서 던지며 놀면 부딪힐 수도 있으니까 어떻게 하면 좋을까?" 등이 그 예라 할 수 있다.

5) 놀이 참여

교사는 유아와 함께 놀이하는 즐거움을 느낄 수 있어야 한다. 유아와 교사가 놀이의 즐거움을 공유할 수 있는 기회가 많을수록 둘 사이에 진정한 공감과 소통이 발생한다. 그러므로 교사는 유아의 주도적인 놀이를 일과의 가장 중요한 부분으로 인식하고 필요한 경우 공동 놀이자로 참여할 수 있다. 이러한 과정에서 교사는 놀이의 속성을 더 잘 이해하게 되고 보다 효과적으로 지원할 수 있게 된다. 유아의 놀이는 때로는 아이디어의 결핍이나 유아 간 상이한 요구와 의견 충돌, 공간이나 자료를 점유하기 위한 갈등 등에 의해 단절되거나 교착 상태에 빠지기도 한다. 이와 같이 유아의 놀이가 문제 상황에 부딪혔을 때에도 교사의 놀이참여는 유아들이 문제를 명확하게 이해하고 문제해결을 도울 방법을 찾는 데 도움이 되며, 놀이 중 배움을 위한 적절한 순간에 즉각적으로 지원을 제공하는 데도 도움이 된다.

6. 유아교사의 역할

개정 누리과정에서는 유아·놀이중심 교육과정이 실현될 수 있도록 교육과정 운영에 대한 교사의 자율성을 강조한다. '자율성'이란 학급의 고유한 특성이 드러나도록 유아의 놀이를 중심으로 교육과정을 운영하는 것을 의미한다. 교사의 자율성을 지원하고 현장에서 놀이가 살아날 수 있도록 간략화된 교육과정 내용을 기반으로 '유아와 교사가 동시에 주체'가 되는 누리과정을 실현하는 데 초점을 두어야 한다. 기존에 생활주제에 맞춘 계획된 활동을 놀이보다 우선적으로 실시했다면, 이제 이를 지양하고 유아에게 마음껏 놀이할 권리를 회복시켜 주어야 할 것이다. 또한 진정한 유아·놀이중심 교육과정은 교사의 책무성이 자율성을 뒷받침할 때 완성된다. '책무성'이란 유아·놀이중심 교육과정에서 놀이, 일상생활, 활동이 잘 이루어질 수 있도록 고민하고 지원하는 교사의 역할 인식 및 실천을 의미한다. 특히, 교사의 책무성은 놀이 속에 녹아 있는 배움과 누리과정 5개 영역의 내용을 읽어내고 지원하는 것이 핵심이다. 즉, 유아·놀이중심 교육과정이라고 하여 교사의 역할이 축소되는 것이 아니라 학급 수준 교육과정의 개발자로서 더 높은 전문성이 요구되는 것이다. 개정 누리과정의 변화에 맞도록 놀이를 잘 운영하기 위해 교사가 수행해야 하는 역할에 대해 알아보고자 한다.

1) 유아·놀이중심 교육과정을 이해하고 실천하기

개정 누리과정에서 일과는 놀이, 일상생활, 활동으로 구성되는데 특별히 '놀이'를 중심으로 일과를 편성할 것을 권장한다.

- 교사는 누리과정 총론 및 5개 영역의 내용을 숙지하고 유아의 놀이, 일상생활, 활동과 연계하여 교육과정을 운영하는데, 특별히 놀이하며 배우는 유능한 유아에 대한 이해가 우선 되어야 한다.
- 누리과정 개정의 중점 중 하나는 놀이중심 교육과정 운영이다. 따라서 누리과정을 잘 이해하고 실행한다는 것은 일과에서 놀이시간을 충분히 제공하고 유아들의 흥미와 무관한 활동을 교사가 계획해서 실시하지 않는다는 것을 의미한다.
- 유아 및 놀이중심이 강조된다고 하더라도 교사가 계획한 활동이나 법적으로 요구되는 활동(예: 안전교육)을 실시하되 유아가 주도적으로 즐겁게 참여하는 활동으로 진행하는 것이 중요하다. 이를 위해서는 유아의 놀이나 일상생활을 잘 관찰하고 이와 연계할 수 있는 활동을 실시하는 것이 필요하다.

2) 놀이를 통한 유아의 배움을 지원하기

유아중심 교육과정을 성공적으로 실행하기 위해서 교사는 유아를 교육과정 운영의 주체로서 교사와 함께 교육과정을 구성해 가는 공동 구성자로 인정해야 한다. 어떤 유아라도 자유롭게 놀이하고 그 안에서 배움을 구성할 수 있는 역량을 지닌 존재임을 신뢰하고 유아의 놀이를 잘 관찰해야 한다.

- 유아의 놀이를 잘 관찰하고 지원하기 위해서 교사는 교육과정 구성의 파트너로서 유아의 놀이를 주의 깊게 바라보고 유아가 경험하는 기쁨과 슬픔, 좌절과 감동을 함께 느끼고 공유할 수 있어야 한다.
- 유아의 놀이를 잘 관찰하기 위해서 교사는 유아를 이해하려는 민감성을 갖추려고 노력하는 동시에 유아가 놀이를 통해 경험하는 것, 스스로 배우는 것이 무엇인지 이해하려고 노력할 필요가 있다. 이때 유아들이 구성하고 만들어 내는 총체적 의미를 충분히 읽어내기 위해 노력해야 한다.
- 유아의 놀이를 지원하기 위해 교사는 놀이에 직접 참여하지 않고도 격려, 미소, 공감의 표정을 보이거나 칭찬과 격려의 말을 건네는 정서적 지원을 제공할 수 있다. 또한, 놀이를 관찰하다가 배움이 일어나도록 질문이나 제안을 건네 보는 등의 상호작용에 기반한 언어적 지원, 공간 구성을 바꾸어 주거나 새로운 자료를 제공하는 등의 환경적 지원을 할 수 있다.
- 환경적 지원을 할 때는 심미적·창의적 감수성을 키워 줄 수 있도록 공간과 자료를 제공해 주는 것이 중요하다.

3) 놀이와 배움을 기록하고 평가하기

개정 누리과정은 교사가 선계획하여 '계획-실행-평가-계획'으로 이어지던 기존의 '선형적' 과정을 지양한다. 교사는 유아의 놀이, 일상생활, 활동을 잘 관찰하고 기록하다가 유아의 배움을 지원하기 위한 계획을 수립하는 것이 좋다. 특히, 개정 누리과정은 5가지 추구하는 인간상을 제시하고 있으므로 누리과정 목적과 목표 및 5개 영역별 목표와 내용을 유아의 성장 변화 및 교육과정 운영에 대한 판단의 근거로 삼을 수 있다(그림 8-1).

- 유아의 배움을 잘 기록하고 평가하기 위해서 교사는 결과가 아닌 과정에 주목해야 한다.
- 개정 누리과정은 과도한 부담이 되는 평가의 형식을 탈피하고자 하였으므로 기록 및 평가에 있어서 틀에 맞춘 과도한 문서화를 요구하지 않으며 형식과 분량에 있어 기관별·학급별로 자율성을 부여한다.
- 진행된 주제 및 놀이나 활동에 따라 누리과정 5개 영역 중 일부 영역이나 인간상이 두드러질 수 있으므로 평가를 함에 있어서 단편적인 놀이 에피소드나 활동보다는 전개된 놀이와 일상생활, 활동에 대한 누적된 기록을 총체적으로 고려해야 한다.

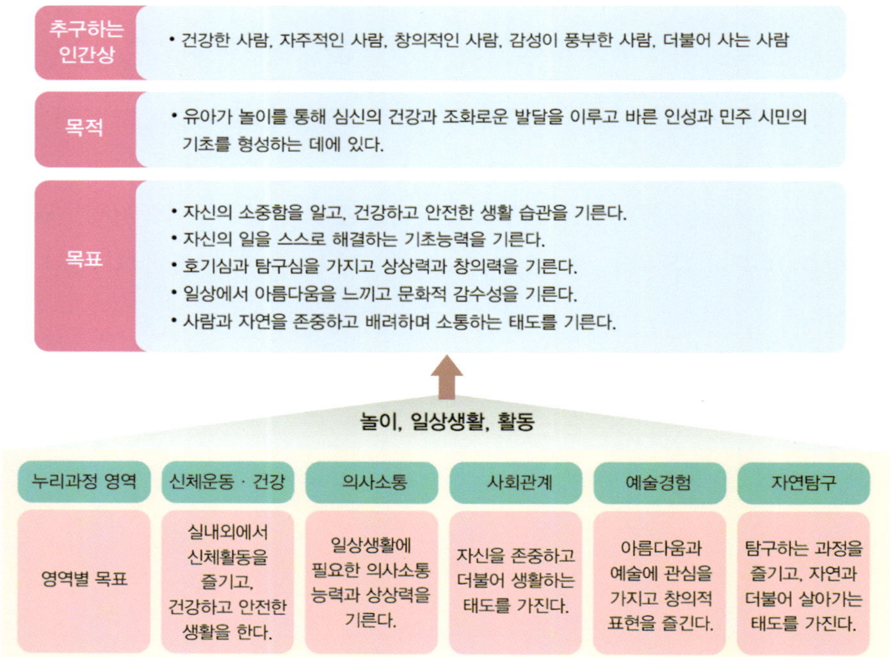

그림 8-1 개정 누리과정의 구성

4) 함께 배우며 성장하기

기존 교육과정에서도 유아의 주도성과 놀이를 강조해 왔기 때문에, 유아·놀이중심을 강조하는 개정 누리과정에 대해 교사들은 무엇이 달라진 것인지 혼란을 느낄 수 있다. 만약 일과 속에서 그림 8-2와 같은 유아의 소리를 자주 듣고 있다면 개정 누리과정이 강조하는 유아 주도적 놀이중심 교육과정의 운영을 위해 교사의 지속적인 성찰이 필요하다고 볼 수 있다.

- 유아·놀이중심 교육과정을 실행하기 위해 교사는 자신과 유아의 역량을 신뢰하고, 유아의 자율성을 보장하는 학급의 문화를 만들어야 한다. 이를 위해서 교사는 주기적으로 자신의 교육철학과 개정 누리과정에 대한 이해를 점검하고 배움을 이어가야 한다.

그림 8-2 교사 주도적 놀이시간 운영 시 나타나는 유아의 반응

- 놀이를 지원하는 과정에서 교사는 각 유아와 놀이의 특성을 고려하여 놀이를 언제, 어떻게 지원해야 할지에 대한 끊임없는 고민에 직면하게 된다. 적절한 상호작용의 순간을 놓치기도 하고 도움을 주려다 오히려 교사 주도가 되는 경험을 하기도 한다. 이렇게 정답이 없는 자율적인 교육과정을 운영하면서 교사는 한편으로 자신의 전문성을 인정받는 것 같

아 보람도 느끼지만, 다른 한편으로 자신이 잘 하고 있는지에 대한 불안감을 느낄 수도 있다. 그러나 이러한 고민과 불안감은 교사가 지속적으로 배움을 추구하게 만드는 원동력이 될 수도 있다.

- 개정 누리과정에서 강조하는 교육과정 운영의 자율성은 교사 개개인이 알아서 모든 것을 하라는 의미가 아니다. 오히려 교사들이 서로의 전문성을 인정하고 고민과 의견을 나누며 함께 배우고 성장하는 학습공동체를 자율적으로 구성하여 정서적이고 실천적인 지원이 이루어질 것을 기대한다. 교사의 계속적 성장과 배움이 일어나기 위해서는 유치원과 어린이집 기관 차원에서, 그리고 나아가 시·도 및 국가 차원의 전폭적인 지원이 필요하다.

생각해보기

1. 아이포털 사이트의 놀이 사례를 하나 선정하여 놀이공간, 놀이자료 지원이 어떻게 이루어지는지 논의해 보아요.
2. 유아·놀이중심 교육과정을 효과적으로 실행하기 위한 유아교사의 역할에 대해 논의해 보아요.

Chapter 09

유아교육과정을 위한 환경구성

학습목표

1. 유아교육과정을 위한 환경구성의 중요성 및 구성원리에 대하여 설명할 수 있다.
2. 유아교육의 실내놀이 및 실외놀이 환경구성의 다양한 영역을 설명할 수 있다.

유아교육기관은 유아가 가정 밖에서 처음으로 오랜 시간을 머무르게 되는 공간이다. 친숙하지 않은 환경에서 유아들의 전인적 성장과 발달을 돕기 위하여 먼저 신체적, 심리적으로 편안함을 느낄 수 있는 환경을 마련해 주는 것이 무엇보다도 중요하다. 또한 교육기관 환경은 유아들의 놀이에 영향을 미치는 매우 중요한 요인이다. 유아기는 성장과 발달에 있어 환경의 영향을 많이 받으며, 환경에서 교사, 부모, 또래 등과 같은 인적 환경과 시설 설비와 같은 물리적 환경이 모두 포함된다. 본 장에서는 환경구성의 중요성, 실내놀이환경, 실외놀이환경에 대하여 살펴보고자 한다.

1. 환경구성의 중요성

유아교육의 교수학습방법은 유아와 환경 간의 상호작용에서 이루어진다. 유아기는 성장과 발달 속도가 매우 빠르고, 주변 환경에 대한 탐구심과 호기심이 왕성하기에 무엇보다도 환경의 중요성이 강조된다. 유아들이 활동하고 머무르는 환경은 유아에게 매우 중요한 의미를 가지며, 많은 영향을 미친다. 즉, 유아교육기관의 환경구성이 어떻게 이루어지느냐에 따라 유아의 발달과 성장에 다른 영향을 미칠 수 있다. 과거에는 단지 유아를 위한 교육적인 목적에서 환경의 중요성이 고려되었으나, 유아교육기관의 대상 연령이 점차 하향화되고 긴 시간 동안 머물게 되면서 가정과 같은 편안함, 안정감을 주는 생활공간 차원으로의 중요성이 더욱 강조되고 있다(이선애 외, 2020).

유아의 놀이의 질은 놀이에 필요한 실내외 공간과 배치 등에 영향을 받게 되므로 매우 중요한 교육의 요소가 된다(Johnson et al., 1987). 유아교육기관의 환경 특히, 시설, 설비, 공간의 조직과 활용, 활동 영역 등과 같은 물리적 환경은 교육의 효과를 증진하는 데 있어 매우 중요한 역할을 하며 실내외 공간 구성과 교재교구 등의 변화는 유아의 행동 및 발달에 영향을 미치는 중요한 요인이 된다.

1) 유아의 입장에서 바라본 환경의 중요성

유아교육기관에서의 환경구성이 어떻게 되어 있느냐에 따라 유아의 발달과 놀이에 영향을 주게 된다. 유아들에게 발달에 적합하고 보다 자율적으로 놀이에 참여하고 탐색하고 움직일 수 있는 공간이 제공된다면 그들은 정서적 안정과 함께 편안함을 가질 수 있으며, 긍정적 정서를 가질 수 있다(이선애 외, 2020). 유아들이 자율적으로 공간과 놀잇감을 사용하고 활동에 대하여 주도적인 결정을 내릴 수 있을 때 독립심과 책임감도 발달되어진다. 또한 연령에 적합하고 풍부한 장난감이 제공되는 환경에서 놀이나 활동을 경험한 유아는 더 협동적이고 구성적이며, 적극적으로 놀이에 참여하고, 갈등을 덜 겪으며, 친사회적인 행동도 더 많이 나타난다(이윤경 외, 2013). 뿐만 아니라 유아의 흥미와 요구, 발달 수준에 맞게 설계된 환경은 유아들에게 자존감, 유능감과 함께 기관에 대한 적응도 함께 증진시키는 중요한 측면이 있다.

2) 교사의 입장에서 바라본 환경의 중요성

유아교육기관의 물리적 환경이 유아의 발달에 적합하게 구성되어 안전하고 적절한 행동을 촉진시킨다면 교사들은 스트레스를 덜 받으면서 보다 행복하게 교사 역할을 수행할 수 있게 된다(양옥승 외, 2013). 유아들에게 편안하고 안전하게 놀이할 수 있는 환경은 교사의 지시적인 상호작용을 줄여 줄 수 있으며, 교사와 유아 간에도 긍정적인 상호작용을 이끌어 준다. 교사들이 교육을 보다 편안하게 계획, 준비할 수 있는 환경은 교사들 간의 긍정적 상호작용을 더욱 높여주며 보다 즐겁고 행복하게 자신들의 업무를 수행할 수 있도록 지원해 줄 수 있다.

3) 부모의 입장에서 바라본 환경의 중요성

부모들이 유아교육기관을 선택하게 되는 결정적 요인 중 하나가 바로 환경이 어떻게 구성되었는지라고 볼 수 있다. 부모들이 유아교육기관의 교육적 환경에 만족하게 되면 더욱 기관에 대한 신뢰감과 안정감을 느낄 수 있으며 이는 기관과 부모 간의 협력을 강화하는 역할을 해 준다. 유아들에게 안전하고 편리한 환경은 부모에게 있어 신뢰감을 주게 되는 중요한 요소이며 교실 환경 외에 유아와 헤어지고 만나는 공간, 상담할 수 있는 공간, 정보 등을 공유할 수 있는 공간 등은 교사와 부모 간의 원활한 소통을 유지해 준다. 뿐만 아니라 가정과 일관성 있는 양육을 함께 수행하는 데 도움을 줄 수 있다.

2. 실내놀이환경

유아교육기관의 실내환경은 출입구 및 현관, 복도, 교실, 관찰실, 도서실, 화장실, 조리실, 식당, 보건실 및 자료실 등이 있다. 유아는 다양한 놀이환경과 만날 때 보다 의미 있는 놀이가 일어난다. 유아교육기관의 실내환경은 놀이나 활동에 집중할 수 있는 편안하고 쾌적한 공간이어야 한다. 실내놀이환경이 갖는 의미는 다음과 같다(김지영 외, 2020). 첫째, 놀이가 결정되는 공간으로 어떻게 공간을 구성하는지에 따라 놀이의 질이 결정된다. 교사의 놀이환경에 대한 계획과 의도에 따라 놀이가 다르게 나타날 수 있다. 둘째, 유아의 발달과 학습이 이루어지는 공간으로 놀이 영역의 구성 및 교재교구가 유아의 연령에 맞게 적절하게 비치된 경우 전인적 발달이 이루어진다. 또한 여러 종류의 놀이 중 유아가 원하는 것을 스스로 선택하므로 의사결정능력과 자율성 및 독립심도 증진된다. 셋째, 유아와 교사의 상호작용을 촉진하는 공간이다. 실내놀이공간의 크기와 밀도에 따라서 유아의 협동놀이와 언어적 상호작용이 달라진다. 실내놀이환경의 구성을 다양하게 제공하게 되면 새로운 놀이의 경험과 함께 교사, 또래들과 긍정적 상호작용을 하게 된다.

1) 실내놀이환경의 구성원리

실내놀이환경은 유아의 신체적·심리적 안정, 발달 적합성과 다양성을 고려하여 구성하는 것이 바람직하다. 또한 유아가 함께 생활하며 여러 가지 놀이와 활동이 이루어지는 공간이므로 창의적이고 좋은 놀이환경을 구성해 주는 것이 좋다. 구성원리는 다음과 같다(강숙현 외, 2016; 박찬옥 외, 2016; 김지영 외, 2020).

① 놀이에 필요한 충분한 공간을 확보해야 한다. 놀이환경은 유아가 활동할 수 있을 만큼 충분히 넓게 구성하는 것이 좋다. 공간 확보를 충분히 하여 놀이가 충분히 일어날 수 있도록 하고 안전사고의 위험이 없도록 해야 한다.

② 놀이의 특징에 따라 영역을 구분하여 구성한다. 조용한 영역, 활동적 영역을 분리하여 배치하고 서로 연관되는 영역은 인접하게 배치한다. 다음은 프로스트와 키싱어(Frost & Kissinger, 1976)의 구분으로 놀이의 활동성과 물의 필요성을 원칙으로 4가지 영역으로 구분하였다.

조용하고 건조한 영역 (언어 영역, 수 · 조작 영역)	활동적이며 건조한 영역 (역할 영역, 쌓기 영역, 음률 영역)
조용하고 물이 있는 영역 (과학 영역, 요리 영역)	활동적이며 물이 있는 영역 (미술 영역)

③ 유아의 연령, 발달특성, 교육프로그램을 반영하여 놀이영역을 구성한다. 흥미영역은 1년 내내 고정하기보다는 교실의 크기, 유아의 연령, 흥미나 놀이주제에 따라 융통성 있게 변화를 주도록 한다. 즉, 유아의 놀이 욕구 충족을 위해 유아의 연령, 발달수준 등을 고려하여 흥미영역 또는 놀이영역을 구성하고 매력적이고 교육적으로 의미 있는 활동

을 제공하도록 한다.

④ 안전과 위생을 고려한다. 놀이환경의 안전, 위생, 환기 및 청결 관리를 지속적으로 해야 하고 놀이가 최적으로 이루어질 수 있도록 적정 온도나 습도를 유지해야 한다. 또한 시설 설비와 교구는 유아 연령과 발달에 적합하도록 배치하여 안전하게 사용할 수 있도록 한다.

⑤ 유아의 작품을 전시할 수 있는 공간을 마련한다. 유아가 활동한 결과물을 전시할 수 있는 공간을 마련하는 것이 좋다. 유아의 눈높이에 맞도록 벽면에 게시하거나 별도의 공간이나 영역을 마련하여 결과물을 전시하고 감상하도록 한다.

2) 영아를 위한 실내놀이환경 영역

(1) 신체영역

영아기는 끊임없이 움직이면서 신체발달이 급속도로 이루어지는 시기이다. 이에 영아의 대소근육발달과 신체조절능력, 협응력을 기를 수 있도록 영아가 움직일 수 있는 충분한 공간을 마련하고 다양한 활동을 제공해 주는 것이 필요하다. 만0~1세 영아를 위해 기어오르는 기구, 그네, 운동기구, 잡고 걸을 수 있는 자료와 밀고 당길 수 있는 자료를 제공해 준다. 만2세 영아는 스스로 놀이가 가능하므로 미끄럼틀, 종합놀이대 등 대근육 활동 자료를 제공하고 다양한 신체활동을 할 수 있도록 3종 이상을 구비하도록 한다.

(2) 감각·탐색영역

영아의 신체가 발달하면서 이동 공간이 넓어지고 호기심이 증가하면서 오감을 이용하여 주변을 탐색한다. 이에 영아가 충분히 탐색할 수 있는 영역을 구성해 주는 것이 좋다. 조용하고 햇볕이 잘 드는 곳에 위치하는 것이 좋다. 평가인증지표에 의하면 자료 수량은 영아반의 경우 3종 이상을 구비해야 한다.

오감을 자극할 수 있는 다양한 재질과 형태의 놀잇감 제공과 영아가 만지고 맛보고 냄새 맡는 데 위험한 요소가 없어야 한다. 영아의 경우 안전사고 대비를 위해 직경 3.5cm 이하의 놀잇감은 비치하지 않도록 한다.

(3) 언어영역

조용하고 밝은 곳에 구성하고 영아가 그림책을 편안하게 볼 수 있도록 구성한다. 교사가 영아를 안고 책을 읽어 줄 수 있고, 영아가 스스로 책을 볼 수도 있으므로 충분한 공간을 마련해 주고, 흔들의자나 기댈 만한 쿠션 등을 놓도록 한다. 언어가 촉진될 수 있는 다양한 활동자료의 비치와 책뿐만 아니라 듣기, 말하기 자료도 비치하도록 한다. 다양한 촉감이나 소리가 나는 토이북 형태의 그림책, 손 인형, 사진자료, 그림자료, 카세트 등을 비치하고 영아가 쉽게 꺼내서 사용할 수 있다.

(4) 미술·음률영역

미술영역은 다양한 재료를 이용하여 영아가 그리기와 만들기를 하는 영역으로 물과 가까운 곳에 배치하도록 한다. 만0~1세 영아를 위해 끼적이기를 할 수 있는 공간을 구성하고 만2세 영아를 위해서 다양한 그리기 도구를 제공해 주어 그림을 그리고 작품을 구성할 수 있도록 한다. 음률영역은 소리 탐색과 움직임을 할 수 있는 공간으로 구성한다. 리듬악기와 동작 표현을 돕는 소품은 영아의 수에 맞게 충분하게 제공해 준다.

(5) 역할놀이 및 쌓기놀이 영역

가정의 일상적인 모습을 모방하고 놀이하거나 전화기, 음식 모형 등은 가능한 실물에 가까운 것으로 준비하도록 한다. 놀잇감은 영아의 수에 여유 있게 비치하도록 하고 쌓기놀이 영역에서는 다양한 블록을 쌓거나 구성물을 만들면서 놀이하는 데 소음 예방을 위해 매트를 까는 것도 좋다. 쌓기놀이 영역에서 다양한 블록을 쌓거나 구성물을 만들 수 있도록 한다. 영아의 경우에는 블록을 들어 운반하거나 그냥 들고 다니기도 하므로 너무 크거나 무겁지 않은 것으로 준비하고 떨어져도 다치지 않는 안전한 것으로 비치한다.

3) 유아를 위한 실내놀이환경 영역

(1) 쌓기놀이 영역

여러 가지 크기와 모양, 재질의 블록과 소품을 이용하여 구성물을 만들거나 꾸며 보는 등의 놀이를 하는 영역이다. 다양한 구성활동을 통해 관찰력, 원인과 결과에 대한 사고 등을 기를 수 있다. 다양한 블록, 크고 작은 모형, 사회극놀이 소품 등을 비치하여 놀이의 확장을 지원한다.

(2) 역할놀이 영역

유아가 가족이나 다양한 직업, 사회 구성원의 역할을 경험해 볼 수 있는 영역이다. 자신과 다른 사람의 감정을 더 잘 알고 적절하게 상호작용하며, 함께 살아가는 방법을 익히게 한다. 동적인 영역으로 주제와 관련된 소품을 제공하여 놀이가 더욱 흥미롭고 풍부하게 진행될 수 있도록 지원해 주는 것이 필요하다. 충분한 공간과 놀잇감의 제공, 다툼이나 갈등이 생길 수 있으므로 스스로 갈등을 해결하거나 교사의 중재 지원도 필요한 영역이다.

(3) 언어영역

언어영역은 듣기, 말하기, 읽기, 쓰기와 관련된 활동을 경험하는 영역이다. 일상생활에 필요한 언어 능력을 향상시키고 올바른 의사소통 능력 및 태도를 기르게 된다. 언어영역은 다소 조용하고 안정된 공간에 배치하는 것이 좋다. 활동 주제나 유아 흥미에 따라 다양한 언어활동 자료를 비치하고 편안하게 언어활동에 몰입하도록 지원해야 한다.

(4) 수·조작 영역

일대일 대응, 분류, 비교 및 서열 등 수 활동이나 퍼즐 맞추기나 끼워서 구성하기, 간단한 게임 등 수학적 개념 및 사고 증진, 소근육 조작 등과 관련된 활동을 주로 하는 영역이다. 개별적 탐색활동이 많고 주의집중이 필요하다. 수·조작 영역의 놀이자료는 다양한 난이도의 교구와 자료의 구성이 필요하며 놀이 부품이나 조각이 분실되지 않도록 해야 한다.

(5) 과학영역

여러 가지 기자재를 활용하여 생물과 무생물, 물질의 성질 현상 등 유아가 접하는 자연환경을 관찰, 탐구, 실험 및 감상하는 활동을 하는 영역이다. 이를 통해 주변의 환경이나 사물, 생명체에 대해 알고 지속적으로 탐색하고 과학적인 사고를 형성할 수 있도록 돕는 영역이다. 과학적 탐구활동을 통해 의문과 호기심을 가지고 충분한 과학적 상호작용이 일어날 수 있도록 놀이 지원이 필요하다.

(6) 음률영역

생활주변에서 듣는 다양한 소리에 관심을 가지고 탐색하고, 노래를 부르고 여러 가지 악기를 다루어 보고, 음악에 맞추어 자유롭게 몸을 움직이거나 창의적 신체표현 활동을 경험하도록 하는 영역이다. 충분한 공간 형성과 다양한 음률활동이 이루어질 수 있도록 하며 다양한 악기의 제공과 바른 사용법에 대하여 지원한다.

(7) 미술영역

자연과 사물의 아름다움을 체험하고 그리기, 만들기, 꾸미기, 구성하기 등의 활용을 하며 자신의 생각과 느낌을 자유롭고 창의적으로 표현하고 미적 아름다움을 감상하는 경험을 하는 영역이다. 다양한 재료의 제공과 미술재료가 위생적이고 안전한지 점검하고 제공하는 것이 필요하다. 또한 유아의 작품을 전시할 수 있는 공간을 마련하여 감상할 수 있는 기회도 지원한다.

3. 실외놀이환경

실외놀이환경은 실내놀이환경에서 할 수 없는 여러 활동과 자연과의 상호작용을 충분히 경험할 수 있는 교육적 공간이다. 실외놀이환경에서 이루어지는 놀이를 실외놀이 또는 바깥놀이라고 한다. 실외놀이환경의 의미를 정리해 보면 첫째, 자연과의 만남이 가능한 공간, 둘째, 신체감각과 운동성을 표출시키는 공간, 셋째, 눈에 보이는 공간과 보이지 않는 공간이 함께 공존하는 공간이다.

1) 실외환경의 구성원리

① 안전한 놀이환경이 되도록 고려하여 구성한다.

실외놀이환경에서 가장 중요하게 고려해야 하는 원칙은 유아의 안전이다. 놀이터와 놀이기구의 안전설비기준의 준수와 정기적인 안전점검을 실시해야 한다. 실외놀이환경 주변에 위험 요소는 없는지, 놀이기구는 안전한지 수시로 확인해야 한다.

② 다양한 영역으로 구성해야 한다.

동적인 활동과 정적인 활동이 모두 잘 이루어질 수 있도록 구성해야 한다. 또한 놀이기구는 개별적으로 단조롭게 배치하기보다는 다양한 움직임을 경험할 수 있도록 계속적인 연결 상태로 구성되는 것이 좋다.

③ 바닥은 단단한 표면과 부드러운 표면의 균형이 이루어지도록 구성한다.

다양한 표면을 경험할 수 있도록 구성하여 복합놀이기구가 있는 곳의 바닥은 부드러운 표면, 자전거를 타거나 술래잡기 등을 하는 곳의 바닥은 단단한 표면으로 하여 안전과 활동의 용이성을 고려해 주는 것이 좋다.

④ 양지 영역과 그늘진 영역을 갖추도록 한다.

실외놀이환경은 계절과 날씨의 영향을 많이 받는다. 실외놀이환경은 햇볕을 잘 받을 수 있도록 남쪽에 배치하도록 하고, 유아가 오래 머무르는 곳은 햇빛을 가려 줄 수 있는 그늘진 영역을 갖추어 쉬면서 놀이를 할 수 있도록 지원해야 한다.

⑤ 이동을 고려하여 충분한 통로를 갖추도록 한다.

유아의 움직임이 활발하게 이루어지고 이동이 많기 때문에 서로의 놀이를 방해하거나 부딪히지 않고 지나다닐 수 있도록 충분히 넓은 통로를 갖추어야 한다.

⑥ 지역사회 및 자연환경 등과 연계하여 놀이공간을 확장해 주는 것이 좋다.

지역사회의 공터, 공원, 들과 산 등 지역사회 및 자연환경 등과 연계하여 놀이공간을 확장해 주는 것도 필요하다.

2) 영역별 놀이환경

(1) 운동놀이 영역

미끄럼틀, 그네 등 운동놀이기구를 이용하는 놀이, 공이나 막대 등의 작은 도구나 몸을 활용하는 다양한 놀이가 활발하게 이루어질 수 있는 영역이다. 운동놀이 영역의 놀이기구들은 유아의 신체에 적합해야 하며 안전하게 설치되어야 한다. 놀이기구와 기구 사이에는 충분한 공간을 확보하여 충돌을 예방하고 바닥재도 모래나 탄력블록을 깔아 혹시라도 떨어졌을 때 부상을 최소화해야 한다. 뿐만 아니라 유아들이 흙을 만져보고 줄넘기, 비석치기, 공굴리기, 사방치기 등 다양한 놀이를 할 수 있는 흙 마당이 있으면 더욱 좋다. 큰 기구를 이용한 운동놀이와 작은 도구를 이용하는 흙 마당은 인접해 있는 것이 좋다.

이 영역의 놀잇감 및 자료는 미끄럼틀, 그물망, 흔들다리, 그네, 시소 등 모래밭, 우레탄 바닥이 필요하며, 작은 놀이도구로는 공, 훌라후프, 굴렁쇠, 고무줄, 납작한 돌, 제기, 널뛰기 등이 필요하다.

(2) 물·모래놀이 영역

물놀이, 모래놀이 영역은 인접해서 위치하는 것이 바람직하다. 모래밭은 다양한 형태와 크기로 조성할 수 있고 모래밭의 테두리도 여러 가지 재료를 활용할 수 있다. 물·모래놀이 영역은 햇볕이 잘 들고 배수가 잘 되는 곳이 적합하며 통로를 피하고 동적 놀이 영역과 조금 떨어진 곳에 배치하는 것이 적절하다. 모래놀이용 모래는 곱고 이물질이 섞이지 않은 깨끗한 것으로 유실이 되면 보충해 주어야 한다.

이 영역의 놀잇감과 교구 및 자료는 다양한 물놀이 도구, 그릇류, 뜨거나 가라앉는 물체, 담을 수 있는 용기와 모래놀이 테이블, 흙파기 도구, 자연물, 기타 모형 포클레인, 트럭 모형 동물과 인형 등 주제에 맞게 다양한 자료를 함께 비치해 준다.

(3) 동식물 기르기 영역

동식물 기르기 영역은 동식물을 기르며 관찰, 조사, 실험하는 등의 탐구과정에 참여하고 자연물에 대한 지식을 획득, 자연에 대한 이해와 정서적 교감을 나눌 수 있으며 자연존중의 태도를 기를 수 있다. 이 영역은 햇볕이 잘 들고 바람이 잘 통하고 배수가 잘 되는 곳에 설치해야 한다. 동식물 기르기 영역을 배치할 공간이 없다면 공원이나 공터, 주변의 논밭, 산들 및 자연을 활용할 수 있다. 동식물 기르기 영역의 놀잇감 및 재료로는 식물 기르기(꽃밭, 텃밭, 크고 작은 화분 등), 식물 기르기 도구(작은 삽, 모종삽, 호미, 물 주기 도구, 거름), 동물 기르기(동물 우리, 토끼장, 새장), 동물 기르기 도구(물그릇, 음식 그릇), 관찰도구(돋보기, 관찰기록지, 쓰기 도구) 등이 있다.

(4) 기타 영역

바깥 공간이 여유가 있으며 자전거, 작은 자동차, 킥보드를 탈 수 있는 길이 있으면 좋다. 뿐만 아니라 조용한 놀이를 할 수 있는 영역도 구성해 주는 것이 좋다. 책보기, 극놀이, 조형활동 등 다양한 활동을 할 수 있는 공간 확보와 그늘이 있는 곳에서 휴식을 취할 수 있도록 공간을 확보하고 관련된 도구도 배치해 주는 것이 필요하다.

4. 2019 개정 누리과정의 놀이환경 재구성

2019 개정 누리과정에서는 유아교육현장에서 유아가 마음껏 놀이할 권리를 회복시켜 주는 것을 핵심으로 하고 있다(하정희, 정선화, 2021). 그러므로 흥미영역 간 구분이나 교사가 가장 적절한 놀이환경으로 구성한 교실이 유아 놀이 활성화에 있어 방해가 될 수 있다면 놀이공간을 재구성할 수 있다. 즉, 놀이중심, 유아중심의 실내환경을 구성하여 놀이 활성화에 초점을 두어야 한다. 2019 개정 누리과정에서의 놀이공간은 영유아의 필요와 요구에 따라 융통성 있게 변화가 가능하다. 한 번 정한 영역을 한 학기 내내 고정하지 않고 놀이에 따라 즉각적으로 재배치하는 융통성을 발휘하도록 한다(교육부, 보건복지부, 2019). 흥미영역을 융통성 있게 구성하는 데 있어서 무엇보다 중요한

것은 영유아의 흥미와 관심에 따라 자유롭게 선택할 수 있도록 해야 하고 개별 및 대소집단 구성이 가능한 환경으로 구성하는 것이다. 흥미영역은 유아의 요구나 필요에 의해서 변화 가능하며 상황에 맞게 융통성 있게 운영되어야 한다(김지영 외, 2020). 유아들의 놀이가 활발하게 일어나고 확장될 수 있도록 즐겁고 안전하게 놀이할 수 있는 환경 지원도 함께 필요하다.

1) 흥미영역 간의 통합적 운영

흥미영역 구성이 독립성을 보장하면서 서로 연계될 수 있도록 인접하게 배치하는 것이다. 이와 관련된 방법으로 쌓기놀이 영역과 역할놀이 영역을 인접하게 배치하여 놀이가 확장될 수 있도록 하는 방법이다. 영역별 칸막이는 최소로 하고 최대한 개방된 공간으로 구성하여 쉽게 이동하고 통합하여 놀이가 활발하게 일어날 수 있도록 한다.

2) 유아들이 만드는 흥미영역

수·조작영역, 과학영역 등 어려운 놀이영역의 이름을 이해하지 못할 수도 있으며, 모든 흥미영역을 실내에 갖추어야 하는 것도 아니다. 유아의 경험과 사고를 통해 놀이가 확장됨에 따라 흥미영역을 재구성할 수 있는데 이때 유아와 협의하여 기존 흥미영역의 이름을 새롭게 명명할 수 있도록 한다. 기존의 흥미영역 외에 유아가 원하는 또는 필요로 하는 흥미영역을 추가할 수 있다. 예를 들어 유리창 그림 그리기 영역, 숲속 영역, 자동차 경주 영역 등 주제와 놀이에 따라 다양한 영역을 추가할 수 있다.

3) 유아가 선택하는 놀잇감

유아는 놀잇감을 스스로 선택하여 교실에서 놀이할 수 있는데 바깥놀이나 산책을 하다가 자연물에 관심을 가지면서 가져와 놀고 싶어 하는 경우도 있다. 산책하다 주운 돌멩이, 도토리, 나뭇잎 등을 교실로 가져와서 배치할 수 있다. 또한 여러 가지 재활용품을 활용할 수도 있다. 유아가 놀이하기 위해 주변의 자료를 민감하게 관찰하고 활용하면서 교사에게 요청하기도 하고 가정에서 가져올 수도 있다. 주변의 모든 사물이나 생활용품, 자연물이 유아의 놀이를 통해 새로운 의미가 부여되어 재탄생하게 된다(하정희, 정선화, 2021).

4) 융통성 있게 변화하는 흥미영역

교구장을 벽면으로 붙이고 교실 중앙 공간을 넓게 제공하여 중간에서 친구들과 함께 놀이하는 방법도 있고, 교구장에서 교구나 놀잇감을 갖고 교실 가운데서 놀이할 수도 있고, 교실 가운데에서 친구들과 보다 큰 구성물을 만들 수도 있고, 유아에게 관심이 적은 놀잇감을 제거하여 놀이할 수 있는 충분한 공간을 만들 수 있다. 예를 들어, 교실 전체가 슈퍼마켓이 될 수도 있고 우리 동네가 될 수도 있다. 교실 전체가 우리 동네가 된다면 미용실, 음식점 등 다양한 영역으로 나누고 그 안에 필요한 놀이를 지원한다. 교실 상황에 따라 안전하고 편안하게 놀이할 수 있도록 융통성 있게 구성해 주고 영유아가 생각을 표현할 수 있는 연령이라면 수시로 의견을 받아서 영유아의 요구와 흥미에 맞게 융통성 있게 변화를 줄 수도 있다.

5) 공간적 제약을 없앤 놀이환경

유아의 놀이는 교실에서만 일어나는 것이 아니다. 교실 이외에도 유아교육기관의 모든 공간을 놀이공간으로 활용해 보는 방법이다. 교실뿐만 아니라 계단, 복도, 화장실, 현관 등 어떠한 곳도 영유아의 놀이공간이 될 수 있다. 놀이의 활성화를 위하여 놀이공간을 확장하는 것은 유아들에게 유아교육기관의 물리적 실내환경을 보다 적극적으로 탐색하고 활용하는 기회를 제공해 준다. 학기 초는 이러한 놀이환경 구성을 피하고, 유아가 약속을 지키면서 놀이할 수 있도록 한다. 다만, 안전 사항에 대한 점검과 안전문제가 보장되는 범위에서 놀 수 있도록 해야 한다. 안전문제가 보장되는 범위에서 교실을 넘어 복도, 현관, 실외 놀이공간 등 영유아에게 평소 허용되지 않았던 공간을 개방하거나 교실-현관-복도-계단-실외 놀이터를 자유롭게 넘나들며 놀이할 수 있다.

6) 자연적 공간

유아의 놀이환경으로 바람직한 자연적 공간은 다양한 지형이 있고 동식물을 관찰하고 계절의 변화를 느낄 수 있는 곳이다(신지연 외, 2021). 자연적 공간은 유아가 주도권을 가진 놀이를 창조하도록 돕고 상상력과 창의성을 발현시켜 즐겁게 놀이하도록 돕는다. 자연적 공간이 가지고 있는 가치는 다음과 같다.

첫째, 유아가 온몸으로 자연을 만나면서 모든 감각을 동원하여 자연을 느낄 수 있도록 해 준다(신지연 외, 2021). 또한 자연적 공간에서 계절의 변화에 따라 달라지는 자연을 탐색하고 호기심을 가지게 해 준다.

둘째, 유아의 신체발달 수준에 적절한 도전적인 신체활동을 즐길 수 있다.

셋째, 자연물을 놀이자료로 다양하게 활용할 수 있다. 자연물을 활용한 놀이를 통해 유아의 상상력, 창의적 사고, 인지적 사고 등 발달을 촉진할 수 있다.

넷째, 다양한 동식물을 관찰하고 탐구할 수 있도록 도우며 유아에게 생명에 대한 경외심과 존중, 소중함을 배울 수 있도록 한다.

다섯째, 구체적 기능이나 목적이 없는 느슨한 놀잇감으로 유아들이 자신이 원하는 생각과 의도대로 놀이를 확장시켜 나갈 수 있다.

생각해보기

1. 놀이중심 교육과정에서 유아교육기관의 환경구성이 중요한 이유를 생각해 보아요.

2. 2019 개정 누리과정에서 융통성 있는 놀이환경 구성을 위한 교사의 지원은 어떻게 하면 좋을지 생각해 보아요.

Chapter 10

유아교육과정의 구성

학습목표

1. 교육과정의 계획의 개념과 의미를 이해하고, 영유아를 위한 교육과정을 계획할 때 고려할 사항을 설명할 수 있다.
2. 유아교육과정을 구성할 시 교육목표 설정, 교육내용 선정, 교수·학습 방법 조직과 구안 등에 대해 선정 원칙을 바탕으로 고려사항에 유의하여 구성할 수 있다.
3. 유아교육계획에서의 목표 진술 시 다양한 학자별로 주장하고 있는 내용에 따라 차이를 구별하여 적용할 수 있다.

1. 유아교육과정의 계획

유아교육과정의 계획은 국가, 지역, 유치원 수준의 교육과정을 교사가 유아들의 교실 수준의 교육과정으로 변화하여 구체적으로 적용되는 계획을 수립하는 것을 의미한다. 교육과정이 구체적으로 어떻게 계획, 구성, 평가되는지를 여러 가지 계획으로 구현하는 것을 말한다.

협의의 의미로 살펴보면, 2019 개정 누리과정 놀이중심 유아교육과정에서는 교사가 유아의 놀이를 통해서 배움을 지원할 수 있도록 교육과정의 내용과 시간을 조직하는 것으로 제시하고 있다(경상북도교육청, 2019). 교육계획의 양식과 내용, 작성주기는 각 기관의 실정과 철학, 학급의 상황 및 교사의 신념을 고려하여 자율적으로 결정하여 계획하는 것이 필요하다(이순복, 2021).

먼저 교사는 유아 개별의 발달에 대한 이해, 가정환경 맥락, 유아의 개개인의 특성을 이해하고, 유아발달에 대한 전문적인 지식 등을 반영하여야 한다. 이어 교사는 전문적으로 유아에 대한 정보와 지식을 습득하고 탐구하여 유아들의 행동과 지식, 사고 방법, 가치, 태도 등이 변화될 수 있도록 목적을 두어 계획된 가치지향적인 교육을 하여야 한다.

또한 2019 개정 누리과정에서 제시하고 있는 놀이중심 유아중심 교육과정에서는 유아의 흥미와 관심, 경험을 중요시하고, 유아가 교실 안팎의 환경에서 직접적·간접적으로 배우게 되는 잠재적 교육과정으로 체계성을 고려할 필요가 있다. 또한 각 유아교육기관의 상황과 맥락에 적절한 교육계획을 수립하여 운영하도록 제시되어 있기에 기관의 특성과 유아 발달에 근거한 교육계획을 수립하여 이를 반영할 필요가 있다.

미국유아교육협회(NAEYC)에서는 0~8세의 영유아를 위한 교육과정을 계획할 때 다음과 같은 내용으로 고려할 사항을 밝히고 있다(이기숙 외, 2020; Bredekamp & Copple, 1997).

① 통합된 방식으로 발달의 다양한 영역을 지원하는 교육과정을 계획한다.

② 유아의 흥미와 발달과정에 대해 관찰과 기록을 바탕으로 교육과정을 계획한다.

③ 성인, 또래, 유아 간, 교구·교재와의 상호작용과 탐색을 격려하는 환경이 되도록 교육과정을 계획한다.

④ 구체적이고 실제적이며, 유아의 삶과 관련성이 높은 활동과 교재교구가 핵심이 되는 교육과정을 계획한다.

⑤ 연령보다는 다양한 흥미와 능력에서 발달적 차이를 고려하는 교육과정을 계획한다.

⑥ 다양한 활동과 교재교구를 제공하고, 유아의 이해수준, 지식, 기술이 늘어남에 따라 활동과 교재교구의 난이도와 복합성을 증가시키는 교육과정을 계획한다.

2. 유아교육과정의 구성

1) 교육목표 설정

유아교육과정에서 교육목표는 실제로 무엇을 다루어야 하며, 무엇에 우선순위로 두어야 하는지, 어떠한 내용을 선정하고, 어떠한 활동과 경험을 강조해야 하는지에 대한 구체적인 행동 지침을 제시하는 것이다. 이에 유아교육기관에서는 각 지역 교육행정에서 제시하고 있는 방향, 각 교육기관의 철학, 유아의 발달과 학습에 대한 이론, 사회와 문화의 요구에 대한 부응, 교육 전문가의 제안 등을 고려하여 목표 설정을 할 수 있다(김영옥, 2020).

유아를 위한 교육목표 설정 시 고려해야 하는 교육목표 설정의 근거를 살펴보면 다음과 같다(이기숙 외, 2020).

(1) 교육목표 설정의 근거

① 학습자로서 유아

교육은 학습자의 현 상태에서 학습자를 충분히 고려하여 계획되어야 한다. 그러므로 학습자인 유아의 발달과 학습에 대한 관점 및 이해는 매우 중요하다. 유아의 교육과정 목표를 설정할 때에는

먼저 학습자로서 유아의 감정과 권리를 인격적으로 배려하고 있는가?

둘째, 유아의 흥미와 요구가 충족되고 있는가?

셋째, 유아의 발달단계를 확인하고 고려하는가?

넷째, 유아들의 서로 다른 관점과 욕구, 소질과 적성, 그리고 능력을 배려하고 있는가?

다섯째, 개별 유아가 성장할 수 있도록 유아의 잠재적 능력을 고려하고 있는가? 등을 고려하여 설정할 필요가 있다.

② 사회적 가치와 요구

유아의 교육은 유아의 사회화 과정으로 볼 수 있기에 유아가 사회에 잘 적응할 수 있도록 하여야 한다. 나아가 유아교육기관은 사회 변화에 따른 사회의 요구를 예견하여 교육하는 사회적 역할과 책임이 있기에 교육목표를 설정할 때에는 그 사회의 배경과 맥락을 고려할 필요가 있다.

③ 교육철학 및 교과 전문가의 견해

교육목표 설정의 근거에서 도출된 목표가 가치 있는 것인가의 여부를 검토하여야 하며, 교육기관에서 받아들이고 있는 교육적, 사회적 가치나 철학을 바탕으로 선별 기준으로 활용하여 바람직한 교육목표를 설정한다. 유아교육은 교육내용을 교과로 구분하여 나누지 않고 통합적으로 운영하는 것이 특징이다. 유아교사들이 교과교육 내용에 대한 지식 없이 방법에만 몰두할 수도 있고, 활동방법에만 관심을 가질 수가 있기에, 유아교육 전문가들이 제안하는 개념이나 내용에 대한 체계조인 이해를 수반하여 교육목표를 설정할 필요가 있다.

(2) 교육목적과 목표

교육목표의 설정과 관련하여 목적(goal)과 목표(objectives, ends)를 구별할 필요가 있다. 목적은 목표보다 포괄적인 개념으로 볼 수 있으며, 교육의 방향 및 중점을 지극히 일반적이고 포괄적으로 진술한 것이고, 목표는 교육과정에서 실제로 다루어야 하는 어떠한 것에 우선순위를 두고, 어떠한 내용을 선정하고, 어떠한 경험을 강조해야 하는지에 대한 구체적인 행동 지침을 제시해 주는 것으로 볼 수 있다(이기숙 외, 2020). 목적이 가치 규범적인 것으로 본다면, 목표는 구체적인 행동 형성을 위한 수단이다.

목표와 목적의 차이점을 도표로 살펴보면 다음과 같다.

	목적	목표
유사용어	장기목표 일반목표	단기목표 특수목표
차이점	사고의 틀을 제공함; 교육과정을 구성하는 철학적·이론적 관점을 반영하며 가치규범적임	교수계획을 반영함; 일상적인 교육과정 활동과 연결되어 교수형태나 실제 교수 상황을 반영하여 구체적인 행동 형성을 위한 수단임
교수실제	포괄적·일반적·추상적 내용	특수적·구체적 내용

출처: 이기숙, 김정원, 이현숙, 전선옥(2020).

이러한 내용을 바탕으로 2019년 개정 누리과정의 목적과 목표를 살펴보면 다음과 같다(교육부, 2019).

누리과정의 교육목적

유아가 놀이를 통해 심신의 건강과 조화로운 발달을 이루고 바른 인성과 민주시민의 기초를 형성하는 데에 있다.

누리과정의 목적에서는 유아기의 특성을 반영하여 누리과정이 지향해야 하는 바를 제시하였다. 목적 아래 제시된 목표는 유아가 추구하는 인간상으로 성장하기 위해 필요한 사항을 중심으로 구성하였다.

누리과정의 교육목표

가. 자신의 소중함을 알고, 건강하고 안전한 생활 습관을 기른다.
나. 자신의 일을 스스로 해결하는 기초능력을 기른다.
다. 호기심과 탐구심을 가지고 상상력과 창의력을 기른다.
라. 일상에서 아름다움을 느끼고 문화적 감수성을 기른다.
마. 사람과 자연을 존중하고 배려하며 소통하는 태도를 기른다.

교육목표를 설정할 때에는 몇 가지 기본 원칙을 고려해 볼 수 있다(김영옥, 2020).

① 목표 설정은 여러 가지 다양한 맥락에서 충분히 검토하여 여러 사람들이 합의하는 목표로 진술되어야 한다.
② 교육목표는 교육 이념, 목적과 관계되고, 교수·학습 활동의 방향을 제시해 주는 구체화되고 포괄적으로 진술되어야 한다.
③ 학습자들에게 현재의 생활에 있어서도 미래의 삶에서도 가치 있는 방향으로 진술되어야 한다.
④ 교육목표 설정은 교수·학습 활동 이전 사전 계획으로 설정되어야 한다. 또한 교수·학습 활동 중 과정에서 생성되는 새로운 목표들을 다양하게 수용할 수 있는 융통성이 있는 것이 좋다.
⑤ 교육목표 설정은 주기적으로 재검토할 수 있어야 한다.
⑥ 외현적·내면적 2가지 측면의 행동 변화를 충분히 고려하여야 하며, 양적, 질적인 기준 모두를 포용할 필요가 있다.
⑦ 다양성을 근간으로, 학습자 개인의 수준과 특성에 맞아야 하며, 학습자의 독특성, 개별성과 탐색을 최대 신장시킬 수 있어야 한다.

⑧ 교육목표는 학습자의 학업성취 평가에 절대적인 기준으로 작용하지 않아야 한다.

(3) 교육목표의 진술

교육목표는 기대되는 학습성과로 학습자가 단위의 수업을 마친 후 교육을 통한 결과로서 변화할 행동을 의미하기에, 목표 달성을 위해 가장 적절한 교육내용 및 교수학습 방법을 계획하는 데 영향을 미친다. 수업목표 진술은 학자에 따라 제시하고 있는 방식이 다르며, 조건이나 상황을 함께 진술하는 방법을 활용할 수 있다.

학자에 따른 교육활동 목표 진술방법의 대표적인 내용은 다음과 같다.

① 그론룬드(Gronlund)의 교육활동 목표 진술방법

일반 교육활동 목표와 구체적 교육활동 목표를 구분하여 진술하고 일반 교육활동 목표에는 일반적인 내용을 포함하여 내재적 행동으로 진술하고 각 목표에 단일 성과만을 포함시킨다. 학습내용을 전체적으로 포괄하는 일반 목표와 이러한 내용을 더욱 세분화한 하위 목표인 구체적 목표로 나누어 이차원적으로 진술하는 것이다(Gronlund, 1970). 그론룬드가 제안한 목표 진술방법을 예를 들면 다음과 같다.

일반목표: 물의 소중함 알기
구체적 목표: 물의 특성을 이해한다.
생활 속 물이 이용되는 곳을 알아본다.
물을 보호하는 방법을 알아본다.
물을 절약하는 방법을 알고 실천한다.

일반목표: 우리 동네 알아보기
구체적 목표: 우리 동네의 모습에 관심을 가진다.
우리 동네 주변 환경을 주의 깊게 탐색해 본다.
우리 동네의 전통과 문화를 알아본다.

일반목표: 여러 가지 모양과 놀기
구체적 목표: 여러 가지 모양이 있음을 안다.
우리 주변에서 여러 가지 모양을 찾아본다.
모양에 따른 명칭을 안다.
선을 이용하여 다양한 모양을 구성한다.
점, 선, 면의 특징을 이해한다.
색종이로 다양한 모양을 구성하는 놀이를 즐긴다.

② 메이거(Mager)의 교육활동 목표 진술방법

학습자가 최종적으로 성취해야 하는 행동을 분명하고 자세한 동사로 진술하고, 그 성취 행동이 나타날 수 있는 조건과 수락기준이 함께 제시되어 관찰 가능한 행동적 용어로 진술한다(Mager, 1962). 메이거가 제안한 목표 진술방법을 예를 들면 다음과 같다.

조건/수락기준/행동

- 물놀이를 하기 전 교사의 지도에 따라 **준비운동으로 신체를 조절한다.**
- 친구의 생일을 맞이하여 편지카드를 보고 **생일카드를 적는다.**
- 별을 삼킨 괴물 동화를 보고 괴물의 모습을 상상하여 **자유롭게 표현한다.**
- 다양한 자연물을 이용하여 동물의 모습을 창의적으로 **표현해 본다.**

③ 타일러(Tyler)의 교육활동 목표 진술방법

학습자를 주어로 하여 가르치고자 하는 내용과 교육을 통해 변화할 행동을 명확하고 구체적으로 진술할 것을 제시하고 있다(Tyler, 1949). 타일러가 제안한 목표 진술방법을 예를 들면 다음과 같다.

내용영역/행동영역

- 내가 좋아하는 과자를 이용하여 **과자집 틀을 꾸밀 수 있다.**
- 우리반 친구들이 입학할 초등학교를 조사하여 **그래프로 나타낼 수 있다.**
- 표지판 아이 동화를 읽은 후 **산책을 하며 우리 주변의 교통표지판을 찾아본다.**
- 잡지 속 그림을 오려 **나의 얼굴을 구성할 수 있다.**

2019 개정 누리과정에서 제시하는 유아교육은 유아의 발달 특성상 유아의 전인적 발달과 성장을 위한 기초교육으로서 일상생활에 필요한 기본적인 능력과 태도를 기르는 데 중점을 두고 있다. 이에 유아교육 활동은 수업결과의 측면뿐 아니라 과정적 측면에 초점을 두고 이루어져야 하기에 학습 결과적 측면에 초점을 둔 수업목표의 진술방법이나 구체적인 목표 진술의 적용에는 한계가 있다.

유아교육계획에서의 목표 진술 시 위의 학자들이 주장하고 있는 내용을 반영하여 고려할 사항은 다음과 같다.

첫째, 수업목표는 교사의 성취나 지도내용의 기술을 지양하며, 유아의 행동이나 성취에 관하여 진술해야 한다.

1) 자연물을 탐색하고 같은 색끼리 분류하게 한다. (X)
2) 자연물을 탐색하고 같은 색끼리 분류한다. (O)

둘째, 수업목표는 유아의 수업(활동) 내용과 관련된 내용 혹은 행동을 기술하고, 추상적으로 제시된 교육과정(누리과정)의 영역별 활동내용을 그대로 진술하지 않는다.

1) 나의 감정을 알고 상황에 맞게 표현한다. (X)
2) 또래와 문제상황이 발생하였을 때 나의 감정을 적절하게 표현한다. (O)

셋째, 목표 진술은 과정적 행동 동사의 진술을 피하고, 지식, 태도, 기술에 대한 표현적 진술에 초점을 둔다.

1) 다양한 과자를 활용하여 나의 얼굴을 구성해 본다. (X)
2) 다양한 과자를 활용하여 나의 얼굴을 구성한다(구성할 수 있다). (O)

넷째, 활동 및 교육의 과정으로 유아들의 행동이 어떻게 변화해야 하는지에 대해 중점을 두고 서술한다. 따라서 교육 및 활동의 성과가 어떠한가에 초점을 두고 진술하고, 태도와 관련된 교육과 학습에는 과정적 측면에 초점을 둔 목표를 진술한다.

지식: 텃밭에서 수확한 고구마 두 개의 길이를 비교하여 길고 짧은 것을 구분한다.
기능: 동화책 표지 속 주인공의 기분을 유추하여 말할 수 있다.
태도: 깨끗한 공기가 주는 고마움을 알고 보호하는 태도를 기른다.

다섯째, 수업목표는 성취의 정도를 가늠할 수 있는 기준을 가능한 제시하는 것이 바람직하며, 기준의 제시는 유아의 발달 수준을 고려하여 제시한다.

- 크시코스의 우편마차를 듣고 박자에 맞추어 악기를 연주한다.
- 횡단보도의 흰 선과 검정 선을 보고 검정 선 다음에 오는 선의 색을 유추한다.
- 사물함에 있는 친구의 이름을 보고 자음과 모음의 획순에 맞게 글자를 적는다.
- 보물의 위치가 적힌 보물찾기 힌트를 보고 놀이터에 숨어 있는 보물을 찾는다.

수업목표의 진술방법에서 중요한 점은 교사가 유아들과의 활동에서 성취해야 할 목표를 구체적으로 진술함으로써 목표에 의거한 수업활동의 방향과 내용, 또한 유아의 수업 결과로써 나타나는 유아들의 성취 행동을 보다 확인할 수 있게 하는 것이다.

3. 교육내용 선정

1) 교육내용 선정 기준

교육과정의 목적과 목표를 설정한 다음은 교육 목적과 목표를 달성하기 위해 어떠한 학습경험과 환경을 제공할 것인지의 교육내용을 고민하는 단계이다. 미국 NAEYC를 포함한 유아교육 전문기관들은 유아교육과정의 내용을 유아의 직접적인 활동과 경험에 강조를 두어야 한다고 강조하고 있다.

이러한 교육내용을 선정하는 데에 원칙은 다음과 같다(이기숙 외, 2020).

① 내용의 유의미성 및 사회 가치 적합성

교육내용이 그 학문 분야에서 얼마나 본질적이고, 기본적인지에 대한 합의가 이루어질 필요가 있다. 교육내용이 새롭고 바람직한 가치 창조에 적합한 내용으로 선정이 되며, 왜곡된 사회적 가치를 바로 잡는 데에 기여하는 내용으로 선정되어야 한다.

② 내용의 타당성 및 유용성

타당성은 교육내용 선정에 있어 반드시 가르치고 배워야 할 내용을 고르게 포함시키고 있느냐의 문제이다. 유용성은 학습내용이 학습자의 삶에 다양한 의미를 주고, 학습자의 미래의 삶 속에서 가치 있는 도움에 영향을 줄 수 있는 내용이냐의 문제이다.

③ 내용의 학습 가능성

내용은 교사 측면에서는 가르칠 수 있는 내용이어야 하고, 학습자 측면에서는 학습이 가능하게 배울 수 있는 내용이어야 한다. 영유아의 발달에 적합한 수준과 양의 내용이 교육내용으로 선정되어야 한다.

④ 내용의 경제성 및 균형성

교육과정 내용이 학습자로 하여금 경제적인 방식을 적용하여 최대한의 성취를 하는 데 도움을 주는 내용으로 선정되어야 한다. 균형성은 교육과정 내용이 학습자, 사회, 성인, 또한 다양한 집단의 요구를 함께 균형 있게 고려해야 함을 의미한다.

⑤ 내용의 내·외적 관련성

교육내용은 위계적 구조와 체계 하에 구조적 관련성을 지니고 있느냐의 내용이며, 다른 학문 영역의 내용과도 관련지을 가능성이 있는 잠재적 가능성을 지니고 있느냐의 문제이다. 영유아는 발달 특성상 지식을 분절적 교과로 학습하기보다는 여러 영역들을 융복합적으로 경험할 수 있도록 제공해야 한다.

다음은 NAEYC의 교육내용 선정을 위한 지침이다(김영옥, 2020).

- 교육과정은 유아가 어떻게 배우는지에 대한 전문적인 의견과 연구로 이루어진 분명한 이론적 기초를 포함하고 있는가?
- 교육과정 내용은 사회, 정서, 인지, 신체, 언어 영역에서 아동을 위한 장기적 목표를 성취하기 위해 설계되어야 하고, 민주사회에 기여하는 시민의 역할을 준비할 수 있도록 계획되었는가?
- 교육과정은 지식과 이해의 발달, 과정과 기술의 발달, 성격과 태도의 발달을 격려하는가?
- 교육과정은 유아에게 적절하고, 관련이 있으며, 의미 있는 폭넓은 내용을 다루고 있는가?

- 교육과정의 목표는 각 연령의 유아에게 적합하며 실현 가능하도록 계획되었는가?
- 교육과정 내용은 각 유아의 요구와 흥미를 존중하여 결정되었는가?
- 교육과정은 개인적, 문화적, 언어적 다양성을 반영하고 지지하는가?
- 교육과정은 유아의 학습을 통합하기 위해서, 그리고 새로운 개념과 기술의 획득을 촉진하기 위해서 유아가 이미 알고 있는 것과 할 수 있는 것을 기초로 하는가?
- 교육과정은 유아들에게 이전의 지식과 경험에 기초한 그들의 정신구조가 시간이 지남에 따라 더 복잡해지도록 개념적 틀을 제공하는가?
- 교육과정은 특정 주제나 내용에 초점을 맞추게 되는데, 이것은 유아에게 풍부한 개념적 발달을 이루기 위한 학습경험을 주거나, 주제를 중심으로 교육을 계획함으로써 여러 교과영역을 통합하도록 해주는가?
- 교육과정 내용은 지적인 통합성을 지녔는가?
- 교육과정 내용은 탐구할 가치가 있는 것으로 선정하였는가?
- 교육과정 내용은 유아들이 학습과정에 능동적으로 참여하게 하며, 의미 있는 선택의 기회를 제공하였는가?
- 교육과정은 유아의 실수를 존중하고 탐구와 실험을 미리 제한하지 않고 있는가?
- 유아의 사고와 추론, 의사결정, 문제해결능력의 발달을 강조하고 있는가?
- 교육과정은 모든 영역의 학습에서 사회적 상호작용의 가치를 강조하고, 또래로부터 배울 수 있는 기회를 제공하였는가?
- 교육과정은 활동과 감각적인 자극, 맑은 공기, 휴식, 위생, 영양, 배설에 대한 유아의 생리적 요구를 촉진시켜 주는가?
- 교육과정은 유아에게 심리적인 안정감을 주는가?
- 교육과정은 유아들의 관점에서 그들이 성공하기 위한 적절한 경험을 제공함으로써 자신감과 학습의 즐거움을 장려해 주는가?
- 교육과정은 교사가 유아 개인이나 또는 집단에 적용할 수 있도록 유동적인가?

2) 교육내용 및 활동 조직

유아의 학습이 최대로 이루어질 수 있도록 돕는 것이 교육내용 및 활동 조직에서 이루어져야 하므로, 교육목표를 최대한 성취할 수 있도록 체계적으로 조직되어야 한다. 교육내용을 효율적으로 조직하기 위해 고려해야 할 요소는 다음과 같다.

① 계속성(continuity)

계속성은 교육내용이나 경험을 시간순으로 반복적으로 경험되도록 조직하는 것을 말한다. 새롭게 어떤 지식이나 기술을 익힐 때 익숙해질 때까지 학습경험을 자주 제공하여 익숙해지게 기회를 제공해 주는 것이다.

② 계열성(sequence)

계열성은 제시하고 있는 교육과정 내용의 시간적 순서를 의미한다. 학습자의 연령이 많아질수록 교육과정 요소가 포괄하는 경험의 깊이와 폭이 더해지도록 조직해야 하므로, 학습경험이 단계적으로 넓어지고, 보다 깊어지게 제공할 필요가 있다.

③ 통합성(integration)

학습자가 경험하는 활동들을 하나의 통합된 의미로 조직하는 것을 의미한다. 유아의 교육이나 활동의 내용은 지식을 분절해서 배우지 않기에, 단위 학습으로 협소하게 정의되지 않고 발달을 고려하여 여러 영역의 지식을 통합적으로 구성할 필요가 있다.

4. 교수·학습 방법 조직과 구안

교육목적에 도달하기 위해 목표를 선정하고, 이를 달성하기 위해 내용을 조직한 후에는 학습자에게 어떠한 방법으로 어떠한 학습경험을 제공하는가를 구안하는 것은 매우 중요하다.

교수란 교사가 의도하고 계획한 내용을 학습자에게 효율적으로 학습할 수 있도록 교수내용을 체계적으로 조직하여 적절한 학습의 조건을 형성해 주는 것을 말한다. 또한 학습은 주어진 교육환경 속에서 다양한 경험으로 일어나는 학습자의 행동 및 인지의 변화를 의미한다. 교육의 내용을 '어떠한 방법으로 가르칠까?'의 고민은 가르치는 일과 배우는 일, 즉 교수와 학습에서 교육내용을 전달할 때 매우 중요한 일이다.

유아교육기관에서는 교수·학습 측면에서 교사의 전문성과 자율성을 발휘하여 융통적으로 적용해야 할 것이다. 다음은 NAEYC에서 제시하고 있는 교수·학습 과정원리이다(김영옥, 2020).

① 유아는 신체적 욕구가 충족되고 심리적으로 안전하다고 느낄 때 가장 잘 학습한다.
② 유아는 스스로 지식을 구성한다.
③ 유아는 성인과 다른 유아와의 사회적 상호작용을 통하여 학습한다.
④ 유아의 학습과정은 인식에서부터 시작하여 탐색으로, 조사로 발전하여 나아가며 활용으로 옮겨가는 순환적 주기를 따른다.
⑤ 유아는 놀이를 통해 배운다.
⑥ 유아의 흥미와 '알고자 하는 욕구'는 학습을 자극한다.
⑦ 인간의 발달과 학습은 개개인에 따라 다양하다는 것이 특징이다.

유아를 담당하는 교사들은 자신이 담당하고 있는 유아 각자의 특징과 경험, 유아의 사회문화적 상황과 맥락에 대한 지식에 기초하여 적절한 개입 전략을 가져야만 한다(Bredekamp, S., & Copple, 1997). 따라서 유아교사는 수업을 전개할 때 가장 효과적인 방법이 무엇인지에 대해 연구하고, 어떠한 교수방법을 언제, 어떻게, 왜 사용할 것인가에 심사숙고할 필요가 있다.

2019 개정 누리과정에서 교수·학습은 유아가 즐겁게 놀이하며 스스로 배울 수 있도록 교사가 지원할 때 고려사항을 다음과 같이 제시하고 있다(교육부, 보건복지부, 2019).

가. 유아가 흥미와 관심에 따라 놀이에 자유롭게 참여하고 즐기도록 한다.
나. 유아가 놀이를 통해 배우도록 한다.
다. 유아가 다양한 놀이와 활동을 경험할 수 있도록 실내외 환경을 구성한다.
라. 유아와 유아, 유아와 교사, 유아와 환경 간에 능동적인 상호작용이 이루어지도록 한다.

마. 5개 영역의 내용이 통합적으로 유아의 경험과 연계되도록 한다.
바. 개별 유아의 요구에 따라 휴식과 일상생활이 원활히 이루어지도록 한다.
사. 유아의 연령, 발달, 장애, 배경 등을 고려하여 개별 특성에 적합한 방식으로 배우도록 한다.

교사는 교수·학습을 진행하는 동안 위와 같은 내용을 고려하여 진행하며, 더불어 적절한 유아의 놀이환경을 구성하고, 유아와 바람직한 상호작용을 진행하여 유아가 놀이에 몰입하고 확장할 수 있도록 돕는 역할을 해야 할 것이다.

생각해보기

1. 미국유아교육협회(NAEYC)에서 제시하고 있는 '0~8세의 영유아를 위한 교육과정 계획 시 고려사항'의 내용을 바탕으로 교육계획을 수립해 보아요.
2. 학자에 따른 교육활동 목표 진술방법이 다양한데, 학자별로 제시한 목표 진술방법에 따라 교육목표 진술을 해 보아요.
3. 유아가 즐겁게 놀이하며 스스로 배울 수 있도록 2019 개정 누리과정에서 제시하고 있는 교수 · 학습 고려사항에 따라 교육과정을 구성해 보아요.

Chapter 11

유아교육과정의 평가

학습목표

1. 유아교육과정 평가의 필요성을 바르게 인식하고, 평가의 대상에 적합하게 평가방법을 적용하여 반영할 수 있다.
2. 교육과정 운영체계에 따라 교육활동을 전개하면서 유아를 평가하는 것이 중요한데, 이때 적용할 수 있는 다양한 교육과정 평가방법의 차이점을 이해하고, 적용할 수 있다.
3. 2019 개정 누리과정에서 제시하고 있는 평가의 중요성을 이해할 수 있다.

1. 교육평가

1) 교육평가의 개념 및 필요성

평가란 전 교육과정을 통하여 소정의 교육목표가 교육 실제에서 얼마나 실현되었는지를 결정하는 과정을 말한다. 유아교육기관에서는 유아의 발달을 진단하고, 교육 프로그램의 개선을 위해 관련 자료를 수집하고, 분석하여 정보를 제공함으로써 교육현장의 의사결정을 돕기 위한 과정으로 정의할 수 있다(이은해, 1995). 주어진 평가 절차와 결과 활용은 유아의 전반적인 발달에 대한 이해와 교육과정 계획, 실행하는 데에 적합한 결정을 내리고 이해하는 것으로 정보로 활용하여 교육의 전반적인 질을 높이는 데 기여할 수 있어야 한다.

교육은 교육이라는 목적이 있는 의도적인 과정이기에 계획된 교육이 잘 실행되었는지 확인하는 과정은 꼭 필요하다. 이러한 과정은 교육과정의 일부분으로서 평가라는 과정 또한 계획되고 실행될 필요가 있다. 따라서 유아평가를 하기 위해서는 유아의 발달과 교육활동의 과정 등에 대한 실증적이고 객관적인 자료와 정보를 수집하는 과정이 필수적이다.

2) 유아평가의 대상과 방법

유아평가란 교육과정 운영체계에 따라 교육활동을 전개하면서 교육계획, 실행, 평가의 전반적인 이해와 해석, 유아의 변화에 대한 전체적인 이해를 의미한다(이순복 외, 2021). 따라서 유아평가는 일련의 놀이 과정에서 이루어지는 교육계획, 유아가 놀이하는 과정, 유아의 놀이활동 결과의 작품, 사진, 동영상을 통해 유아의 특성 정도를 평가하는 것이 필요하다.

유아의 평가는 일상생활 및 놀이 과정에서 이루어지는 것이 바람직하며, 놀이에 대한 기록(계획안 또는 일지에 기록한 유아들의 실제 놀이 모습, 유아의 놀이 결과물, 작품, 사진이나 동영상 등)을 통해 유아의 흥미와 관심, 놀이 선호, 또래와의 상호작용 등

유아의 특성과 변화 정도를 평가할 수 있다(교육부, 보건복지부, 2019). 이때 누리과정 5개 영역의 내용, 즉 신체운동건강·의사소통·예술경험·사회관계·자연탐구 영역이 놀이에서 어떻게 경험되고 있고, 어떠한 배움이 일어났는지 과정에 대해 관찰한 후 이를 놀이지원에 반영할 수 있도록 하는 것이 좋다.

개정 누리과정에서는 기관과 학급 수준의 교육과정 운영 시 자율성이 강화됨에 따라 평가 또한 방법과 시기에 대해서도 자율성을 가진다. 교사는 관찰과 기록, 수집, 부모 설문지 등의 다양한 방법을 이용하여 유아와 누리과정 운영에 대한 평가를 실시하여야 한다(교육부, 보건복지부, 2019). 또한, 유아의 놀이 자료를 다양한 방법으로 기록하고 평가한다는 것은 쉬운 일이 아니나, 평가의 결과로 의미 있다고 판단되는 자료를 선별하여 기록하는 것과 관련하여 교사의 전문성 있는 노력과 지속적인 연구가 요구된다.

유아평가 시 평가 방법으로는 관찰법, 평정척도, 일화기록법, 검사법, 면담법, 포트폴리오, 매체를 활용한 놀이기록법 등이 있다.

① 관찰법

놀이 행동을 체계적이고 객관적으로 관찰한다는 것은 유아의 놀이를 단순히 바라보는 것과는 다르다. 체계적으로 관찰이 이루어지기 위해서는 무엇을 관찰해야 하고, 또한 무엇을 기록하며, 어떻게 기록해야 하는지 등에 대한 전문적인 지식을 가지고, 이에 적절한 계획이나 방법을 적용하는 것이 중요하다.

놀이관찰을 통한 유아에 대한 정보와 기록은 이후의 교육과정의 놀이 계획과 지도, 평가와 연계되는 중요한 자료가 된다.

② 평정척도

평정척도는 놀이의 특정한 행동에 중점을 둠으로써 보다 체계적으로 관찰하도록 도와줄 수 있고, 정보를 빠르게 기록하는 방법을 제공함으로써 서술식 기록이나 일화기록보다 효율적이다.

③ 일화기록법

일화기록은 관찰자에게 의미 있다고 생각되는 내용, 즉 기록할 만한 가치가 있는 행동이나 변화, 주의를 끌 만한 내용 혹은 사건 등을 객관적인 입장에서 관찰한 그대로 기술하는 것으로 기록을 남기는 방법이다(이순복 외, 2011).

④ 검사법

검사법의 대표적인 것은 표준화 검사를 들 수 있다. 검사법은 검사를 진행한 결과의 유아의 점수가 집단 내 다른 유아의 점수와 비교하여 상대적으로 어떠한 위치에 있는가를 알 수 있다. 또한 개인차에 관한 정보를 확인할 수 있다. 표준화 검사에 의해 측정되는 인성검사 혹은 지능검사 등은 어느 정도의 안정성이 있기는 하나, 측정되는 상황에 따라서 변할 수도 있다.

⑤ 면담법

면담의 대상은 유아와 부모가 될 수 있는데, 유아면담 시에는 개방적인 대화를 통해 유아의 표면적인 행동이나 태도 속에 내재된 생각과 느낌을 발견하는 방법이다. 부모면담은 유아의 가정생활을 이해하거나, 가정과 유치원 간 연계로 활용하면 효과적이다.

⑥ 포트폴리오

포트폴리오 평가는 유아의 지식, 기술 그리고 태도를 관찰하고 기록하기 위해 사용되는 것으로, 유아들의 활동 진행과정 및 결과물을 관찰기록, 일화기록, 평정척도, 면담기록 또는 사진이나 비디오를 통해 수집하는 종합적인 평가 방법이다(김경철, 장연주, 2016). 그러므로 포트폴리오는 유아 개별의 발달과정 및 양상, 놀이의 발달 및 변화과정을 종합적으로 판단할 수 있는 평가가 되기도 한다.

⑦ 매체를 활용한 놀이기록법

매체를 활용한 놀이기록 유형에는 사진, 동영상, 전자포트폴리오 등이 있다.

사진은 놀이 행동에 대한 시각적 표상을 갖기를 원하는 교사에 의해서 활용된다. 이미지는 풍부한 정보를 제공해 주며 관찰기록, 평정척도, 서술식 평가 등과 같은 다른 관찰 및 평가 자료를 보충할 수 있도록 놀이 활동에 대한 상세한 정보를 알려준다.

동영상은 놀이 행동에 대한 서술식 기록보다 자세한 기록을 제공해 준다. 놀이의 유형을 보여주는 것 외에 비언어적인 행동과 놀이 동안 사용된 구어, 유아가 가지고 노는 놀잇감 종류, 사회적 상호작용을 포함한 놀이 맥락 등을 밝힐 수 있다(Johnson et al., 2006).

전자포트폴리오는 웹의 교육적 특성과 포트폴리오의 평가 철학이 통합된 체제로 시간과 공간의 제약을 탈피하고 더욱 효율적이고 융통성 있는 저장과 관리를 지원한다(권혁일, 2002). 전자포트폴리오는 유아의 활동 과정 및 결과물을 목적에 맞게 수집하여 디지털한 후 컴퓨터상에서 이용할 수 있도록 만든 포트폴리오를 말하며, 전자포트폴리오를 활용하여 유아의 발달 과정을 볼 수 있으며, 교수·학습 개선을 위한 정보를 주는 평가방법이 될 수 있다(김경철, 장연주, 2016).

이외에도 교사 자신에 대한 평가도 중요한 항목이다. 교육에 대한 원칙을 준수하고, 교사 자신의 내적인 안정감을 가져서 교사 스스로 자기 반성 및 평가를 통하여 자아인식을 분명히 하고, 교육 소명 의식을 가져 지속적으로 긍정적인 변화를 가져야 할 필요가 있다. 교사가 지향해야 하는 목표가 무엇이고, 어떠한 상태에 있는지 살펴보고 점검함으로써 교사로서 자기 향상 및 질적 발전을 도모할 수 있기 때문이다.

3) 2019 개정 누리과정에서의 평가

개정 누리과정에서는 유치원과 어린이집에서 놀이중심 교육과정을 운영하는 것에 도움이 되기 위해서 평가를 간략화하는 것을 권장하고 있으며, 각 기관의 자율적인 평가를 제시하고 있다. 따라서 평가의 목적과 대상에 적합하고, 평가 방법 및 평가 결과를 활용하여 누리과정 교육 평가를 자율적으로 실시할 수 있다.

개정 누리과정 평가는 다음 사항에 중점을 두고 실시한다(교육부, 보건복지부, 2019).

> 가. 누리과정 운영의 질을 진단하고 개선하기 위해 평가를 계획하고 실시한다.
> 나. 유아의 특성 및 변화 정도와 누리과정의 운영을 평가한다.
> 다. 평가의 목적에 따라 적합한 방법을 사용하여 평가한다.
> 라. 평가의 결과는 유아에 대한 이해와 누리과정 운영 개선을 위한 자료로 활용할 수 있다.

개정 누리과정에서는 유아놀이를 관찰한 내용을 기록하고, 누리과정 운영 평가를 함께 기록하는 예시를 다음과 같이 제시하고 있다.

일시	년 월 주
유아 놀이관찰 내용	 주현이가 봄나물로 가방을 만들었다. **서진:** 이거 가방! 가방이야 가방! 서진이 거야. **주현:** 서진아, 너도 만들래? 주현이가 서진이에게 지퍼백을 준다. 서진이가 가방 만들기를 어려워하자 주현이, 교사가 도움을 주어 완성한다. 가방이 완성되자 서진이는 주현이에게 가방을 보여준다. **교사:** 이거 가방이야. **서진:** 이거 가방이야. 교사는 서진이가 주현이에게 언어로 표현할 수 있도록 지원한다.
누리과정 운영 평가	• 친구의 놀이를 관심 있게 지켜보는 장애유아를 관찰하던 중, 일반 유아가 장애유아의 놀이참여를 유도하는 상호작용이 일어났고, 긍정적인 통합놀이의 모습을 관찰할 수 있었음 • 장애유아가 어려워하는 부분에 대해서는 교사가 신체적 촉진, 언어적 모델링 등을 통해 지속적인 놀이지원을 하였음 • 놀이반에서 장애유아와 일반 유아의 놀이가 즐겁게 이루어졌으며 친구의 이야기에 집중하고 모방하여 표현하는 장애유아를 관찰할 수 있었음 • 바깥놀이에서 할 수 있는 통합활동을 계획해 보고자 함

출처: 교육부, 보건복지부(2019). 2019 개정 누리과정 놀이실행 자료.

2. 유아교육기관 평가

1) 유치원 평가

유아교육법 제19조에는, 유치원은 질 높은 교육을 제공하도록 하고, 국가 정책에 부합하는 유치원 운영관리에 관해 평가하도록 명시되어 있다. 따라서 유치원 평가는 국가적 차원에서 유치원에 대해 체계적인 평가시스템 구축을 통하여 유치원의 운영을 종합적으로 점검, 모니터링함으로써, 유치원의 책무성과 유아교육의 공교육화 강화 및 질적 수준을 제고하고자 하고 있다(교육인적자원부, 2007).

이러한 유치원 평가의 목적은 다음과 같다(김영옥, 2020).

- 누리과정을 충실히 운영할 수 있는 유치원 운영체계 구축 및 유치원의 책무성 제고를 통해 유치원 교육 서비스의 질적 수준을 향상한다.
- 유치원 운영 전반을 체계적이고 종합적으로 점검하고, 평가 결과에 대한 환류 및 맞춤형 지원을 통해서 유치원 운영을 개선한다.
- 평가결과 공개를 통해서 학부모의 알 권리와 유치원 선택권 보장으로 유치원 교육에 대한 만족도를 제고한다.

유치원 평가의 추진 방향은 다음과 같다(교육부, 2017).

- 누리과정을 공통 적용하고 있는 유치원과 어린이집에 대한 통합평가 실시
- 시도교육청에서 평가를 실시하고, 교육부는 평가 지원
- 평가방식 개선을 통한 보고서 작성 간소화 및 결과의 객관성 제고
- 유치원 평가 이후 그 결과를 공개하여 학부모들의 알 권리 충족

주기별 유치원 평가의 차이점을 비교하면 다음과 같다.

구분	제1주기	제2주기	제3주기	제4주기
시기	2008-2010	2011-2013	2014-2016	2017-2019
목적	• 체계적 진단과 처방을 통한 유치원 운영 개선 지원 • 우수사례를 발굴, 상호 공유함으로써 유치원 경쟁력 제고	• 유치원의 교육력 및 교육 서비스의 질적 수준 제고 • 학부모의 알 권리를 보장하고 유치원 선택을 확대	• 유치원 교육 서비스의 질적 수준 제고 및 학부모의 알 권리 보장	• 효율적인 누리과정 운영을 위한 유치원 운영체계 구축 • 유치원 책무성 제고를 통한 교육 서비스의 질적 수준 제고 • 평가결과 공개를 통해 학부모의 알 권리 및 유치원 선택권 보장으로 유치원 교육에 대한 만족도 제고
공통 영역	• 4개 영역 -교육과정 -교육환경 -건강 및 안전 -운영관리	• 4개 영역 -교육과정 -교육환경 -건강 및 안전 -운영관리	• 4개 영역 -교육과정 -교육환경 -건강 및 안전 -운영관리	• 4개 영역 -교육과정 -교육환경 및 운영관리 -건강 및 안전 -교직원
평가 지표	• 28개 지표	• 15개 지표	• 11개 지표	• 20개 지표
평가 방법	• 서면평가 • 현장방문평가	• 서면평가 • 현장방문평가	• 서면평가 • 현장방문평가 • 유치원 정보 공시 공개 정보 활용	• 서면평가 • 현장방문평가(면담형식의 컨설팅)
결과 활용	• 우수사례를 발굴하여 보급, 일반화	• 유치원 질 제고를 위한 피드백의 적극적인 활용	• 평가결과를 연계한 맞춤형 컨설팅 장학 자료로 활용	• 유치원 운영계획 • 유치원 지원계획 • 평가 관련 지원 방안모색 및 주요 사업 정책 수립

출처: 이기숙, 김정원, 이현숙, 전선옥(2000).

2) 어린이집 평가

어린이집 평가인증제는 보육 영역과 일반 사회에서 인정을 받는 대표 기관에 의해 보육 서비스의 표준을 수립하고, 어린이집이 스스로 지원하여 서비스의 질을 평가 받은 인증기관이 설정한 표준이 인증에서 요구하는 수준을 충족하거나, 수준 이상이 되었을 때 사실을 인정하는 증서를 부여하는 제도를 일컫는다(Doherty-Derkowski, 1995). 우리나라에서 2006년부터 시작된 평가인증제도는 일정 기간을 주기로 하여 점차적으로 보육 질적 수준을 향상시켜 나갈 수 있도록 중장기적 계획을 가지고 추진되고 있다.

어린이집 평가인증제도의 목적은 다음과 같다(김영옥, 2020).

- 보육 서비스의 질적 수준을 향상시켜 영유아가 안전한 보육환경에서 건강하게 양육될 권리를 보장할 수 있도록 한다.
- 어린이집이 보육 서비스의 질적 수준을 높이고자 준비하고 노력하는 과정을 통해 원장과 보육 교직원의 전문성이 증진되도록 한다.
- 보육 서비스의 질적 수준에 대해 정보를 제공하여 부모들이 합리적으로 어린이집을 선택할 수 있도록 한다.
- 보육정책 수립의 주체인 정부가 보육현장을 효율적으로 지원하고 관리하는 체계를 확립한다.

주기별 유형별 어린이집 지표의 내용은 다음과 같다.

1·2차 지표 (39인 이하 어린이집 평가인증 지표) -5개 영역 55항목-		
영역 (항목수)	하위영역	항목수
1. 보육환경 및 운영관리(11)	가. 어린이집 환경	3
	나. 어린이집의 운영관리	3
	다. 보육인력	3
	라. 가족과의 협력	2
2. 보육과정(11)	가. 보육활동과 계획과 구성	4
	나. 보육활동과 자료	7
3. 상호작용과 교수법(11)	가. 일상적 양육	3
	나. 교사의 상호작용	6
	다. 교수법	2
4. 건강과 영양(12)	가. 청결과 위생	8
	나. 질병관리	2
	다. 급식과 간식	2
5. 안전(10)	가. 실내외 시설의 안전	5
	나. 유아의 안전보호	5

1·2차 지표 (40인 이상 어린이집 평가인증 지표) -6개 영역 70항목-		
영역 (항목수)	하위영역	항목수
1. 보육환경(11)	가. 어린이집 환경	3
	나. 보육활동 자료	5
	다. 보육지원 환경	3
2. 운영관리(12)	가. 어린이집의 운영관리	3
	나. 보육인력	3
	다. 가족과의 협력	4
	라. 지역사회와의 협조	2
3. 보육과정(14)	가. 보육활동계획과 구성	7
	나. 보육활동	7
4. 상호작용과 교수법(11)	가. 일상적 양육	3
	나. 교사의 상호작용	6
	다. 교수법	2
5. 건강과 영양(12)	가. 청결과 위생	8
	나. 질병관리	2
	다. 급식과 간식	2
6. 안전(10)	가. 실내외 시설의 안전	5
	나. 영유아의 안전보호	5

3차 지표 시범 사업용 (정원 상관없이 공통지표) -6개 영역 50지표-	
영역	지표수
1. 보육환경	8
2. 건강	8
3. 안전	8
4. 보육과정 운영	8
5. 보육활동과 상호작용	10
6. 운영관리	8

출처: 김영옥(2000).

어린이집은 2006년부터 평가인증을 도입하여 현재 2차 지표 평가인증과 3차 지표의 시범 적용이 동시에 이루어졌으며, 2017년부터 유치원과 어린이집의 질을 상호 비교할 수도 있고, 학부모에게 평가결과 정보에 기초한 선택이 가능하도록 지원하고자 하는 목적하에 유치원과 어린이집의 통합지표를 개발하여 적용하고 있다.

또한 2018년 영유아보육법 개정안이 공포됨에 따라 2019년부터 어린이집 평가제를 실시하고 있다. 평가인증을 신청한 기관에 한하여 실시된 평가인증제에 반해 모든 어린이집이 의무적으로 참여해야 하는 평가제이다.

평가인증제와 평가제의 특징을 비교하면 다음과 같다.

구분	평가인증제		평가제	
영역(4)	지표(21)	항목(79)	지표(18)	항목(59)
1. 보육과정 및 상호작용 (31→18)	1-1. 보육계획 수립 및 실행	4	1-1. 영유아 권리 존중	2
	1-2. 일과운영	5	1-2. 보육계획 수립 및 실행	6
	1-3. 교수-학습방법 및 놀이 지원	6	1-3. 놀이 및 활동 지원	3
	1-4. 교사-영유아 상호작용	6	1-4. 영유아 간 상호작용 지원	4
	1-5. 영유아 간 상호작용 시 교사역할	4	1-5. 보육과정 평가	3
	1-6. 평가	4		
	1-7. 일상생활	2		
2. 보육환경 및 운영관리 (19→14)	2-1. 실내 공간 구성	5	2-1. 실내 공간 구성 및 운영	4
	2-2. 실외 공간 구성	3	2-2. 실외 공간 구성 및 운영	3
	2-3. 기관운영	4	2-3. 기관운영	4
	2-4. 가정 및 지역사회와의 연계	5	2-4. 가정 및 지역사회와의 연계	3
	2-5. 어린이집 이용 보장	2		
3. 건강·안전 (15→15)	3-1. 실내외 공간의 청결 및 안정	4	3-1. 실내외 공간의 청결 및 안정	3
	3-2. 급·간식	3	3-2. 급·간식	3
	3-3. 건강증진을 위한 교육 및 관리	3	3-3. 건강증진을 위한 교육 및 관리	3
	3-4. 등·하원의 안전	2	3-4. 등·하원의 안전	3
	3-5. 안전교육 및 사고 대책	3	3-5. 안전교육 및 사고 예방	3
4. 교직원 (14→12)	4-1. 원장의 리더십	4	4-1. 원장의 리더십	3
	4-2. 보육교직원의 근무환경	3	4-2. 보육교직원의 근무환경	3
	4-3. 보육교직원 처우와 복지	3	4-3. 보육교직원 처우와 복지	3
	4-4. 보육교직원의 전문성 제고	4	4-4. 보육교직원의 전문성 제고	3

출처: 보건복지부, 한국보육진흥원(2019). 2019 어린이집 평가 매뉴얼-어린이집용.

생각해보기

1. 유아의 평가는 일상생활 및 놀이 과정에서 이루어지는 것이 필요한데, 교육계획안 또는 일지에 기록한 유아들의 실제 놀이 모습, 유아의 놀이 결과물, 작품, 사진이나 동영상 등을 적절하게 활용할 수 있도록 연습해 보아요.

2. 2019 개정 누리과정에서 제시하고 있는 평가의 지침을 이해하고, 유아놀이관찰내용을 기록하고, 누리과정운영평가를 해 보아요.

3. 유치원평가와 어린이집평가의 추진방향, 주기별 변화 특징 등에 대해 차이점을 구별해 보아요.

Chapter 12

유아교육과정의 최근 동향

학습목표

1. 유아교육과정의 최근 동향을 사회문화적 측면과 교육적 측면에서 설명할 수 있다.
2. 다문화교육, 뇌기반교육, 역량기반교육, 행복교육, 유초연계교육의 도입배경, 교육목적, 교육내용, 교수학습방법에 대해 비교분석할 수 있다.

1. 다문화교육

1) 다문화의 배경

한 사회에는 여러 가지 문화가 존재하며, 서로 다른 신념체계로 인해 갈등하며 편견과 차별을 겪기도 한다(Hartmann & Gerteis, 2005). 다문화교육은 모든 인간이 성, 인종, 민족, 사회적 지위, 부, 문화 특징에 관계없이 고른 교육기회를 받는 것으로, 인간행동과 사회, 문화적 다양성을 이해하고 차이를 인정하고 존중하는 교육을 의미한다. 집단과 사회는 민족이나 인종이 고유한 형태를 갖지만 세계화 흐름 속에서 새로운 문화에 대한 이해와 조화가 중요해졌고 다인종과 다문화 사회에 대한 이해가 중요해진 것이다.

우리나라에서도 1990년부터 외국인 근로자의 유입과 국제결혼이 증가하였으며 2000년부터는 북한 출신의 새터민 자녀, 중도입국자 등이 증가함에 따라 다른 문화권에 대한 존중과 다양한 문화를 인정하고 이해하려는 노력이 강화되고 있다. 다문화교육 실시의 초기에는 2가지 차원으로 이루어졌는데, 우선 다른 문화적 배경의 학생을 대상으로 한국어와 한국문화에 대한 교육을 실시하며 한국사회 적응에 초점을 둔 다문화교육이 이루어졌다(김기영, 2017). 다른 문화적 배경을 가진 학생을 대상으로 교육을 실시하는 분리적 접근을 실시하면서 열등함에 대한 낙인효과를 가져오기도 하였다. 다음으로는 한국 학생을 대상으로 다른 나라의 풍습, 날씨, 음식 등을 이해하는 문화적 요소를 알려주는 내용을 중심으로 이루어졌다. 다문화교육은 집단을 구분하고 차별하거나 주류 집단의 문화를 지배하는 관점으로 접근하기보다는 문화에 대한 상호이해와 평등에 대한 교육이 이루어질 필요가 있다(Sleeter & Grant, 2008).

현재, 다문화가정의 유아는 한국어능력의 부족으로 읽기와 쓰기 능력에 어려움을 겪으며 의사소통과 상호작용이 필요한 시기에 부모가 언어적 자극을 적절하게 제공해 주지 못하여 한국어 언어습득이 지연될 수 있다. 낯선 나라로 이주한 유아는 거주 환경의 변화로 인해 정서적 불안정성을 겪어 적응에 어려움을 겪기도 하고 놀이시간에 친구들과 잘 어울리지 못하는 경향이 있다.

(1) 다문화교육의 목적

유아를 대상으로 다문화교육을 실시한다면 유아다문화역량, 민주시민으로 성장, 공평한 유아교육기회 제공이 이루어질 수 있을 것이다. 각 개념에 대한 설명을 제시하면 다음과 같다(김한길, 소경희, 2018).

유아다문화역량은 유아가 다문화사회에서 다른 사람과 더불어 살아가기 위해 요구되는 지식, 기능, 가치 및 태도를 갖추는 것이며 자문화 중심주의에서 벗어나 문화적 다양성을 이해하고 존중하는 것이다. 민주시민으로 성장은 사회정의, 평등, 인권에 대해 생각해 보고 민주시민으로서 필요한 자질을 갖추는 것이다. 공평한 유아교육기회 제공은 인종, 민족, 문화, 성별에 관계없이 잠재력을 최대한 실현할 수 있도록 교육지원을 받는 것을 의미한다. 이렇듯 다문화교육을 증진하기 위한 교육은 교육과정 전 범위에 걸쳐 이루어져야 하며 다양한 문화를 이해하고 존중하는 역할은 민주시민으로서의 성장과 더불어 세계시민교육으로서 성장하는 데 기반이 될 것이다.

최근 다문화교육을 위해 영유아 및 초·중등학교에서의 교육이 이루어지고 있으며 주요내용을 정리하면 다음과 같다.

유형	운영 내용
유치원	다문화유아의 언어발달을 통합교육 형태로 지원하고, 전체 유아 및 학부모 대상 다문화교육 운영
초 · 중등	일반 교과수업에 다문화교육 및 세계시민교육 요소를 반영하고, 프로젝트 수업 형태로 지속성 있게 다문화교육 실시
한국어학급 (유 · 초 · 중등)	중도입국 · 외국인학생이 다수 재학할 경우 한국어학급을 설치하여 맞춤형 한국어교육 제공

그림 12-1 다문화교육 정책학교 유형

(2) 다문화교육의 접근

다문화교육에 대한 관점은 다양한데(Jenks et al., 2001) 다양한 집단들 간의 공존에 대한 이해방식에 따라 세 가지 유형의 다문화주의로 접근될 수 있다고 보았다. 보수주의적 다문화주의, 개방적 다문화주의, 비판적 다문화주의로 구분되는 다문화교육의 접근을 살펴보면 다음과 같다.

첫째, 보수주의적 다문화주의는 동화주의 관점이다. 문화적 소수 집단이 주류 문화에 동화되는 것을 사회통합으로 이해한다. 문화적 소수 집단을 대상으로 다문화교육을 실시하며 주류 사회 참여에 필요한 지식과 기술을 가르치는 것에 초점을 둔다. 베트남에서 이주한 다문화가정이 한국문화를 이해하여 한국사회에 적응하는 것을 돕는 교육이다.

둘째, 개방적 다문화주의는 다양성을 강조하며, 타문화에 대한 존중을 강조한다. 주류 집단의 문화에 부여된 특권 및 권력의 불균형에 관심이 없으며 소수 집단의 관습, 예술과 같은 유·무형 문화유산을 교육내용으로 다룬다. 세계 여러 나라의 국기모양, 대표하는 음식, 사용하는 언어, 전통의상 등에 관심을 갖고 알아본다. 이는 사회 내의 주류 집단의 이익이 침해받지 않는 선에서 다른 문화와의 공존을 지향하는 것이며, 사회의 불평등 구조를 강조하지 않는다.

마지막으로 비판적 다문화주의는 '문화'를 여러 집단들 간의 지배와 종속이라는 힘의 불균형 관계가 재생산되는 형태와 긴밀히 관련된 것으로 보고, 다문화사회 속에 존재하는 억압과 갈등의 해결을 지향한다. 이 관점에서는 모든 학생들을 다문화교육의 대상으로 보며, 인권, 평등, 정의, 공정성의 문제를 교육내용으로 다뤄야 함을 강조한다(김천기 외, 2013).

2) 유아교육에서의 다문화교육의 이해

유아교육에서의 다문화교육은 다른 인종, 성, 언어, 계층을 이해하고 존중하는 것이며 삶을 긍정적인 방향으로 변화시키는 교육이다. 다문화유아는 국제결혼가정(국내출생과 중도입국)과 외국인 가정의 유형으로 구분되며, 그 특성은 다음과 같다(한국직업능력개발원, 2016).

표 12-1 다문화유아의 유형과 의미

유형	의미	세부유형	의미	국적
국제결혼가정 다문화유아	한국인과 외국인이 결혼한 가정에서 태어난 유아 (초혼가정, 이혼가정, 재혼가정 포함)	국내출생	국내에서 태어난 국제결혼가정 유아	한국
		중도입국	외국에서 태어나 성장하다 부모의 재혼 및 취업으로 부모를 따라 입국한 유아	외국 또는 한국 (귀화 시)
외국인 가정 다문화유아	외국인과 외국인이 결혼한 가정에서 태어난 유아 (외국인 근로자, 유학생, 재외동포 포함)			외국

출처: 한국직업능력개발원(2016).

다문화 프로그램의 목표는 첫째, 다문화 인식개선을 위해 다른 것은 이상한 것을 의미하는 것이 아니며 누구나 친구가 될 수 있음을 인식해야 한다. 둘째, 사람은 모두 다르며 다르기 때문에 소중하고 특별하다는 점을 인식하도록 돕는다. 셋째, 영유아들은 함께 논다는 것을 강조하여 자연스럽게 어울리고 놀이를 통하여 가깝게 인식하도록 한다.

다양해서 좋아요
다른 점들이 모이면 다양하게 되어요.
다양하면 서로 많은 것을 배울 수 있어요.
각자의 부족한 점도 채워 줄 수 있어요.

특별해서 소중해요
소중한 것은 아끼고 사랑해야 해요.
모두 소중한 우리들은 서로를 특별하게
여기고 늘 배려해 주어야 해요.

달라서 특별해요
우리는 모두 다르게 생겼어요.
우리는 모두 세상에 단 하나뿐이에요.
다르지만 모두 특별해요.

우리 모두 친구예요
생김새가 달라도, 좋아하는 것이 달라도,
하고 싶은 것이 달라도 함께 있는 것만으로도
우리는 모두 좋은 친구가 될 수 있어요.

그림 12-2 유아다문화인식개선 주요내용

출처: 다누리배움터(2022).

다문화를 존중하는 유아놀이지원을 위해서는 다양한 문화권의 동화, 노래, 동요를 제공하거나 생활모습, 직업, 계층, 성, 음식, 민족에 대한 그림책을 통해 언어에 관심을 갖도록 할 수 있다. 다양한 국가의 놀이와 공예품, 물건 등을 제공하며 비교하기, 분류하기, 서열화하기, 패턴만들기를 하며 수조작 놀이를 지원할 수 있다. 영유아가 놀이를 통하여 다른 문화를 존중할 수 있도록 교사는 노력해야 하며 다문화 감수성을 기르도록 해야 한다.

다문화교육을 위한 주요 구성요인으로는 다문화가정의 유아뿐만 아니라 다문화 인식개선을 위한 접근이 필요하다. 다양한 문화적 환경에서 타인과 평등한 관계를 유지하며 조화롭게 소통하는 태도, 가치, 행동역량을 다문화 감수성이라고 하는데, 다문화교육의 요소는 평등성, 반편견, 정체성, 다양성, 문화이해, 협력의 6가지 요소로 구성되어야 한다. 다문화교육을 위한 주요 구성요인을 고려한 프로그램 운영이 필요하다.

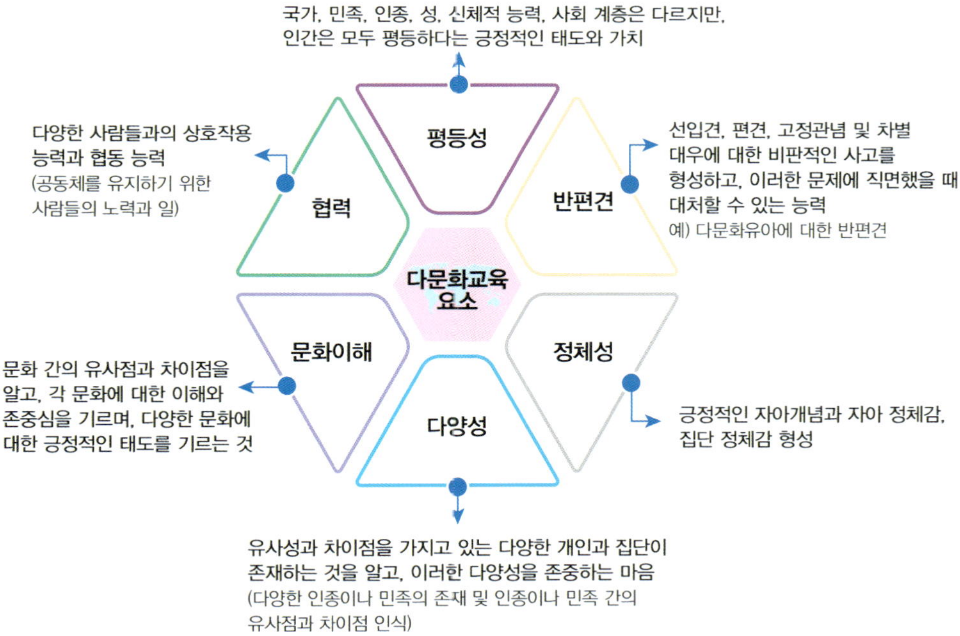

그림 12-3 다문화교육 요소

출처: 다문화 유치원 운영도움자료(2020).

다문화교육을 위한 교수학습방법은 보고 듣고 느끼는 경험을 유아가 풍부하게 하도록 하며, 다른 문화에 친밀감을 느끼고 각 나라의 문화적 고유성을 인식하고 다양한 문화에 편안함을 갖도록 하는 교육이 이루어져야 한다.

2. 뇌기반교육

1) 뇌과학의 배경

21세기 과학기술의 발달로 자기공명영상법, 자기뇌파검사, 양전자 복사 단층 촬영술 등의 개발로 인간의 뇌구조와 기능을 이해할 수 있게 되었다. 심리철학에 근거하여 이해되어 왔던 교육과 학습영역을 뇌과학을 통해 접근할 수 있게 되었다. 학습부진의 문제를 개인배경과 노력 부족으로 돌리거나 부모의 사회경제적 배경으로 귀인하는 것에서 벗어나 충분한 선험적 경험이 부족하여 뇌자극이 원활하게 이루어지지 않았기 때문에 선험적 경험이 부족하여 지적학습이 충분히 이루어지지 못했던 것이다. 뇌는 다양한 환경변화를 통해 바람직한 방향으로 변화할 수 있으며, 뇌는 일생 동안 변화하며 학습과 경험을 통해 신경세포는 새롭게 형성될 수 있다는 점을 뇌과학이 입증하게 된 것이다.

뇌는 생명의 뇌, 정서의 뇌, 이성의 뇌로 3가지 뇌의 기능이 조화를 이룰 때 최적화된다(Battro et al., 2008). 생명의 뇌는 실행력, 생명력, 잠재력을 관장하는 뇌이다. 정서의 뇌는 감정과 잠재의식을 담당하는 영역이며 사고의 뇌는 계획을 세우고 결과를 예측하는 역할을 한다(권형규, 2013; 정종진, 2010). 정서 뇌와 이성 뇌는 발달 속도에 차이가 있어 정서 뇌는 11-14세에 발달이 완성되지만 이성 뇌는 18-24세까지 발달한다. 4-12세 유아기와 아동기에 적절한 교육을 받고 균형 잡힌 영양을 섭취한다면 뇌발달이 원만하게 이루어지게 되는데, 시기별 뇌의 성장과정을 제시하면 그림 12-4와 같다.

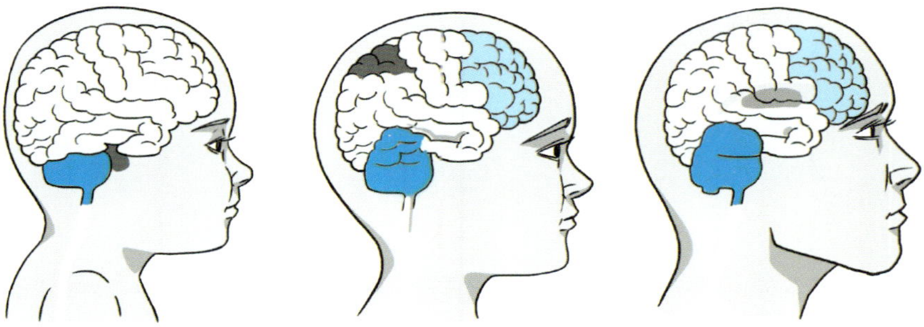

그림 12-4 연령별 뇌의 성장과 발달

출처: 국민일보(2016.2.17.). https://m.kmib.co.kr/view.asp?arcid=0923428007

뇌는 경험과 학습을 통해 지속적으로 변화하고 유연성이 있기 때문에 긍정적 학습환경을 조성한다면 학습자의 잠재적 능력을 향상시킬 수 있다. 학습은 감각기억, 단기기억, 장기기억의 효과적인 작동으로 이루어지며 학습자의 인지부하를 고려한 수업설계, 지도방법, 교재구성이 필수적이다.

뇌과학은 영유아를 위한 교육이 뇌구조와 기능에 기반하여 이루어져야 하며, 뇌기반 학습원리에 따라 교육이 이루어질 때 가장 효과적이라고 보았다. 뇌기반학습에 기반을 두고 학습자의 뇌를 효율적으로 활용하며 최적의 교수-학습환경을 설계하고 교육에 뇌과학에서 밝힌 학습전략을 적용하는 것이다. 뇌기반학습은 뇌의 역동적인 체계를 이해하고, 뇌기반 학습원리를 교육에 적용한다면 교육의 효과성이 높아질 수 있다는 점에 주목한다. 따라서 뇌기반교육은 뇌 발달특성이나 작동원리에 기초하여 교육에 적용하는 접근이다(Jensen, 2008).

뇌기반교육은 뇌가 학습하는 원리에 따라 가르치고 배우는 것으로 학습자가 어떻게 해야 가장 잘 배울 수 있는지, 개인의 잠재능력을 극대화할 수 있는지에 관심을 갖도록 하는 것이다. 미국의 차세대 과학(Next Generation Science)에 따르면 '학습은 어떻게 일어나는가?(How People Learn: HPL)' 관점을 바탕으로 뇌과학의 주요내용을 반영하고자 하였다.

표 12-2 뇌기반 교수학습원리

원리	학생	교사
원리1	모든 학습자는 자신의 선험지식과 배경지식을 가지고 수업에 임한다.	학습자의 선험지식을 회상하고 이를 고려한 수업지도를 실시한다.
원리2	학습자는 수업에 필요한 기초지식을 쌓는다. 학습자는 큰 개념의 틀 속에서 개별지식을 이해한다.	단원 내용의 이해는 개념 틀 속에서 이루어지도록 한다.
원리3	학습자는 학습상황을 스스로 모니터링하면서 학습을 조절하는 방법을 배운다.	학습자들에게 메타인지활용능력을 가르친다.

출처: 교육을 바꾸는 사람들(2022).

특히, 뇌가 작동하는 기본인 뉴런은 신경세포로 구성되어 있으며, 뇌는 140억 개의 뉴런이 있다. 오감각을 통해 들어오는 정보에 대해 뉴런들은 서로 정보를 주고받으며, 복잡한 네트워크를 형성한다. 대뇌피질은 인간의 사고와 고도의 정신활동을 담당하는 부위로 인간의 소망, 마음, 생각을 담당하는 영역이다. 대뇌피질을 구성하는 전두엽은 영유아의 사고와 지식을 구성하며, 두정엽은 인간의 감각과 언어처리에 관여한다. 측두엽은 듣기, 기억, 언어를 담당하며 후두엽은 시각을 담당한다(안경숙, 김소향, 2013). 이렇듯 대뇌피질의 각 부위는 담당하는 영역이 다르며, 뇌량을 통하여 긴밀하게 정보를 주고받는다.

2) 유아교육에서의 뇌기반교육의 이해

영유아기는 뇌발달의 결정적 시기이며 정서의 뇌발달이 이루어지는 민감기이다. 따라서 유아교사는 뇌발달과 연계한 유아교육과정을 구성하여 운영할 필요가 있다(김유미, 2006; 정미라 외, 2016).

첫째, 뇌과학은 영유아기 학습과 경험의 중요성을 강조한다. 서로 다른 기능을 담당하는 뇌의 부위가 전체적으로 발달하는 시기로, 균형 잡힌 접근 및 오감각을 활용하는 놀이자료 제공, 놀이에 대한 몰입경험 제공 등이 이루어진다면 성장과 배움이 촉진될 수 있다.

둘째, 학습효율을 높이기 위해서는 뇌발달에 필수적인 신경전달물질의 활성화가 필요하다. 도파민과 세로토닌 등의 신경전달물질의 활성화를 위해서는 균형 있는 식사, 간식, 휴식, 수면을 취할 수 있도록 일상생활지원이 필요하다. 또한, 스트레스, 학대, 외상, 어거니 우울증은 신경전달물질의 활성화를 막아서 뇌의 조절능력을 상실하게 만들기도 한다. 따라서 풍요로운 경험을 통하여 인지, 정서, 신체의 고른 촉진과 발달이 이루어져야 할 것이다.

셋째, 영유아 뇌발달은 정서와 밀접한 관련이 있다. 새로운 내용에 대한 학습이 이루어지려면 뉴런과 뉴런 사이를 연결 짓는 시냅스의 활성화가 필요하며, 이때 긍정정서가 중요한 역할을 한다. 긍정정서를 높이고 일방적인 지식전달이 아닌 놀이에 기반을 둔 발현적 교육과정의 운영을 위해서는 영유아의 긍정정서를 이끌기 위한 교육접근이 요구된다.

넷째, 어린 시기부터 인지과제를 부여하거나 많은 자료를 제공할 경우 정보처리방식이 부정적으로 변할 수 있다. 영유아의 호기심은 적극적인 정보처리방식과 연결되지만, 과부화된 과제는 뇌에 무리가 될 수 있다. 주의를 기울이기보다는 대충 정보를 처리하는 방식을 유아가 터득하게 될 수 있다. 적정한 인지과제를 제시하여 자기주도적이고 적극적으로 영유아가 정보를 처리할 수 있도록 해야 한다.

다섯째, 영유아에게 성공경험을 많이 갖도록 한다. 스트레스를 받는 상황이나 실패경험이 많은 경우 주의산만, 불안, 사회성 부족 등 학습에 대한 부정적 태도를 가질 수 있다. 학습을 회피하거나 조기교육으로 인해 인지 및 정서발달에 방해를 받을 수 있다.

3. 역량기반교육

1) 역량기반교육의 배경

역량기반교육이 등장한 배경은 미래사회의 불확실성 때문이다. 변화하는 사회 속에서 교육은 지식을 전달하는 역할이 아니라 학습자가 변화하는 미래에 잘 적응하는 능력을 기르는 것이 중요하다. 이러한 특성을 반영하여 역량기반교육을 실시하게 된 것이다. 확실한 목표나 지식에 기반을 둔 교육과정의 설계가 아닌 실제 맥락에서 적용가능한 지식을 생성하고 창출하는 능력을 중요하게 여기는 것을 의미한다.

역량(competence)은 어떤 일을 할 수 있는 힘으로, 지식과 기능뿐만 아니라 태도, 감정, 동기 등을 총체적 맥락에서 포함하는 것이다. 역량이라는 개념은 사회심리학자인 데이비드 맥클리랜드(David McClelland, 1973)에 의해 처음 소개되었다. 조직이 추구하는 가치나 비전 달성을 위하여 업무를 성공적으로 수행하기 위한 조직원의 행동특성을 의미한다. 역량은 삶의 다양한 요구를 충족시키는 수단이며 개인의 성공적인 삶에 공헌하며 개인에게 필요한 것을 포함한다(이재경, 2002). 역량은 유능한 수행이나 효과적인 성취를 가져오는 데 필요한 요소로 역동적이고 총체적인 개념이다. 역량은 맥락적, 통합적, 지속적, 반성적, 진보적 특성을 갖는다(DeSeCo, 2005).

역량과 능력을 비교해 보자면(소경희, 2007) 능력은 잘 수행할 수 있는 기술을 의미하며, 사람들이 무엇을 할 수 있는지에 주목한다. 능력은 기술과 수행의 달성되는 기준이 명확한 특성이 있다. 하지만 역량은 직무를 수행할 때 요구되는 행동유형으로 어떻게 수행하는지, 그것을 통하여 무엇을 얻을 수 있는지를 강조한다는 점에서 차이가 있다.

'역량중심 교육과정(Competency-Based Curriculum: CBC)'은 역량과 역량모델이 교육분야에서 활용되는 대표적인 형태이다. 역량중심 교육과정에서는 학습이 종료된 후 또는 졸업 후 실제 직업현장과 학교교육현장에서 발휘해야 하는 역량에 초점을 둔 교육과정이다. 학습의 결과로서 역량을 정의하고 교육목표, 교육내용, 교육방법, 교육평가를 교육과정 모형으로 설계하여 아는 것을 넘어서 성과 중심 접근(outcome-based curriculum) 및 수행 기반 접근(performance-based approach)을 중요하게 여긴다. 역량중심 교육과정은 통합적인 운영을 강조하는데, 학습 영역 간, 교과 영역과 교과 외 학습 영역 간, 교과 영역 상호 간의 통합을 강조한다. 역량중심 교육과정은 3가지 절차를 거쳐 개발되는데, 정리하여 제시하면 다음과 같다.

표 12-3 역량기반 교육과정 개발과정

단계	과정	주요내용
1단계	역량모델-역량 프로파일을 수립	역량 및 업무성과 지표 역량을 구성하는 하위 구성요소인 지식, 기술, 태도
2단계	필요수준과 현재수준 간의 격차확인	역량 프로파일을 조직이나 업무에 필요로 하는 역량 수준에 비추어 현재 개인이 보유하고 있는 역량 수준을 진단
3단계	격차해소를 위한 학습지원 체제 설계 및 개발	워크숍, 세미나, 위탁교육, 초청강연회, 업무 매뉴얼 등 개인 및 조직차원의 학습체계 구성

역량중심 교육과정이 갖는 장점에 대해 할든(Harden, 1999)은 다음과 같이 제시하였다. 첫째, 교육과정과 실행 간의 관련성에 초점을 둔다. 둘째, 학습자들이 학습에 책임감을 갖고 자기주도적 학습을 하도록 한다. 셋째, 교육전략과 수업방식이 고정되어 있는 것이 아니므로 상황에 맞게 학습수준을 조절할 수 있다는 점에서 유연성이 있다. 넷째, 학습성과를 구체화하여 평가계획과 실행에 활용하며 이는 평가를 위한 가이드가 된다. 이렇듯, 역량중심 교육과정은 단순히 지식의 습득이 아니라 교육과정의 설계와 운영을 통한 역량 달성정도를 강조한다는 점에서 기존의 교육과정과는 차이가 있으며, 이를 정리하면 다음과 같다.

표 12-4 역량기반 교육과정과 기존 교육과정의 비교

구분	특징				
기존 교육과정	교수목표 중심	가르쳐야 할 것	단기목표	단일교과 중심	학습한 것의 측정
역량기반 교육과정	역량중심	성취해야 할 것	장기목표	범교과 중심	학습한 것의 적용

출처: 이주연 외(2017).

2) 유아교육에서의 역량기반교육의 이해

2015년 초·중등학교에서는 학생의 역량을 증진하기 위한 교육을 실시하고 있다. 유아교육분야에서는 유아교사 자질을 살펴보기 위해 역량평가를 도입하고 있다(황해익, 2022). 유아교사의 역량은 유아들에게 질적인 환경을 제공하고 경험 및 관계를 풍부하게 구축할 뿐만 아니라 유아들의 발달요구를 충족하는 데 요구되는 지식, 기술, 태도를 기르는 것이다. 유아교육현장의 맥락과 상황에 맞게 실천하고 반성할 수 있는 능력을 유아교사의 역량으로 본다(조운주, 2015). 유재경 등(2020)은 유아교사 핵심역량 모델을 제시하며 그 개념을 다음과 같이 구성하였다.

표 12-5 유아교사의 핵심역량

핵심역량	하위역량
교사인성 및 전문성	교사 인성 및 신체 건강 교직윤리 근무태도 전문성 개발
유아와의 상호작용	유아존중 유아행동지도 생활지도
놀이지원	유아놀이 참여촉진 놀이 연계 및 통합

핵심역량	하위역량
유아의 성장과 발달	유아발달 유아관찰 및 평가
학습 환경과 교육과정	교육과정 이론 이해 교과교육내용 및 적용 교육계획안 구성 및 적용 교수학습방법
가족과 지역사회	가족과 협력 지역사회와의 협력
유치원 운영 및 학급관리	학습관리 유치원 운영 문서작성 및 관리
문화소양	정보화소양 다학문적 지식 이해 창의성

4. 행복교육

1) 긍정심리학과 행복교육의 배경

행복교육(positive education)은 긍정심리학에서 다루는 웰빙에 대한 내용을 교육적으로 접근하는 것이다. 유아교육기관에서 행복한 삶을 위해 필요한 웰빙기술과 성취기술을 배우고, 개인이 가진 강점을 인식하고 활용함으로써 행복한 삶을 지속하기 위해 필요한 역량을 증진하는 것이다(탁정화, 2016). 오그레디(O'Grady, 2013)는 학업, 사회, 정서적 웰빙을 높이기 위하여 개인 간 및 개인 내 학습을 촉진하고, 행복을 실천하기 위한 원리와 실행방안을 모색하는 교육이 이루어져야 한다고 하였다. 지난 몇 세기 동안 학교교육은 미래 인적자원으로 성장시키거나 부족한 부분을 향상시켜 평균수준을 만드는 점을 강조한 교육방향에 대해 긍정심리학은 문제를 제기하며, 학생의 웰빙을 다루는 접근으로 변화해야 한다고 관점의 전환을 가져왔다.

학교교육에서 긍정심리학의 좋은 삶에 대해 다룰 경우 3가지 맥락에서의 효과가 있음을 가정한다(Weber & Ruch, 2012). 첫째는 학교생활에 대한 만족과 학습에서의 효능감을 상승시켜 긍정 경험(positive subjective experience)이 가능해진다. 둘째, 교실에서의 긍정적 행동이 높아지며 셋째, 성적 향상 등 학업적 성공이 이루어진다.

행복교육은 긍정심리학에 대한 이해를 바탕으로 학생, 학교, 지역사회의 행복플로리시를 도모하는 것을 비전으로 하며, 행복교육에 대한 교육과정, 교수법, 교육내용 등에 대한 정보를 상호 공유하도록 한다(황해익 외, 2023). 긍정심리학에 대한 교육접근에 대한 실천사례를 서로 공유하며 행복교육에 대한 전문적인 접근이 가능해 질 수 있게 되었다. 특히, 강점기반의 교육적 접근은 유아의 긍정적인 성품 또는 강점을 파악하여 각자의 강점을 일상생활에서 잘 발휘할 수 있도록 돕는 교육방법이다(탁정화, 황해익, 2019). 유아의 행복플로리시한 삶을 지원하기 위하여 긍정정서, 몰입, 긍정관계, 의미, 성취의 균형을 유지하기 위해 노력해야 한다(황해익 외, 2023).

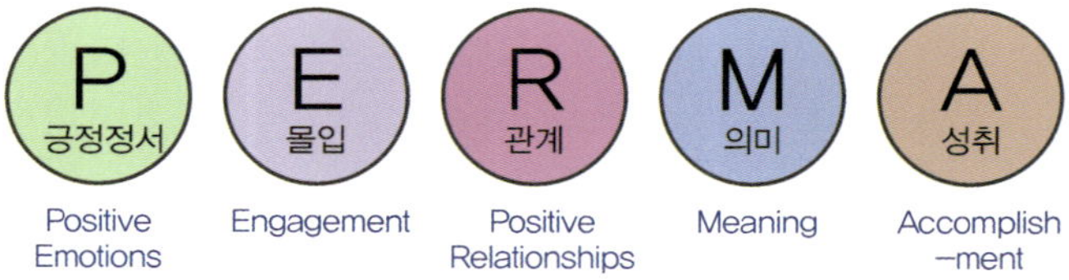

그림 12-5 행복플로리시의 구성개념

표 12-6 행복플로리시의 구성개념 정의

구분	내용
긍정정서	기쁨, 희열, 즐거움 등의 긍정적 정서를 지속적으로 이끄는 삶
몰입	깊이 몰두하여 업무에 헌신하는 몰입하는 삶
관계	타인과 긍정적 관계를 경험하고 함께하는 삶
의미	인생의 의미와 목적을 추구하는 의미있는 삶
성취	성공, 성취, 승리를 위해 추구하는 삶으로 업적을 추구하는 삶

2) 유아교육에서의 행복교육의 이해

초·중등학생과 마찬가지로 유아들도 대부분의 시간을 유아교육기관에서 보내기 때문에 유아교육기관에서 양질의 경험은 유아의 삶에 중대한 영향을 미친다. 셀리그만(Seligman, 2002)과 칙센트미하이(Csickszenthmihllyi, 2000)는 생태적 체계인 가정, 학교, 사회에서 즐겁고 행복한 경험을 많이 할 경우, 부정적 감정을 줄이고 긍정적 감정을 자주 경험하게 되며, 문제를 해결하는 내적인 힘을 기를 수 있다고 하였다.

유아가 잘하는 점을 발견하고 강점을 북돋우는 강점기반 접근은 학교차원에서 활발하게 다룰 필요가 있는데, 강점기반교육은 학습활동의 즐거움 및 대인관계의 즐거움을 강화하여 유아들이 유아교육기관을 행복한 곳으로 느끼도록 돕는다. 또한 유아강점에 주목한 교육과정운영은 유아의 긍정적 경험을 강화하는 데 기여한다(황해익 외, 2023).

학교가 행복증진에 실질적인 기여를 해야 하는 장소라는 점에 기반해 볼 때 유아교육기관에서도 유아의 행복한 삶을 위하여 긍정교육을 실시할 필요가 있다. 행복한 삶에 대한 교육적 접근은 유아기부터 가능하며 유아기 행복을 적극적으로 탐색해야 한다(김성숙, 2014; 황해익 외, 2013). 유아의 신체적 웰빙, 정서적 웰빙, 사회적 웰빙에 기여하기 위해 유아강점에 기반한 상호작용, 지속적 동기부여, 긍정적 피드백, 낙관적 태도 등을 형성하기 위한 교육내용을 강화해야 할 것이다.

21세기 미래역량교육(Partnership for 21st century skills)에서는 읽기, 쓰기, 셈하기의 학습역량(3Rs)보다는 비판적 사고, 의사소통, 협업, 창의성의 혁신역량(4Cs)을 강조한다. 이는 성취중심의 교육내용에서 벗어나 긍정적 정서와 사회적 능력의 신장을 돕는 행복교육이 기반이 되어야 함을 시사한다.

표 12-7 행복교육에서 다루는 PERMA의 개념

긍정심리학의 원리	긍정심리학의 실행	관련 수업	사회성·감성 역량	21세기 미래역량
긍정정서(P)	즐거운 삶에 대한 가르침	감정 (Feelings)	자기인식	의사 소통
몰입(E)	좋은 삶에 대한 가르침	강점 (Strengths)	사회적 인식능력	비판적 사고
관계(R)	관계있는 삶에 대한 가르침	우정 (Friendship)	대인관계기술	협업
의미(M)	의미있는 삶에 대한 가르침	공헌 (Contribution)	자기관리능력	창의성
성취(A)	만족하는 삶에 대한 가르침	만족 (Satisfaction)	책임 있는 의사결정능력	성취

출처: O'Grady(2013).

10-14세 아동을 대상으로 학교생활과 성격강점의 관계를 살펴본 결과(Weber & Ruch, 2012) 행복교육의 효과성이 있었는데, 학교기관에서 성격강점이 행동적 특성과 긍정적 영향력을 가진다는 것이 밝혀졌다. 호기심, 학구열, 인내, 활력, 사랑, 감사 정도가 높을수록 학교생활만족도가 높았으며, 학업효능감은 겸손을 제외한 모든 성격강점과 정적상관이 있었다. 또한 학구열, 겸손, 정직, 활력, 인내, 자기절제 정도가 높을수록 사회적 행동을 더 잘하는 것으로 보고되었다. 강점은 학교생활만족과 자신에 대한 효능감을 높이는 데 긍정적 기여를 하고 있음이 초등학생과 대학생을 대상으로 실시한 연구에서 그 효과성이 증명되었다(Park & Peterson, 2006). 유아교육과정에서도 행복교육실천을 통하여 유아의 효과성을 살펴보기 위한 노력이 꾸준히 이루어지고 있다.

행복교육은 유아의 행복한 삶을 지원하기 위한 교육적 흐름으로, 즐거움, 기쁨, 평온함 등의 긍정정서를 음미하며, 가족 및 친구들과 긍정적인 관계를 형성하는 데 필요한 능력을 기르도록 돕는다. 유아교육기관에서의 놀이 및 교육지원과정에서 유아의 흥미와 관심주제에 깊이 있게 몰입하여 오랫동안 집중하는 경험을 갖도록 지원한다, 유아가 경험하는 사건, 일, 사물이 가지고 있는 의미를 생각하며 그 가치를 고민해 봄으로써 긍정적인 부분은 보다 오랫동안 향유하며 부정적인 부분은 개선해야 할 점과 부족했던 점을 보완하기 위해 노력하도록 돕는다. 또한 유아가 자신이 할 수 있는 점점 많아짐에 유능감을 느끼고, 자신이 진보된 부분이나 목표를 성취한 일에 대해 만족감을 느끼도록 한다. 이처럼 유아행복교육은 유아교육과정 전반을 통해 일상생활, 놀이, 교육지원활동을 통하여 긍정정서, 몰입, 관계, 의미, 성취를 경험하도록 하며, 부모와 교사의 행복한 삶이 유아에게 본보기가 될 수 있으므로 긍정적 심리자본을 형성하기 위해 지속적으로 노력해야 할 것이다.

5. 유초연계교육

1) 유초연계의 배경

유아의 성장과 발달은 연속적인 차원에서 이루어진다. 유아교육과 초등교육은 교육과정 운영, 교육방법, 교육환경 등에서 차이가 있다. OECD(2001)에서는 유치원과 초등학교 1학년 시기는 학교급이 바뀜에 따라 연계성 확보를 위한 노력이 필요하다고 하였다. 유아교육기관의 졸업과 초등학교 입학시기는 안정적 적응을 위한 유초연계 프로그램이 이루어져야 하며, 국가수준 교육과정인 누리과정과 초등학교 교육과정 간의 연계성을 높이기 위한 교육과정의 개발이 중요하다.

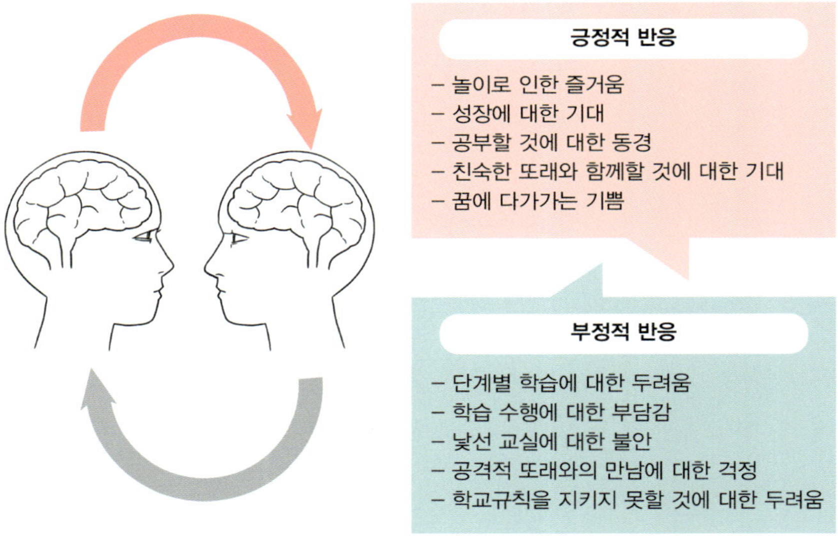

그림 12-6 초등학교에 입학한 유아들이 경험하는 긍정-부정적 반응

출처: 최은정(2012).

연계(continuity, articulation)는 한 부분과 다른 부분이 적절한 관계를 맺는 것을 뜻하며 유아교육에서는 '전이(transition)' 또는 '계속성(continuity)' 차원에서 연계의 의미가 다루어지고 있다. 유아의 계속적인 성장과 발달을 지원하기 위해 유아교육기관과 초등학교 간의 교육과정, 교육제도, 교육행정체제, 교육환경이 협력적 관계를 맺는 것을 의미한다. 즉, 교육과정 운영 및 교육의 실제에 있어서 유아교육기관과 초등학교 저학년 간에 계속성과 계열성을 갖는 것을 '유·초연계'라고 볼 수 있다(곽노의 외, 2009). 최근 2015 개정 초등학교과정에서는 유아교육과 초등교육 간의 연계성을 강조하기 위해 교수학습 및 평가에서 5세 누리과정의 해당 영역과 연계하여 지도해야 한다는 지침을 제시하였으며, 초등통합교육과정을 위한 교과서를 개발하여 유아교육기관의 생활주제 및 초등학교 통합교과교육과정의 대주제 사이의 유사성을 높이고자 하였다(이미숙, 2008; 최일선 외, 2016).

유초연계를 이해하기 위해서는 계속성과 계열성이 무엇인지를 이해하는 것이 필요하다(김진숙, 2006). 첫째, 계속성(continuity)은 초등학교와 유아교육과정이 동일하게 선정되고 조직하는 것을 의미하는 것으로, 학년이 올라감에 따라 교육내용이 단절 없이 계속적으로 다루어지는지를 살펴볼 수 있다. 둘째, 계열성(sequence)은 학습경험과 내용의 전후관계를 고려하여 전후 학습경험이 서로 관련성이 있고 확대되고 심화되는 것을 의미하며, 어떤 내용을 먼저 가르치고 나중에 가르칠 것인가를 고려해야 한다.

2월 유아교육기관을 졸업하고 3월이 되어 초등학교에 입학한 아동은 신학기 증후군을 겪는데, 새학기가 되어 새로운 환경에 적응하는 과정에서 스트레스를 경험하는 현상을 의미한다. 이경순(2006)은 유아교육과 초등학교 연계가 잘 이루어질 때 다음과 같은 효과를 기대할 수 있다고 하였다. 첫째, 아동의 초등학교 적응력을 향상시켜 전인발달을 돕는다. 둘째, 유아교사와 초등교사의 교원전문성을 증진할 수 있다. 셋째, 유아교육의 공교육이 이루어질 수 있다. 넷째, 유아발달 수준에 맞춘 개별화교육이 가능하다. 다섯째, 학부모의 염려와 불안이 해소될 수 있다.

초등학교 적응과정에 영향을 미치는 특성을 살펴보면, 사회적 기술이 발달한 아동과 순한 기질의 아동이 학교적응을 더 잘 하는 것으로 나타났으며 취학전 교육기간이 길고, 시간연장제 프로그램에 참여한 아동이 학교생활에 잘 적응하는 것으로 나타났다(한국교육개발원, 2014). 또한 어머니의 양육행동이 긍정적이고 아버지의 양육참여가 높을수록 입학초기적응능력이 높은 것으로 볼 수 있다(곽노의 외, 2009; 최일선 외, 2016).

Chapter 12

2) 유아교육에서의 유초연계의 이해

유초연계가 잘 이루어지기 위해서는 초등학교와 유아교육기관의 교수학습방법의 차이점을 이해하고 초등교사와 유아교사 간의 협력적 관계모색, 유아를 위한 다양한 지원활동, 유초연계를 위한 부모교육 등을 실시해야 한다. 유초연계를 위한 구체적인 내용을 제시하면 다음과 같다(최일선 외, 2016).

유아가 초등학교에 입학했을 때 초등학교 적응을 어렵게 하는 요소 중의 하나로 교수학습방법과 일과운영의 변화를 들 수 있다. 유아교육기관은 놀이를 통한 학습을 강조한다면 초등학교는 수업시간에 자리에 앉아서 과제를 해결한다. 초등학교의 교수학습방법은 과제의 세분화 및 계열화, 분석적 교수학습과정을 통해 이루어지기 때문에 유아교육기관의 교수학습방법과는 차이가 있다. 이러한 점을 극복하기 위해 1학년 교과서는 놀이중심, 개별교수법이 반영되어져 있으며 아동의 흥미를 고려한 수업을 진행하고 있다.

유초연계방안을 모색하기 위해 유아교육기관과 초등학교 교사 상호 간의 협력적 관계형성이 필요하다. 유초연계에 대한 교사연수에 참여하고 교육과정에 대한 이해를 돕는 교사교육을 실시해야 한다. 누리과정과 초등학교 교육과정이 유초연계 실천을 위한 계획 및 부모협력방안을 잘 반영하였는지 확인한다.

유초연계를 위한 유아지도내용으로는 학교생활적응, 기본생활습관, 또래관계, 사회적 기술에 대한 교육을 실시한다. 또한 기초학습능력을 증진하고 학교생활에 대한 이해를 높일 수 있도록 한다. 바른 자세로 연필 잡는 방법, 초등학교 교과서 살펴보기, 초등학교 시간표 살펴보기, 초등학교 주변 둘러보기, 초등학교 형님 인터뷰, 초등학교 홈페이지 탐색 등을 실시하여 초등학교 생활에 대한 사전이해를 돕도록 한다.

유초연계를 위한 부모교육은 부모가 초등학교 입학 이후 경험하는 특성을 미리 준비하고 지원할 수 있도록 한다. 가정통신문과 다양한 매체를 통하여 지속적으로 유초연계방안을 안내하고 학부모 간담회와 토론을 통하여 자유로운 분위기 속에서 소통하도록 한다. 초등학교 1학년 학부모 경험듣기, 초등학교 교육과정을 살펴보며 1학년 교과서 이해하기, 취학 아동에게 필요한 기초학습능력 살펴보기, 입학 전 준비물에 대해 알기 등의 주제로 부모교육 활동을 실시한다.

유초연계를 위해서는 유아, 교사, 부모의 협력적인 관계유지가 필요하며, 누리과정과 초등학교 연계를 강화하기 위한 정책방안을 제시하면 다음과 같다.

표 12-8 유초연계를 위한 정책방안

<table>
<tr><th>대상</th><th colspan="2">정책방안</th></tr>
<tr><td>정부</td><td colspan="2">- 교육과정 개발 및 수정 시 유아교육·보육, 초등교육, 교육과정 전문가 공동 참여
- 상호 교육과정 해설서 및 지도서 공유 및 홍보
- 초등학교 1학년 적응을 돕는 보조교사 지원
- 누리과정과 초등과정 등의 교육과정 및 정책 관련 국가 수준의 연구 수행</td></tr>
<tr><td rowspan="2">기관</td><td>유치원·
어린이집</td><td>- 놀이와 경험에 바탕을 둔 연계 프로그램 운영
- 유치원·어린이집의 생활기록부 이첩 의무화</td></tr>
<tr><td>초등학교</td><td>- 초등학교 1학년 수업시간의 융통적 운영
- 학교 시설·설비 개선</td></tr>
<tr><td rowspan="2">교사</td><td>유치원·
어린이집</td><td>- 상호교육과정 연수 및 상호 연수 실시
- 교사 대상별 연수 차별화(초등학교 연계 준비를 위한 방법)</td></tr>
<tr><td>초등학교</td><td>- 상호교육과정에 대한 연수 및 상호 연수 실시
- 교사 대상별 연수 차별화(유아와 유아기에 대한 연수)
- 놀이를 위한 비품 제공</td></tr>
<tr><td>부모</td><td colspan="2">- 부모와의 의사소통 창구 활용
- 유초연계를 주제로 부모교육 실시</td></tr>
</table>

출처: 육아정책연구소(2014).

Chapter 12

생각해보기

1. 유아교육과정의 최근 동향을 1가지 선정하여 특색 있는 유아교육과정을 구성해 보세요.

2. 미래사회에 강조되어야 하는 유아교육과정의 최근 동향에는 무엇이 있는지 토의해 보세요.

3. 유아교육과정의 최근 동향 중 1가지를 선정하여 누리과정 5개 영역(신체운동건강·의사소통, 사회관계, 예술경험, 자연탐구)의 통합적 교육과정 운영방안을 살펴보세요.

참고문헌

경상북도교육청(2019). 2019 개정 누리과정 강사요원 연수자료. 경북: 경상북도 교육청.

곽노의(1999). **자연주의 유아교육 프로그럼**. 경기: 공동체.

곽노의, 김창복, 이경순(2009). (2007년 개정 교육과정에 따른) **유치원과 초등학교 연계교육의 이론과 실제**. 서울: 창지사.

교육부(2017). 4주기 유치원 평가 중앙연수자료. 서울: 교육부.

교육부, 국가평생교육진흥원, 중앙대문화교육센터(2018). 다문화 유치원 운영도움자료. 서울: 국가평생교육진흥원.

교육부, 보건복지부(2019). 2019 개정 누리과정 놀이실행 자료. 세종: 교육부, 보건복지부.

교육부, 보건복지부(2019). 2019 개정 누리과정 놀이이해 자료. 세종: 교육부, 보건복지부.

교육부, 보건복지부(2019). 2019 개정 누리과정 해설서. 세종: 교육부, 보건복지부.

교육을 바꾸는 사람들(2022). **세계 최고 전문가들의 학습과학 특강**. 서울: 교육을 바꾸는 사람들.

교육인적자원부(2007). 유치원평가 기본 계획. 서울: 교육인적자원부.

구병두, 최종진, 김부국, 김상남, 차승봉, 탁균달, 정의식, 김경민, 이범석, 이경철, 구희진(2017). **교육과정**. 경기: 양서원.

권귀염(2018). 제4차 산업혁명시대의 교육과 유아교사의 역할. **학습자중심 교과교육연구**, 18(4), 47-72.

권낙원, 민용성, 한희정, 최화숙, 이재철(2011). **교육과정**. 서울: 동문사.

권혁일(2002). 수행평가를 위한 교육공학적 접근: 웹 기반 전자 포트폴리오 개발. **교육공학연구**, 18(1), 51-78.

권형규(2013). **뇌 기반 교육**. 서울: 교육과학사.

김경철, 장연주(2016). **놀이지도**. 서울: 양성원.

김기영(2017). 한국 다문화 교육 정책의 변화과정에 관한 연구. **입법과 정책**, 9(1), 371-393.

김명희, 이종현, 고은님(2011). **영유아 교수학습방법론**. 경기: 양서원.

김미경, 나유미, 박수진, 이혜정, 정경미(2018). **유아교육과정**. 경기: 양서원.

김병희, 정길영, 차상희, 은은숙(2019). **4차 산업혁명시대를 위한 교육과정의 이해**(제2판). 경기: 공동체.

김성숙(2013). 유아가 인식하는 행복의 의미 탐색. **유아교육연구**, 33(3), 377-400.

김성열, 강현석, 김석우, 김회수, 도승이, 박인우, 박주병, 성기선, 손은령, 신종호, 이길재, 이상무, 이희수, 정제영(2021). **미래교사를 위한 교육학개론**. 서울: 학지사.

김영옥(2020). 유아교육과정. 경기: 공동체.

김유미(2005). 뇌호흡의 뇌과학적 근거와 유아교육에의 적용 가능성 탐색. 열린유아교육연구, 10(2), 21-39.

김윤희(2019). 4차 산업혁명 시대의 유아교육 방향 탐색. 공주대학교 대학원 박사학위논문.

김정희, 김정열, 송영, 이경아(2021). 개정 누리과정에 기초한 영유아 교수학습 방법. 서울: 동문사.

김정희, 이용주, 조숙영(2019). 영유아생활지도. 경기: 공동체.

김종서(1987). 잠재적 교육과정의 이론과 실제. 서울: 교육과학사.

김지영, 김혜라, 황혜경, 김선희, 성연승, 전가일(2012). 유아교육개론. 서울: 신정.

김지영, 우민정, 이선영(2020). 2019 개정 누리과정에 기초한 놀이지도. 서울: 창지사.

김진숙(2006). 교육과정의 연계성 탐구:유치원-초등학교교육과정을 중심으로. 교육과정연구, 24(4), 83-108.

김천기, 박휴용, 임은미, 노상우, 이정애(2013). 다문화교육의 이해와 실천. 서울: 교육과학사.

김한길, 소경희(2018). 한국의 다문화교육정책 문서에 나타난 다문화교육 성격의 변화양상 분석. 다문화교육연구, 11(2), 59-83.

다누리배움터(2022). 유아용 다문화이해교육 리플릿. 서울: 다누리배움터.

류태호 (2017). 4차 산업혁명 교육이 희망이다. 서울: 경희대학교 출판문화원.

문연심(2012). 영유아프로그램 개발 및 평가. 경기: 공동체.

박은혜, 김희진, 성원경, 이성희, 박선혜(2021). 영유아 교육과정. 서울: 창지사.

박은혜, 김희진, 이지현. (2002). 레지오 에밀리아 접근법에서 시간과 공간의 의미. 교육학연구, 40(1), 311-328.

박찬옥, 서동미, 곽현주, 박성희(2020). 유아교육과정. 경기: 정민사.

박찬옥, 서동미, 곽현주, 박성희, 한남주, 홍찬희(2018). 유아교육과정. 경기: 정민사.

방인옥, 박찬옥, 이기현, 김은희(2009). 유아교육과정. 경기: 정민사.

보건복지부(2014). 유아 다문화교육 프로그램. 서울: 보건복지부.

보건복지부(2020). 제4차 저출산고령사회 기본계획. 세종: 보건복지부.

보건복지부, 한국보육진흥원(2019). 2019 어린이집 평가 매뉴얼-어린이집용

서정애(2017). 인권지향적 유아 다문화교육 방향과 과제에 관한 연구 : 반편견교육 내용 분석을 중심으로. 동국대학교 대학원 박사학위논문.

소경희(2007). 학교교육의 맥락에서 본 "역량(competency)"의 의미와 교육과정적 함의. 교육과정연구, 25(3), 1-21.

소경희(2020). 교육과정의 이해. 경기: 교육과학사.

신지연, 이신영, 서원경, 이미화(2021). 아이와 교사의 행복을 위한 개정누리과정 중심 놀이지도. 서울: 신정.

신화식(2004). 영유아교육프로그램. 경기: 교문사.

아이라움가게(2022). 아이라움가게(www.iraumshop.com)에서 2022년 11월 30일 인출.

안경숙, 김소향(2013). 뇌 기반 학습 원리를 적용한 유아 요리 활동 프로그램 개발 및 교육적 의미 탐색. **학습자중심교과교육연구**, 3(6), 129-151.

양옥승, 김지현, 최경애, 이옥주, 이혜원, 황윤세, 손복영, 김승옥(2014). **유아다문화교육**. 경기: 공동체.

양옥승, 나은숙, 신은미, 조유나, 황혜경(2015). **유아교육개론**. 경기: 정민사.

양옥승, 최경애, 이혜원(2021). **유아교육과정**. 서울: 학지사.

어린이집안전공제회, 한국보육진흥원(2018). 장애아 통합보육 컨설팅 매뉴얼. 서울: 한국보육진흥원.

연합뉴스(1999). 여대생 62.9% 졸업 후 취업계획. https://n.news.naver.com/mnews/article/001/0004480855?sid=102

오정수, 정익중(2017). **아동복지론**. 서울: 학지사.

오정희, 김현령, 신세니(2020). **유아교육과정**. 경기: 지식공동체.

우은주(2022). 팬데믹을 경험한 유아교사의 생태유아교육 인식변화 및 미래생태유아교육 실천방안 담론 탐색. **생태유아교육연구**, 21(2), 175-198.

유광찬(2009). **교육과정의 이해**. 경기: 교육과학사.

유재경, 황지영, 박은미(2020). 2019 개정 누리과정을 반영한 유아교사 핵심역량 모델 개발. **유아교육 · 보육복지연구**, 24(1), 93-124.

유주연, 김혜전, 장민영(2021). **유아교육과정**. 서울: 한국방송통신대학교 출판문화원.

육아정책연구소(2014). 누리과정 연계성 분석 - 초등학교와의 연계를 중심으로. 서울: 육아정책연구소.

육아종합지원센터(2022). 어린이집이용정보. https://central.childcare.go.kr/

윤희경, 신혜영, 임미혜, 김애옥, 나은숙, 이분려, 장미아(2007). **발달에 적합한 영유아 교육과정**. 경기: 양서원.

이경순(2006). 초등학교 입학에 대한 유아의 이해. 아동학회지, 27(6), 235-248.

이기숙(2000). **유아교육과정**. 서울: 교문사.

이기숙(2005). **유아교육과정**(개정 2판). 서울: 교문사.

이기숙(2013). **유아교육과정**. 서울: 교문사.

이기숙(2017). **유아교육과정**. 서울: 교문사.

이기숙, 김정원, 이현숙, 전선옥(2020). **영유아교육과정**. 경기: 공동체.

이기숙, 김정원, 이현숙, 전선옥(2019). **영유아교육과정**. 경기: 공동체.

이미숙(2008). 초등 통합 교육과정 개정 과정에서 시행된 “현장 적합성 검토”의 의의와 비판적 쟁점 분석: “우리들은 1학년”을 중심으로. **초등교육연구**, 21(3), 147-174.

이상욱, 정희영, 장은희, 강은주, 황현주, 유은정, 김정희, 윤선화, 조혜정, 김성원(2009). **전인유아교육을 지향하는 21세기 영유아 교육과정**. 서울: 학지사.

이선애, 한석실, 김지혜, 홍지명(2020). **유아교육개론**. 경기: 정민사.

이순복(2021). 놀이중심 유아교육과정의 계획, 실행, 평가의 이론과 실제에 대한 탐색. **아동교육**, 30(1), 139-155.

이순복, 김래은, 김정희, 석은조, 박지영(2021). **놀이지도**. 경기: 양성원.

이순형, 김헤라, 김정민, 김진경, 김유미, 김호현, 서영민(2021). **유아교육과정**. 서울: 파워북.

이연승, 조경미(2021). **유아교육과정**. 서울: 창지사.

이원영, 박찬옥, 조형숙(2004). 유아 장애아 통합교육 프로그램. 서울: 교육청.

이윤경, 문혁준, 안선희, 김선영, 김성희 김지은, 나종혜, 신인숙, 천희영, 최은미, 황혜신, 황혜정(2013). **유아교육개론**. 서울: 창지사.

이은해(1995). **아동발달의 평가와 측정**. 서울: 교문사.

이재경(2002). 역량 기반 교육과정 개발 방법론에 대한 고찰: 마케팅 역량 강화 교육과정 체계 개발 사례를 중심으로. **교육공학연구**, 18(4), 25-56.

이주연, 이근호, 이변천, 가은아(2017). 역량기반 학교 교육과정의 실천 사례 특징 분석: 교육과정 연구학교를 중심으로. **교육과정평가연구**, 20(1), 1-30.

인천광역시육아종합지원센터(2021). 2021 포괄적 양육정보 안내. 인천: 인천광역시육아종합지원센터.

임부연(2006). 레지오 에밀리아 조형환경에 대한 의미 탐색. **조형교육**, 28, 297-322.

임부연, 오정희(2013). **영유아 교수 학습방법**. 서울: 동문사.

임재택(2005). **생태유아교육개론**. 경기: 공동체.

임재택, 박재환(2002). **유아교육과정**. 경기: 양서원.

임재택, 조순영, 이숙희, 심미연(2021). **생태유아교육 프로그램 실제**. 경기: 생태아이.

정미경, 조금주, 권재기, 김한나, 안혜진, 이유정(2021). **교육학개론**. 경기: 공동체.

정미라, 강수경, 김민정(2016). 뇌기반 유아교육 실행을 위한 교사교육이 교사-유아 상호작용 및 유아 발달에 미치는 효과. **유아교육연구**, 36(1), 297-314.

정소미(2021). 포스트 코로나 시대, 필요 역량에 대한 예비 유아교사의 인식 연구. **학습자중심교과교육연구**, 22(2), 117-130.

정윤경(2004). **발도르프 교육학**. 서울: 학지사.

정종진(2010). **뇌 기반 교육의 원리**. 서울: 학지사.

조운주(2015). 예비유아교사의 초임교사 핵심역량에 대한 인식 및 핵심역량의 타당성. **유아교육학논집**, 19(2), 93-116.

조형숙, 김현주, 홍은주(2004). 유아 교사의 환경 친화적 태도에 관한 연구. **유아교육학논집**, 8(1), 33-50.

지성애, 김영옥, 홍혜경(2007). 도시와 농어촌 간 유아 다문화교육에 대한 교사의 인식과 현황. **교육과학연구**, 38(3), 1-27.

지옥정(2017). **유아교육현장에서의 프로젝트 접근법**. 서울: 창지사.

지옥정, 김수영, 정정희, 고미애, 조혜진(2021). **유아교육개론(제5판)**. 서울: 창지사.

최상덕(2018). 외국의 프로젝트 기반 학습을 통한 핵심 역량 교육 사례. 충북: 한국교육개발원.

최애경, 안부금, 좌승화(2010). 영유아교육과정. 경기: 양서원.

최애경, 안부금, 좌승화(2018). 영유아교육과정. 경기: 양서원.

최은미(2011). 발도르프 교육의 이해. 서울: 교육아카데미.

최일선, 조운주, 안애경, 유은지(2016). 유 · 초 연계교육 바로 알기. 서울: 창지사.

최지영(2013). 유아교육개론. 서울: 동문사.

탁정화(2016). 행복교육을 위한 유아강점의 개념정립: 포커스그룹 인터뷰를 중심으로. 유아교육연구, 36(5), 441-466.

탁정화, 황해익(2019). 유아강점척도 개발 및 타당화. 생태유아교육연구, 18(1), 125-153.

통계청(2021). 2020년 다문화 인구동태 통계. 대전: 통계청

통계청(2022). e-나라지표. https://kostat.go.kr/

팽영일(2003). 유아교육의 역사와 사상. 서울: 양서원.

표준국어대사전(2022). '가족' 검색결과. https://stdict.korean.go.kr/

하정희, 정선화(2021). 놀이지도. 경기: 공동체.

한국교육개발원(1997). 유아교육의 초등교육의 연계방안 연구.

한국교육개발원(2014). 유아교육과 초등학교 연계 강화 방안 연구.

한국교육개발원(2015). 유치원과 초등학교 연계 실태와 정책 방안 모색.

한국일보(2022). 아버지는 아이를 성공으로 안내하는 등대다. https://www.hankookilbo.com/News/Read/A2022010709590001924?did=DA

한국직업능력개발원(2016). 학생유형별 진로상담지도 운영매뉴얼. 서울: 한국직업능력개발원.

홍순옥, 임영심, 김창숙(2013). 레지오 에밀리아 교육에서의 프로젝트 이야기. 서울: 창지사.

황예원, 김낙흥(2021). COVID-19 대응에 따른 서울의 한 공립병설유치원 교사들의 어려움. 열린유아교육연구, 26(4), 321-351.

황해익(2022). 유아교육평가의 이해. 경기: 정민사.

황해익, 김미진, 탁정화(2013). 만 5세 유아가 인식한 행복한 상황과 행복의 조건에 관한 연구. 생태유아교육연구, 12(4), 93-122.

황해익, 탁정화, 신현정(2023). 행복한 아이의 미래역량: 강점리터러시가 답이다. 경기: 정민사.

황현주, 신현정(2019). 영유아교수학습방법론. 경기: 양서원.

Armstrong, T. (1994). Multiple intelligence: Seven ways to approach curriculum. *Educational Leadership, 52*(3), 26-28.

Barnett, R. C., & Baruch, G. K. (1987). Determinant of father's participation in family work. *Journal of Marriage and Family, 49*, 29-40.

Battro, A. M., Fischer, K. W., & Léna, P. J. (2008). *The educated brain: Essays in neuroeducation*. NY: Cambridge University Press.

Bredekamp, S., & Copple, C. (1997). *Developmentally appropriate practice in early childhood programs* (rev, ed.). Washington, DC: NAEYC.

Bronfenbrenner, U. (1986). Ecology of family as a context for human development: Research perspectives. *Developmental Psychology, 22*, 723-742.

DeSeCo, O.E.C.D. (2005). The definition and selection of key competencies. Executive summary. OCDE-USAID. Recuperado de: http://www. deseco. admin. ch/bfs/deseco/en/index/02. html.

Doherty-Derkowski, G. (1995). *Quality matters excellence in early childhood programs*. Don Mills, Ontario : Addison-Wesley Publishers Limited.

Frost, J. L., & Kissinger, J. B. (1976). *The young child and the education process*. Holt: Rinehart & Winston.

Gardner, H. (2006). *Multiple intelligence*. New York: Perseus Books. 문용린 역(2007). 다중지능. 서울: 웅진지식하우스. NY: Basic Books.

Grant, C. A., & Sleeter, C. E. (2008). *Turning on learning: Five approaches for multicultural teaching plans for race, class, gender and disability*. NY: John Wiley & Sons.

Harden, R. M. (1999). What is a spiral curriculum?. *Medical teacher, 21*(2), 141-143.

Hartmann, D., & Gerteis, J. (2005). Dealing with diversity: Mapping multiculturalism in sociological terms. *Sociological theory, 23*(2), 218-240.

Jenks, C., Lee, J. O., & Kanpol, B. (2001). Approaches to multicultural education in preservice teacher education: Philosophical frameworks and models for teaching. *The Urban Review, 33*(2), 87-105.

Jensen, E. (2008). A fresh look at brain-based education. *Phi Delta Kappan, 89*, 409-417.

Johnson, J. E., Christie, J. F., & Wardle, F. (2006). *Play, development, and early education*. 이진희, 손원경, 안효진, 유연옥 역(2009). 놀이, 발달, 유아교육. 서울: 아카데미프레스.

Johnson, J. E., Christie, J. F., & Yawkey, T. D. (1987). *Play and early childhood development*. Glenview, IL: Scott, Foresman and Company.

Johnson, M, Jr. (1967). Definitions and models in curriculum theory. *Educational Theory, 17*(2), 127-140.

Kohlberg, L., & Mayer, R. (1972). Development as the aim of education. *Havard Education Review, 42*(4), 449-496.

McClelland, D. C. (1973). Testing for competence rather than for "intelligence.". *American psychologist, 28*(1), 1-14.

Morrison, G. S. (1988). *Early childhood education today* (4th ed.). Columbus, OH: Merrill.

OECD (2001). Starting Strong: Early childhood education and care. Paris: OECD.

Park, N., & Peterson, C. (2006). Character strengths and happiness among young children: Content analysis of parental descriptions. *Journal of happiness studies, 7*(3), 323-341.

Parke, R. (2000). Father involvement: A developmental psychological perspective. *Marriage and Family Review, 29*, 43-58.

Ramsey, P. (2004). *Teaching and learning in a diverse world* (3th ed). NY: Teacher College Press.

Schwartz, S. L., & Robinson, H. F. (1982). *Designing curriculum for early childhood.* Boston: Allyn and Bacon. Inc.

Seligman, M. E. (2002). *Authentic happiness: Using the new positive psychology to realize your potential for lasting fulfillment.* NY: Simon and Schuster.

Seligman, M. E., & Csikszentmihalyi, M. (2000). Positive psychology: An introduction. *American Psychological Association, 55*(1), 1-5.

Spodek, B. (1991). Early childhood curriculum and cultural definitions of knowledge. In B. Spodek and O. Saracho (Eds.), *Issues in early childhood curriculum: Year book in early childhood education* (vol 2.). NY: Teachers College Press.

STOCKMAR (2022). STOCKMAR 홈페이지(www.waldorfmall.co.kr)에서 2022년 11월 30일 인출.

Taba, H. (1962). *Curriculum development. Theory and practice.* New York: Harcourt, Brace & World.

Tyler, R. W. (1949). *Basic principles of curriculum and instruction.* Chicago : The University of Chicago Press.

Washingtonpost (2022). The unconventional life and radical vision of Maria Montessori https://www.washingtonpost.com/outlook/2022/04/01/unconventional-life-radical-vision-maria-montessori/에서 2022년 11월 30일 인출.

Watson, J. B. (1930). *Behaviorism* (Revised Edition). Chicago, IL: University of Chicago Press.

Weber, M., & Ruch, W. (2012). The role of a good character in 12-year-old school children: Do character strengths matter in the classroom?. *Child Indicators Research, 5*, 317-334.

Weikart, D. P. (1972). Relationship of curriculum teaching and learning preschool education. In Julian C., Stanley(ed), *Preschool programs for the disadvantaged*, Johns Hopkins Univ. Press.

저자소개

김정희
가톨릭대학교 아동가족학전공 이학박사
현) 총신대학교 유아교육과 교수

송영
총신대학교 기독교유아교육전공 철학박사
현) 총신대학교 호크마교양교육원 겸임교수

윤미승
경북대학교 아동가족학과 이학박사
현) 경성대학교 유아교육과 교수

이순복
경북대학교 아동가족학과 이학박사
현) 위덕대학교 유아교육과 교수

탁정화
부산대학교 유아교육과 교육학박사
현) 서원대학교 유아교육과 교수

홍지명
전남대학교 유아교육학과 교육학박사
현) 세한대학교 유아교육과 교수

개정 누리과정에 기초한

유아교육과정

초판 1쇄 인쇄 / 2023년 2월 21일
초판 1쇄 발행 / 2023년 3월 2일

공저자 / 김정희 · 송 영 · 윤미승 ·
이순복 · 탁정화 · 홍지명
발행인 / 이 중 수
발행처 / **동 문 사**

서울특별시 서대문구 홍제원 1길 12
(홍제동 137-8)
Tel: 02)736-3718(대), 736-3710, 3720
Fax: 02)736-3719
등록번호: 1974.04.27. 제9-17호
가격: 24,000원

ISBN: 979-11-6328-498-7 (93370)
E-mail: dong736@naver.com
www.dongmunsa.com